新民說

梁啟超的先見之明

超越時代的古典，啟示讀者的經典
探索新民的形成與重要性，分析中國民族性格與未來
強調獨立思考與現代價值，梁啟超的現代思想巨著——

梁啟超 著

目錄

第一節　敘論

第一節　敘論

　　自從世界上出現人類一直到今天，在地球上建立的國家，何止千千萬萬？但試問能夠一直歸然屹立到現在，能夠在世界地圖上仍然占有一種顏色的，有多少呢？回答是：也就一百幾十個罷了。這一百多個國家中，能夠屹立不倒、具備影響世界局勢的能力、將來能夠永遠存在的國家，又有幾個呢？回答是：也就四五個罷了。每個國家都生活在同一個太陽和月亮之下，山川河流也並沒有什麼區別，國民也都是方腳趾、圓頭顱，沒有什麼不同，卻有的國家興盛，有的國家滅亡，有的國家弱小，有的國家強大，這是什麼原因呢？有的人說：「這是因為國家建立的地理位置不一樣。」然而，今天的美洲，也還是古代的美洲，但為什麼盎格魯 - 撒克遜民族能夠繼續享有它的榮耀？古代的羅馬，就和今天的羅馬一樣，但是拉丁民族卻為什麼消逝了它曾有的光輝呢？有的人會說：「這是因為一個國家的興衰與否要看它是不是出現過英雄。」但是馬其頓帝國並不是沒有像亞歷山大那樣的英雄，為什麼如今也已經像灰塵一樣消失在歷史的長河中了呢？蒙古也並不是沒有像成吉思汗一樣的英雄，為什麼如今卻幾乎連苟延殘喘也難保了呢？哎呀哎呀！我知道其中的原因。國家的興衰，是由它的全體國民積聚而成的。國家有了人民，就像身體有了四肢、五臟、筋脈、血液循環一樣。從來沒有四肢已經斷掉、五臟出現疾病、筋脈已經損傷、血液循環已經乾涸，但身體卻能夠完好無損地活在這個世界上的人，那麼也就不會有國民愚昧無知、膽怯懦弱、人心渙散、醉生夢死，但國家卻能夠安然自立於世界民族之林的。因此，一個人想要身體健康長壽，那麼就不能不通曉養生的方法，一個國家想要國泰民安、永保尊榮，就不能不講如何締造新國民的方法。

第二節　論新民為今日中國第一急務

第二節　論新民為今日中國第一急務

　　我如今極力言說締造新國民是當務之急，立論的原因有兩個：一是關於中國內政需要新國民，二是關於中國外交需要新國民。

　　中國的內政為什麼需要新國民呢？天下談論政治治理辦法的人很多，他們動不動就說：某甲禍國，某乙殃民，在某一個事件上政府處理得不恰當，在某一個制度上政府官員翫忽職守……像這些說法，我固然不敢說完全沒有道理，但即使真如他們所說，那政府是怎麼成立的呢？政府官員又是從哪裡選舉出來的呢？他們難道不是來自於民間選舉的嗎？所謂的某甲、某乙，難道不是全國國民中的一員嗎？這種情況已經有很長時間了吧：將一群盲人聚集起來也不能成就一個像離婁一樣能辨察秋毫之末的人，將一群聾子聚集起來也不能成就一個像師曠一樣精通音律的音樂家，將一群怯懦的人聚集起來也不能成就一個像烏獲一樣勇武過人的大力士。正因為有這樣的國民，才有這樣的政府和官員，這正是所謂的「種瓜得瓜，種豆得豆」，又有什麼好抱怨的呢？西方的哲學家經常說：政府和人民的關係，就像是溫度計和空氣的關係一樣。室內的氣溫與溫度計裡的水銀表示的刻度一定是相同的，不會有絲毫的誤差。國民文明程度低的國家，即使得到賢明的君主和良臣來進行統治，也只能使國家得到一時的興盛，一旦這些賢君名臣過世，那麼他們的政令也就消亡了，國家又會恢復到死氣沉沉的狀態，就像是寒冬的時候把溫度計放在沸水中，雖然溫度計的度數會一下子提高上去，一旦水冷下來，度數也就跌落到和原來一樣了。國民文明程度高的國家，即使偶爾出現暴君汙吏殺戮劫掠一時，但人民也能夠憑藉自己的力量進行補救並加以整頓，使一切回歸正道，就像是在酷暑的時候把溫度計放在冰塊上，雖然溫度計的度數會一下子跌落，但不一會兒冰塊融化，溫度計又會上升到原來的刻度。所以說，如果新國民締造成功，又哪裡需要擔心建立不了新制度，建立不了新政府，建立不了新國家呢？不然的話，即使今天

變一次法，明天換一個人，東塗塗西抹抹，處處像東施效顰一樣效仿別的國家，學些皮毛，我也看不出來能有什麼用處。我們國家說改革新政，說了幾十年卻沒有什麼顯著的效果，這是為什麼呢？就是因為沒有人注意到締造新國民的重要性。

如今平民百姓中那些擔憂國事的有識之士，總是獨自坐在家中深深感懷，嘆息著嚮往道：「什麼時候才能夠得到賢君名相，以拯救我們的國家啊？」我不知道他們所謂的賢君名相一定要具備怎樣的條件才算是合格。即便如此，如果按照今天國民們的品德、智慧、力量，我認為即使有賢君名相，也不能夠收拾這亂糟糟的局面。拿破崙算是舉世聞名的大將了吧？如果讓他率領今天八旗、綠營中那些懶惰散漫之兵去打仗，可能連小部落的蠻夷之兵都打不過；哥倫布算是航海的專家了吧？如果讓他駕駛著用朽木做的橡膠船出海，可能連小河都不能渡過。賢君和名相不可能憑藉一己之力治理國家，必須任命有能力的大臣，有能力的大臣又不得不任命監司理政，監司又不得不任命省下一級的府縣官員，府縣一級的官員又不得不任命更下一級的小兵小吏去協助管理政務。這一級一級的人，即使他們中的一半人能夠勝任工作，一半人不能勝任工作，尚且不能夠使國家達到長治久安的狀態，更何況其中一百個人裡連一個能夠勝任工作的都沒有呢？如今盼望依靠賢君名相就能治理好國家的這些人，雖然知道外國的政治制度優越，想要我們的國家去效仿這樣的制度，但是分析這些人的言外之意，該不會是認為外國的先進位制度都是由他們的賢君名相憑藉一己之力獨自制定實施的吧？實在應該組織這些人去遊覽一下英國、美國、德國和法國的都市，看一看他們的人民是怎麼自治的，他們的人民與政府的關係又是怎麼樣的。看他們治理一個省，和治理一個國家的方法是一樣的；看他們治理一座城市、一個村落，和治理一個國家的方法也是一樣的；看他們治理一個政黨、一個公

司、一所學校，和治理一個國家的方法也是一樣的；乃至於看他們每個國民的個人自治的方法，也和治理一個國家的方法一樣。就像是每一粒鹽都是鹹的，如果把這些鹽堆積得像山陵一樣高，那麼這些鹽的鹹味就會更加濃鬱。如果將這座像山陵一樣高的鹽山剖分成很多石（大約十斗的重量），又把這很多石的鹽剖分成很多斗，再把這很多斗的鹽剖分成很多升，再把這很多升的鹽剖分成很多顆，再把這很多顆的鹽剖分成很多分子，它們仍然沒有一個不是鹹的，所以把鹽堆成山才會大鹹特鹹。反過來說，如果想透過摶沙子、揉麵粉得到鹹味，即使把它們堆得比泰山還高，也不可能實現。因此英、美等各個國家的國民往往不是在等待著賢君名相降臨才使國家長治久安，而是靠國民個人自治保證國家沿著正常軌道穩步發展。所以他們的元首，像堯舜一樣無為而治也行，像成王一樣委賢任能也行；他們的官吏，像曹參一樣喜歡喝酒的人可以當，像成瑨一樣喜歡清閒的人也可以當。為什麼呢？因為他們有善於自治的新國民。因此賢君名相常常依賴於國民的支援，國民卻並不依賴賢君名相的治理。小國家尚且這樣，更何況我們中國幅員遼闊，即使有賢君名相也往往鞭長莫及，哪裡顧得過來呢？

我們試著用一個家庭來比喻一個國家。如果一個家庭中的成員，兒子、媳婦、兄弟、姐妹，各有自己的事業，各有謀生的技能，忠厚誠信，互敬互愛，勤勞進取，那麼這樣的家庭沒有不發達的道理。如果不是這樣的話，家庭成員中的每個人都放棄自己的責任，全部指望一家之長，家長又沒有能力，自然全家都會挨餓，即使家長有能力，又能庇護我們到什麼時候呢？即使家長能夠憑藉自己的能力庇護家人，但是作為別人的子女、兄弟，使自己的父親、兄長受苦受累，一年到頭辛勤勞作，早晚擔憂操勞，不只是自己的心裡感到不安，更會成為全家的負累啊！如今那些動不動就責備政府，渴望賢君名相的人，是多麼的麻木冷

血，又是多麼的鼠目寸光！英國人經常說：「That' s your mistake. I couldn' t help you.」翻譯過來的意思就是：「那是你犯下的錯誤，我幫不了你。」這雖然是利己主義的下等言論，但實際上卻是鞭策國民自我治理、自我救贖的名言警句。因此，我雖然日夜盼望有賢君名相能夠改變國家的政局，我更害怕即使國家有賢君名相，也只是對我們愛莫能助。為什麼呢？希望賢君名相替自己治理好國家的願望深的人，希望透過自治改變國家面貌的願望就淺了，而這種責求別人卻不責求自己，希望別人努力卻不寄希望於自我努力的惡習，就是中國不能透過維新變法改變國家局勢的最大原因。我責求別人，別人也會責求我，我寄希望於別人，別人也會寄希望於我，這樣的話，四億同胞就會在相互責難、相互觀望的過程中消磨掉改革的動力，還有誰來擔當國家發展繁榮的重任呢？所謂締造新國民，不是說等著出現一個新國民，然後再由他去把其他人改造成新國民，而是要使我們每個人都努力自治，成為新國民。孟子說：「子力行之，亦以新子之國。」（你們每個人都努力奮進，成為新國民，才能使整個國家努力奮進，呈現新面貌。）所謂的自新，就是指要締造新國民。

中國外交為什麼需要新國民呢？自從十六世紀（大約三百年前）以來，歐洲能夠發達、世界能夠進步，都是民族主義在各個國家蓬勃發展的結果。什麼是民族主義呢？各個地方種族相同、言語相同、宗教相同、習俗相同的人，都互相認作是同胞，都力求能夠獨立自治，互相團結以組織成立一個完善的政府，來謀求共同的利益並抵禦其他民族的侵犯。這種民族主義已經發達到了頂峰，到了十九世紀末期（最近二三十年），就進一步變成了民族帝國主義（National Imperialism）。民族帝國主義是什麼呢？國民的實力蓬勃壯大，在自己國內沒有用武之地了，就不得不向外部發展，於是就想方設法向別的國家擴張自己的權力，把

第二節　論新民為今日中國第一急務

別國的土地變成自己的殖民地。他們擴張的方法，或者是透過武力侵略，或者是透過經濟操縱，或者是透過工業壟斷，或者是透過教會滲透，同時制定相應的政策進行指揮和配合。從近的來說，有俄羅斯侵略西伯利亞和土耳其，有德國侵略小亞細亞、非洲，有英國出兵侵占波亞[1]，有美國把夏威夷變成自己的一個州、掠奪古巴、進攻菲律賓，這些都是民族帝國主義的表現，都有他們不得不這樣做的理由。如今在東方大陸上，卻有一個國家疆域最為遼闊，土壤最為豐腴，而政府最為腐敗無能，國民最為懶散懦弱。其他民族一旦知道我們真實的國情，就一下子本著所謂的民族帝國主義理論，像是一群螞蟻奔向肥肉，萬箭飛向靶心一樣。他們集中力量占領中國的一個地方，如俄國人占據滿洲，德國人占據山東，英國人占據揚子江流域，法國人占據兩廣地區，日本人占據福建，這些都是民族帝國主義潮流的表現，都是這一潮流下必然發生的結果。

所謂的民族帝國主義，和古代的帝國主義不一樣。古代有像亞歷山大、查理曼、成吉思汗、拿破崙那樣的英雄豪傑，他們都曾經抱有雄偉的計劃和深遠的謀略，想要蹂躪整個大地，吞併弱小的國家。即便如此，相比較兩種帝國主義，古代的帝國主義起源於個人的野心，現在的民族帝國主義卻是起源於民族實力的膨脹；古代的帝國主義是被權力和威勢所奴役，現在的民族帝國主義卻是被時勢所驅使。因此古代帝國主義的侵略，只不過是一時，就像是暴風驟雨，過不了早上就會偃旗息鼓了。而民族帝國主義的進取卻是長遠的，隨著一天天擴張而增大，隨著一日日深入而加深。我們中國非常不幸地成為民族帝國主義爭奪漩渦的中心點，該怎麼應對呢？回答是：如果他們是因為一兩個人的野心而來，我們還可以依靠一兩個英雄去和他們對抗。如果他們是因為民族擴張的必然趨勢而來的，不集合我們民族全體國民的力量，是肯定無法和

他們抗衡的。如果他們是憑藉一時的囂張氣焰貿然挺進，我們還可以鼓舞起一時的血氣之勇來進行防禦，如果他們是憑藉長久深遠的政策循序漸進地進行侵略，不建立可以延續百年的長遠計劃，做好持久戰的準備，我們一定不能在這場侵略中倖免於難。難道你們沒有見過瓶子裡的水嗎？如果瓶子裡的水只有一半，其他的水就能再裝進去；如果瓶子的水本身就是滿的，沒有一絲空隙可以進入，那麼其他的水肯定裝不進去。所以如今我們想要抵擋列強的民族帝國主義，以救亡圖存拯救國家百姓，只有實行我們自己的民族主義這一個策略；而想要在中國實行民族主義，除了締造新國民之外沒有其他的辦法。

　　如今世界上的國家沒有哪個不擔心外國侵略的。即使這樣，外患之所以為患，一定不會只靠擔憂就會主動消失。民族帝國主義正在頑強進取、加劇侵略，而我們還在討論外國侵略是否真是中國的憂患，這是多麼愚昧啊！我認為有沒有外患，原因不在於外部而在於內部。雖然各國都在奉行民族帝國主義，那麼俄國為什麼不侵略英國？英國為什麼不侵略德國？德國又為什麼不侵略美國？歐美各國又為什麼不侵略日本呢？總結來說，這源於一個國家是不是自身有破綻罷了。一個人如果得了癆病，風寒、暑溼、燥火這些病就會乘虛而入。如果一個人血氣方剛、身強體壯，肌膚骨骼飽滿充實，即使是頂風冒雪、頭頂烈日、出入疫病區、搏擊波濤，身體又能有什麼損傷呢？自己不鍛鍊身體以強身健體，卻抱怨風冷、雪大，天氣熱、日頭毒，波濤凶、水流急，疫情猛、傳染快，不僅所抱怨的對象不會有絲毫的改變，而自己難道就會因為喜歡抱怨而獲得赦免嗎？所以為如今的中國做打算，一定不能寄希望於依靠一時的賢君名相就能夠消除禍亂，也不能只寄希望於一兩個英雄崛起就可以完成興國大業。一定要讓我們四億國民的道德、智慧、能力都能與列強相抗衡，才能使列強侵略不成為我們的憂患！我們又有什麼可憂患的

第二節　論新民為今日中國第一急務

呢？這一目標雖然不是旦夕之間就能完成的，但是孟子曾經說過：「一個
人害了七年的痼疾，要用三年的陳艾來醫治。平時如果沒有積蓄艾草，
終身都會得不到艾草來醫治。」如今要抵抗列強侵略、消除外患，必須
要循序漸進締造新國民，除此之外沒有更好的辦法。如果我們還一直猶
豫不決、蹉跎時光，再等上幾年，將會出現想要再去像今天這樣締造新
國民而沒有機會的情況。嗚呼！我們的國民難道不應該警醒嗎？難道不
應該自強不息嗎？

---

[1] 即布林戰爭（Boer War），是英國與德蘭士瓦共和國奧蘭治自由邦（當地人稱「布
　　林人」）之間的戰爭。梁啟超在此將 Boer 譯為波亞。

第三節　釋新民之義

第三節　釋新民之義

　　我所說的締造新國民，不是要讓我們的國民完全放棄自己舊的一切來效仿別人。締造的方法有兩個：第一是，將我們所本來擁有的一切中的精華和有效的部分進行淬鍊、去粗取精，使它們與時俱進地變為新的。第二是，引進外國那些我們本來沒有的東西來加以活學活用。這兩者缺一不可，否則就不會取得成功。以前高明的老師們培養有才幹的人，也不外乎兩個途徑：一是幫助培養對象完善他原有人格的好的一面，二是幫助培養對象接受新思想、新觀念以改造他的人生觀。這就是我所說的去粗取精地提煉我們本來就擁有的和引進外國我們本來所沒有的先進的東西。培養一個人是這樣，培養國民也應該是這樣。

　　凡是能夠自立於世界之上的國家，它的國民一定擁有自己獨特的民族文化。上至道德法律，下至風俗習慣、文學美術，都有一種獨立的精神。祖輩流傳，子孫繼承，這之後族群才能團結一致，國家才能成立，這實在是民族精神的根基和源泉。我們中華民族能夠數千年屹立於亞洲大陸繁衍生息，一定是因為我們有獨特的宏大、高尚、完美的民族特質，與其他民族有所不同。這也是我們國民應當保留而不應該失掉的東西。即使這樣，所謂的保留，也不只是任它們自生自滅，空泛地說：「我們保留它，我們保留它。」就像是一棵樹，如果不是年年有新芽長出來，那它早就枯死了；就像是一口井，如果不是時時有新泉湧出，那它不多久就會乾涸了。一棵樹長出新芽，一口井湧出新泉，難道是依靠的外力嗎？他們出自於舊的東西卻不可以不算是新的東西。只有日日有新的東西出現，才能保全舊的東西。國民精神也是一樣，只有時時清洗它、擦拭它，它才能煥發出光彩。只有日日鍛造它、錘鍊它，它才能赫然成型；只有不斷修繕它、疏通它，它才能源源不斷、生生不息。這樣堅持下去，國民精神才能與世長存，發揚光大。世人有的認為「守舊」兩個字，是一個非常令人厭惡的名詞。這究竟是對還是不對呢？我所憂慮的不在

於守舊，而是憂慮沒有真正能夠守舊的人。真正能夠守舊的人是什麼樣子呢？就是我所說的淬鍊我們民族精神中本來就有的東西，去粗取精，與時俱進。

僅僅是淬鍊我們民族精神中本來就有的東西讓它發揚光大就滿足了嗎？回答是：當然不！如今的世界已經不是以前的世界了，今天的國民也不是以前的國民了。以前，我們中國有順民卻沒有國民，不是我們不能成為國民，而是當時的環境阻礙我們產生國民意識。我們中國一直以來巍然屹立於世界的東方，周圍都是些落後的小國家。與其他各洲的大國從來沒有能夠溝通交流的道路和方法，因此我們經常把我們的國家當作是天下。耳朵和眼睛所接觸到的，思想所灌輸到的，聖賢們所訓示的，祖宗們所遺留的，不乏讓我們具有成為一個自然人的資格，不乏具有成為家庭成員的資格，不乏具有成為一個鄉人、族人的資格，不乏具有成為一個世界人的資格，但卻偏偏沒有可以成為一個國民的資格。成為國民的這個資格，雖然不一定遠遠優於以上所說的那些資格，但在這樣一個列國並立、弱肉強食、優勝劣汰的時代，如果缺乏這種資格，那麼一定不能夠自立於天地之間。因此，今天不想讓我們的國家富強就算了，如果真想讓我們的國家強大，就不能不綜合考察各個國家的民族自立自強的方法，廣泛選擇其中的長處來學習，用以彌補我們的不足。如今熱心評論的人對於中國的政治、學術、技藝，都知道需要取外國之長以補中國之短；但他們卻不知道國民的道德、智力、能力，實在是政治、學術、技藝產生的根源。不懂得學習外國國民的道德、智力、能力，只知道借鑑外國的政治、學術、技藝上的長處，不學習別人的根本，只學習一些細枝末節的東西，這和看到別的樹木長得蔥蔥鬱鬱，就想把它的枝幹移植到自己已經枯槁的樹幹上有什麼不同嗎？這和看到別的井中水流汩汩不絕，就想汲取它的水來充實自己已經乾涸的水源有什

第三節　釋新民之義

麼不同嗎？因此學習我們本來沒有的締造新國民的方法，不能不深思熟慮啊。世界上發生的所有事的現象，不外乎兩大主義：一是保守，二是進取。人們在運用這兩種主義的時候，有的偏重於保守，有的偏重於進取，也有的是兩種主義一起運用結果導致衝突，也有的兩種主義一起存在卻互相調和。如果只偏重於其中某一種主義，沒有能夠成功的。保守和進取發生衝突時，必然就會需要調和。衝突是調和的先驅，善於調和的民族，才是偉大的民族，盎格魯 - 撒克遜民族就是非常善於調和的民族。這就好像是行路，只有一隻腳先站穩，另一隻腳才能前行。因此我所說的締造新國民，絕對不是和那些盲目迷戀西方的人一樣，蔑視、拋棄我們中國幾千年的道德、學術、風俗，以冀求跟在別人的後頭蹣跚學步；也不是像那些墨守成規、躺在故紙堆裡的人，幻想只要抱著中國幾千年留存下來的道德、學術、風俗，就足以讓中國屹立於世界。

第四節　就優勝劣敗之理以證新民
　　　　之結果而論及取法之所宜

第四節　就優勝劣敗之理以證新民之結果而論及取法之所宜

在民族主義立國的今天，如果國民弱，國家就弱；如果國民強，國家就強；這大概就像是影子跟隨身體、響動之後必有回聲一樣，是必然會發生的事情。如今請允許我將地球上各個民族之間的形勢列成一個表，來討論他們之所以興盛衰亡、此消彼長的原因。

世界上的人大致分為五種，現在世界上最有勢力的民族是哪個呢？是白色人種。白色民族主要包括三個民族（白色人種不只有這三個民族，條頓民族也不只是有這兩種，這裡只不過是要列舉其中的重要者而已。這篇文字不是用來考據種族的，沒有必要分得太細。）現在最有勢力的是哪個民族？是條頓民族。條頓民族主要包括兩個民族，現在最有勢力的是哪個民族？是盎格魯 - 撒克遜民族。在人類歷史的初期階段，各民族之間交通不便利，國民不相往來，不管什麼民族，都可以在自己的一片土地上繁衍生息。但是「物競天擇，適者生存」的進化論的自然規律，使得人類不得不接觸，不得不往來，不得不競爭。一旦各民族之間產生接觸、往來、競爭，那麼各民族之間的興衰存亡就會很快呈現出來。你難道沒有看過鬥蟋蟀嗎？上百隻蟋蟀各自居於自己的小籠子中，

當然可以稱雄稱霸。但如果把他們都放在一起進行爭鬥，只選出其中一個優勝者，那麼一天之內就能死十分之六七的蟋蟀，兩天之內就能死十分之八九的蟋蟀，三天之後能剩下來的蟋蟀也就一兩只了吧。而所剩下來的那一兩隻蟋蟀，肯定是其中最強悍的了，那些稍微不強悍的蟋蟀早就死了！黑種人、紅種人、棕種人遇上白種人，就像冰雪被開水沖澆，瞬間就會消失，這已經是眾所周知的了。如今黃種人與白種人相遇，也是連連敗退。如果我們看白種人之間的競爭，那個斯拉夫民族曾經被阿士曼黎的專制政府和盧馬納以及哈菩士卜的條頓人所統治，一直到現在也沒有獨立發展起來。拉丁民族雖然在中世紀時代接近全盛，但是當它與條頓人相遇，就沒有什麼抵抗能力了。自從羅馬解體以來，現在歐洲所建立的國家，沒有一個不是從條頓人手中所建立的。比如皮士噶人建立西班牙；士埃威人建立葡萄牙；郎拔人建立義大利；法蘭克人建立法蘭西、比利時；盎格魯 - 撒克遜人建立英吉利；斯堪的納維亞人建立丹麥、瑞典、挪威；日耳曼人建立德意志、荷蘭、瑞士、奧地利。這些國家都是現代各國的主動力，而全部都是由條頓人建立發展的。條頓人無疑是全世界動力的主角。而在條頓人中，又以盎格魯 - 撒克遜人為主中之主、強中之強。今天地球超過四分之一的陸地都被他們占領，超過四分之一的人類都被他們統治。現在我試著把百年以來使用各個國家語言的人數變遷情況列成一個表，就可以知道盎格魯 - 撒克遜民族的進步，實在是令人驚嘆！

第四節　就優勝劣敗之理以證新民之結果而論及取法之所宜

各個國家語言的使用人數變遷情況統計表

1810年	使用各國語言的人數	百分比(%)	1890年	使用各國語言的人數	百分比(%)
法語	31 450 000	19.4	英語	11 1100 000	27.7
俄語	30 770 000	19.0	德語	75 200 000	18.8
德語	30 320 000	18.7	俄語	75 090 000	18.7
西班牙語	26 190 000	16.2	法語	51 200 000	12.7
英語	20 520 000	12.7	西班牙語	42 800 000	10.7
義大利語	15 070 000	9.3	義大利語	33 000 000	8.3
葡萄牙語	7 480 000	4.7	葡萄牙語	13 000 000	3.2

　　從這兩個表的比較可以看出，在這九十年的時間裡，英語的位置從第五躍而為第一，從 2,052 萬使用者，一躍至 11,110 萬使用者。比率從百分之十二多，一躍而至百分之二十七多，這樣迅速膨脹的樣子，有吞併全球、囊括四海的架勢。盎格魯 - 撒克遜人的氣勢，有誰能夠抵抗呢？從這個表來分析，就知道誰是世界上最優秀的民族了。五個人種相比較，白人最優；只是白人相比較，條頓人最優。只是條頓人相比較，盎格魯 - 撒克遜人最優。這不是我趨炎附勢所發出的言論，這是自然界優勝劣汰的自然規律，無可逃避，確實是如此啊。如果日耳曼人的自我革新能力，遠遠勝過盎格魯 - 撒克遜人，那麼將來代替盎格魯 - 撒克遜人成為最強者，也不是不可能的事情。假如斯拉夫人、拉丁人的自我革新能力勝過條頓人，假如黃種人自我革新能力勝過白種人，那麼將來的結果也是一樣。重要的是，現在的國家地位、民族地位優劣，確實就是上面所說的情況。那麼，我所說的廣泛考察強盛民族之所以強盛自立的原因，選擇其長處來彌補我們的不足，就實際的例子而言，不能忽略白人，不能忽略白人中的條頓人，不能忽略條頓人中的盎格魯 - 撒克遜人。

　　白種人比其他人種優秀，為什麼呢？其他人種喜歡安靜，白種人卻

喜歡活動。別的人種喜歡和平，白種人卻不害怕競爭。其他人種趨於保守，白種人卻善於進取。因此其他的人種只能發明文化，白種人卻能夠傳播文明。發明文化，憑藉的是天生的條件；傳播文明，憑藉的是個人的努力。我們試著看西方文明動力的中心點，從安息、埃及到希臘，從希臘到羅馬，從羅馬到大西洋沿岸的很多國家，遍及於歐洲大陸，再飛躍大西洋蓬勃興盛於美洲，如今返回來又啟迪開發曾經促進他們文明發展的東方，傳播執行一天都沒有停止。他們勇猛、果敢、活潑、宏偉的氣魄，和印度人比如何呢？和中國人比如何呢？其他的小國家就更不用說了。但是白種人之所以能夠傲視全球，不是依靠上天的眷顧，而是依靠他們民族自身的優秀。

　　條頓人比白種人優秀，為什麼呢？條頓人的政治能力很強，這是其他白種人所比不上的。比如希臘人和斯拉夫人，雖然能夠創立地方自治制度，但卻不能傳播它們。他們的能力全集中在最小的公共團體上，但位於這些公共團體之上的，還有國家機關；位於這些公共團體之下的，還有個人的權利，這些都不是他們的能力所能夠達到的。因此他們這樣做產生的結果，就會有三個缺點：人民的權利不完整，這是第一個缺點；團體和團體之間不相連屬，這是第二個缺點；沒有防禦外敵的力量，這是第三個缺點。因此，希臘人先是受到羅馬人的統治，繼而受到土耳其的統治，之後又受到條頓人的統治，幾千年都不見天日。斯拉夫人如今仍然在專制、暴虐的政體下呻吟，痛苦沒有盡頭。至於迦特民族（羅馬統一前的郜兒人以及今天的愛爾蘭人和蘇格蘭的高地人，都屬於這個民族），雖然他們勇武果敢的氣概曾經為一時之冠，但是政治思想卻更加薄弱。所以他們只知道崇拜一兩個孔武有力的英雄，國民卻不能獨立團結。雖然他們能建立無數個小的軍事國家，但是卻沒有把他們統一起來的能力。他們能創立大的宗教，卻不能成立大的國家。至於拉丁人，則

第四節　就優勝劣敗之理以證新民之結果而論及取法之所宜

遠遠比他們優秀。拉丁人能夠建立偉大的羅馬帝國，統一歐洲大陸；能夠制定完備的羅馬法律，成為千年來的典範。即使是這樣，他們的思想太大而不能實施，動不動就想要統治全世界，但地方自治的制度卻被破壞，個人的權利也被蹂躪。拉丁人致力於擴張國力卻不注重人格培養，所以到了羅馬的末期，拉丁人的腐敗卑劣聞名於天下。即使到了今日，他們沿襲的舊制度還沒被消除。拉丁人喜好虛榮，缺少沉著踏實的態度。他們有時候傾向於保守，懷抱著陳腐的制度，不肯做一點點改變；有時候又趨於激進，做起變革來不按照次序。比如法蘭西人，就是其中的代表，在這一百年來，其政體變了六次，憲法改了十四次，現在名義上說是民主，但是地方自治和個人權利卻沒有一點點擴充。這就是拉丁人在今天世界競爭格局中變得一天天侷促的原因。而條頓人，當他們最初在日耳曼森林中還屬於一種蠻族的時候，他們個人自強、自立、自由的氣概，傳承給子孫沒有喪失，之後又經過羅馬文化的薰陶和鍛鍊，使兩者結合，才成為這樣一個具有獨特個性的民族，建立起民族的國家。國會（National State）制度的創立，使得人民都能有機會參與和討論政治，集合人民的意見作為國家的意見，集合人民的權力作為國家的權力。他們又能界定團體和個人的許可權，確定中央政府和地方自治的許可權，讓彼此互不侵犯，民族全體都能夠順應時勢的變化，不斷繁衍生息，興旺發達。因此條頓人如今成為世界上的優等民族，這不是靠上天的眷顧，而是靠他們民族自身的優秀。

盎格魯 - 撒克遜人比條頓人優秀，原因在哪裡呢？他們獨立自主的風氣最為盛行。他們從幼年開始，無論在家庭還是在學校，父母和老師都不把他們當作可有可無對待，而是讓他們練習生存發展的技能，年紀大一點之後就可自立，不依賴他人了。他們遵守紀律和法律的觀念最為濃厚，他們的常識（common sense）最為豐富，常常不會做那些沒

有經過考慮就急躁冒進的行為。他們的權利思想最強，把權利當作自己的第二生命，絲毫也不肯讓步。他們的體力最為強壯，能夠冒很多的風險。他的性格最為堅忍，百折不回。他們以實業為主，不崇尚虛榮。他們人人從事一門職業，不講究職業的高低。而那些不從事生產的官吏政客，往往不被世人所重視。他們的保守本性也最多，但是常常能夠根據時勢，借鑑外部經驗，來發揚光大他們本來所具有的本性。因為這樣的緣故，盎格魯-撒克遜人才能以小小的北極三個孤島，將他們的種族繁衍壯大到北美洲和澳大利亞兩塊大陸，讓他們的國旗飄揚到每一個太陽升起的地方，將他們的權力鞏固到五洲四海重要的咽喉之地，世界上沒有哪一個國家可以和它匹敵。盎格魯-撒克遜之所以能夠稱霸十九世紀，不是靠上天的眷顧，而是靠他們民族自身的優秀。

那麼，說到這裡，我們民族所應該借鑑學習的地方就可以知道了。分析這些民族衰落和弱小的原因、那些民族興盛和強大的原因，然後一一反省我們自身。我們中國國民的性質與那些導致衰敗、導致弱小的國家相比，不同點和相同點有哪些？跟那些導致興盛、導致強大的國家相比，不同點和相同點有哪些？我們大致的缺陷在哪裡？我們在細節上的薄弱之處在哪裡？我們一一觀察，一一鑑別，一一改正，一一補充，這樣一來，締造新國民就能夠成功了。如今請允許我列舉我們中國國民應該自力更新的大綱小目，條分縷析，在下一節中詳細地討論。

第五節　論公德

第五節　論公德

　　我們中國國民最為缺少的品質，公德是其一。什麼是公德呢？群體之所以成為群體、國家之所以成為國家，都是依靠這種品德才能夠成立的。人是善於群居的動物（這是西方哲學家亞里斯多德的言論）。人如果不能聚群而居，怎麼跟禽獸進行競爭而存活？但是要人組成群體，不是隻要高喊口號說：「團結起來！團結起來！」就能成功的。一定要有一種東西把大家聯絡起來形成凝聚力，這之後群體才能真正形成，這就是所謂的公德。

　　道德在本質上是一樣的，但是的外在表現卻分為公德和私德兩個方面。人人都只為自己著想，為了自己活得好而表現出的德行，就叫私德；人人都為群體著想，為了大家都活得好而表現出來的德行，就叫公德。這兩個方面都是人生所不能缺少的東西。沒有私德是不行的，集合再多卑汙、虛偽、殘忍和怯懦的人，也不能組成一個國家。沒有公德也是不行的，即使有再多潔身自好、廉潔謹慎、心地善良的人，也不能成立一個國家。我們中國道德的起源，不能說不早。雖然如此，我們中國偏重於私德，缺少公德。如果我們試著看一下《論語》《孟子》等書，這些書是向中國國民宣揚教化的木鐸，也是道德的來源。其中所教化的內容，私德占了十分之九，但公德卻達不到十分之一。比如《尚書》中的《虞書‧皋陶謨》中講到的九種道德和《洪範》中講到的三種道德都屬於私德。《論語》中所謂的「溫、良、恭、儉、讓」，所謂的「克己復禮」，所謂的「忠信篤敬」，所謂的「寡尤寡悔」，所謂的「剛毅木訥」，所謂的「知命知言」，《大學》中所謂的「知止、慎獨、戒欺、求慊」，說的都是私德。《中庸》中所說的「好學、力行、知恥」，所說的「戒慎恐懼」，所說的「致曲」，《孟子》中所說的「存心養性」，所說的「反身、強恕」……這一切關於私德的論述，差不多將其全都說盡了。在如何培養私人（這裡說的個人，是相對於公人來說的，是指一個人不和別人進行溝通交往

時而言）的道德品格方面來說，也幾乎說得差不多了。但即使這樣，只培養私人的道德品格，難道他的人格就完整了嗎？當然不算完整。如今我們試著把中國的舊倫理和西方的新倫理相比較，中國的舊倫理可以分為君臣間的倫理、父子間的倫理，兄弟間的倫理、夫妻間的倫理、朋友間的倫理。西方的新倫理卻可以分為家族倫理、社會倫理（人群倫理）、國家倫理。中國的舊倫理所看重的是一個私人怎麼對待另一個私人的原則（一個私人獨自修習自己的德行，本來屬於私德的範疇，那麼一個私人和其他私人之間交往的道義，仍然屬於私德的範疇。這可以算是法律上公法和私法的範圍的證明）；而新倫理看重的則是一個私人怎麼對待一個團體的原則。（按照西方新倫理的分類來歸納中國舊倫理，關於家族倫理有三種，包括父子倫理、兄弟倫理、夫婦倫理。關於社會倫理有一種，就是朋友倫理。關於國家倫理有一種，就是君臣倫理。然而朋友倫理這一條，絕對不能夠算是社會倫理。關於君臣倫理，也更不能夠算是國家倫理。這是為什麼呢？普通人對於社會的義務，肯定不能應用在相知的朋友身上。即使是那些深居簡出、不和別人交流的人，在社會上仍然有不能不去盡的責任和義務。至於國家，更不是君臣倫理所能夠專有的。如果僅僅說君臣之義，那麼國君對於任命的大臣以禮相待，大臣對君主展現忠誠，完全是屬於兩個人私人之間感恩效力的事情罷了，和國家大政沒有什麼關係。那麼那些所謂的不為國家效力的超脫隱逸的人，豈不在這些倫理的討論範圍之外了嗎？人必須要具備這三種倫理的義務，之後才能成就完善的道德人格。中國的五倫關係，只有家族倫理算是比較完整的，至於社會國家倫理，則不完備的地方多了，這是我們必須彌補的遺憾。這都是因為重視私德、輕視公德所產生的結果。）一個私人如何對待自己，和一個私人如何對待另一個私人，這中間必然需要遵循一定的道德原則，這個道理難道還用說嗎？雖然這樣，私德只是道

第五節　論公德

德的一部分，而不是全部的道德。要說全部的道德，肯定是要兼有公德和私德。

　　私德和公德之間本來是並不衝突的。但是因為提倡的人有的強調私德，有的強調公德，發展到最後，這二者就開始互相妨礙了。比如，和孔子同一時代的微生畝，把孔子熱心向人們宣傳自己的主張譏諷為花言巧語；孟子的學生公孫丑也懷疑孟子喜歡和別人辯論。這之外的那些道德水平和文化程度低的人，不知道什麼是公德，就更不用說了。而那些著名的聖賢和哲人呢，也往往不能倖免，被別人抨擊。我今天也沒有興趣搬弄古人的隻言片語來批評這種現象。我主要想強調的是，我們中國幾千年來，約束自身修習德行、爭取少犯錯誤的觀念，實在是衡量一個人德行的標尺。所以道德的範圍越來越小，只要一個人說的話、做的事超出這種範圍，想要為自己的集體和社會的公共利益盡力做一點事情，那些道貌岸然、粗淺鄙陋的人動不動就會援引「不在其位不謀其政」等偏見來非議和嘲笑這樣的人、排擠打壓這樣的人。這種惡劣的作風代代相傳，大家都學習這種錯誤的行為，認為不這樣做就不對，國民更加不知道什麼是公德了。如今人們生存在一個集體之中，安心享有這一集體的權利，就應該承擔起為這個集體所盡的義務。如果不這樣做的話，那簡直和這個群體中的蠹蟲沒什麼兩樣了。那些堅持約束自身少犯錯誤的觀點的人，認為我雖然對於集體的發展沒有什麼好處，但是也對集體沒有什麼害處。難道不知道對團體沒有好處就是對團體有害嗎？為什麼呢？因為團體給我帶來好處，但我卻不能為團體帶來好處，這就等於是我得了群體的好處而沒有任何回報。一個私人和其他私人進行溝通交往，但是隻是從別人那裡得到好處卻沒有任何回報，從私德的角度上來說算是有罪的。我們會說這種人早晚都將會禍及與其交往的他人。而類似的這種人拿同樣的觀念對待群體，卻反而標榜自己是個好人，這有什

麼道理呢？如果一個集體中的每一個成員，都相繼抱著這樣的心態，只想著無益於團體，那麼這樣的集體的血本還能有多少呢？而這些無窮無盡的討債鬼，日日夜夜侵蝕集體的利益、瓜分集體的利益，對集體只有消耗，沒有什麼增長裨益，這個團體又怎麼可以長久呢？這個群體一定會被這些只知道從集體中謀取利益卻對團體發展毫無幫助的人所拖垮，這和在私人交往中受到連累的對方是一樣的結果。這是按照天理和形勢發展所必定會產生的結果！如今我們中國之所以會一天天衰落，難道還有別的原因嗎？就是因為那些只知道約束自身、少犯錯誤的獨善其身的人太多了，他們只知道享受權利卻不知道承擔義務，每一個人都認為自己對於集體沒有什麼責任。這樣的人雖然數量眾多，但不能為集體謀取利益，反而還成為集體的負擔，這樣的集體怎麼能不一天天衰落下去呢？

　　父母對於子女，生他們、養他們，保護他們、教育他們。因此作為子女，應該承擔報答父母恩情的義務，如果每個人都承擔這樣的義務，那麼子孫越多的父母日子也就會過得越順心，整個家族也會越來越繁榮昌盛；如果反過來的話，那麼整個家族就會越來越衰落！因此為人子女如果不能報答父母的養育之恩，就會被看作是不孝，而孝是人的私德上最重要的一條，這是人人都知道的。集體對於個人，國家對於國民，它們對於個人的恩情，與父母對於子女的恩情是一樣的。因為如果沒有集體、沒有國家，那麼我們的性命、財產就會沒有依託，智慧、能力就會無所附著，自己這微薄之軀也不能夠在這個天地間存在一天。因此承擔報答集體和國家的義務，這是每一個有血性的人所應該具備的認識。如果一個人放棄了這一責任，那麼他不管從私德上說是善人還是惡人，都是集體與國家的害蟲！比如說，一個家庭中有十個兒子，有的披袈裟剃度出家，有的以賭博飲酒為業，雖說一個人算是求佛問道，一個人算是

第五節　論公德

流氓無賴，他們的善惡本性差別顯著，但是相比較兩個人都沒有顧念父母的養育之恩，都算是名教的罪人，他們倆在性質上是一樣的。明白了這樣一個道理，那麼凡是那些只知道修習自己的美好品德就夠了，卻絲毫不想為集體和國家做貢獻的人，實在是和不孝沒有什麼不同。對於這樣的人用公德來審判他們，即使是說他們對於所依存的群體犯了大逆不道之罪，也一點都不過分。

在一本書中講了這樣一個寓言故事：一個官員去世了，閻王爺開堂審理他生前所犯的罪，這位官員的鬼魂說：「我沒有罪，我做官的時候非常清廉。」閻王爺說：「把一個木頭人樹立在你為官的廳堂之上，它連水都不用喝，不是比你更清廉嗎？你當官除了清廉之外沒有任何政績，這就是你的罪過。」於是，閻王爺判了他炮烙之刑。那些想要把約束自身少犯錯誤作為獨一無二的美德的人，不知道他們已經犯下了和這個官員一樣不容赦免的罪過。近年來流行的在官場做官的祕訣，最膾炙人口的三個字是：「清、慎、勤」。「清、慎、勤」難道不是私德中高尚的部分嗎？即使如此，官員是受到一個集體的委託來治理整個集體的事務的人。他們本身既承擔著對整個集體的義務，也承擔著對所有委託者的義務，難道僅僅奉行「清、慎、勤」三個字，就能夠履行兩大責任了嗎？這都是因為他們只知道有私德，卻不知道有公德，因此才導致政治沒有進步，國家不能日益昌盛。如果那些處理公共事務的官員都是這樣只注重私德，那麼民間那些個人就更加不會注重公德了。我們的國民中沒有出現過一個人能把國家的事情當作自己的事情來做，都是因為沒有深入了解公德的真正含義。

大家都知道道德為什麼興起了吧？道德之所以興起，是為了能夠有益於集體的發展。然而因為每一個集體的文明和野蠻的程度不同，那麼他們所適合的道德也往往不一樣，但大體上都是以能夠凝聚集體的向心

力、能夠為集體帶來利益、能夠促進集體的發展作為道德規範的原則。英國憲法把侵犯君主利益的行為看作是大逆不道（其他君主國家也是一樣），法國憲法把圖謀擁戴君主的行為看作是大逆不道，美國憲法甚至把企圖擁有貴族爵位名號的行為都看作是大逆不道（凡是違反憲法的行為，都是大逆不道的）。這些國家在道德的衡量標準上差別如此之大，但是它們在精神上卻是一致的。一致在哪裡呢？回答是：為了一個集體的共同利益。乃至於古代的野蠻人，他們有的把婦女公有作為道德（一個集體中的婦女是一個集體中的男子的所有物，這樣的集體沒有婚姻制度，古代的斯巴達就是這樣的風俗習慣），有的把不把奴隸當人看作為道德（不把奴隸當人看這種觀念，古代的賢哲如柏拉圖和亞里斯多德都不認為這有什麼錯誤，在美國的南北戰爭之前，歐美人也沒把這種事情看作是不道德的），甚至今天的哲學家，也不能說這些是不道德的。大概按照這些野蠻人當時的情況來看，想要對集體的發展有好處，也就只有這樣做最恰當了。因此可以說，道德規範的建立，無不以對群體的發展有利作為出發點。如果和這種精神相違背，即使是非常好的道德規範，有時也有可能會變成非常壞的道德規範。（比如自由制度，放在今天來看是非常好的道德規範，但如果把這種道德規範移植進尚處在野蠻時期還未開化的集體中，那就是非常不好的道德規範了。這就是一個例證。）因此，公德是各種道德的根源。對整個集體的發展有好處的就是美好的道德，對整個集體的發展沒有好處的就是不好的道德。（沒有好處而有害處的道德是非常不道德的，沒有好處也沒有害處的道德是輕度不道德的。）這是放諸四海而皆準的道理，即使是經歷百代也不會有什麼可疑惑的。至於道德的表現形式，就隨著整個群體發展的不同階段而產生差別。群體的文明和野蠻程度不同，那麼它們所認為的利益也就會不同，因此他們所認為的道德自然也不同。道德不是一成不變的。（我這種言論似乎非

第五節 論公德

常驚世駭俗，但是我所說的，是指道德的條目，不是指道德的宗旨。道德的宗旨是經歷了千秋萬代而不變的。讀者千萬不要誤會。什麼是道德的宗旨呢？也就是我所說的：對群體有利。）因為道德不是一成不變的東西，所以道德也就不是幾千年前的古人能夠訂立一個統一的規範而傳承萬代的（私德的條目變遷還比較少，公德的條目變遷卻比較多）。那麼我們這些人生長在中國，生長在中國的今天，應該縱觀國際大勢，靜靜地思索適合我們這個族群發展的道路，發明一種新的道德，以探求能夠增強我們族群向心力、使我們族群能夠發展進步的道路，不可以因為以前的君主和賢哲沒有提到某些道德條目，就畫地為牢，裏足不前。大家都知道有公德的觀念了，那麼新道德就產生了，新國民也就出現了。（今天社會上談論維新變法的人，什麼事情都敢於說新，卻唯獨不敢說新道德，這都是因為學術界的奴性還沒有完全去除，愛集體、愛國家、愛真理的心還不夠赤誠。他們都認為道德就像是太陽和月亮從天空升起又落下，就像是江河在大地上浩蕩奔流，從遠古到今天，從來沒有增加也沒有損益一樣，是一成不變的。他們認為古代的先聖先賢把道德的奧義都已經揭示完全並告訴後人了，哪還有什麼所謂的新道德、舊道德呢？但他們卻不知道道德條目的形成，約定俗成的占了一半，人為擬定的也占了一半。道德有發展、有進步，這也是遵循了物競天擇的自然規律。以前的哲人們沒有生在現在這個時代，哪裡能夠制定完全合乎今日社會發展的道德呢？假如孔子、孟子在今天復活，他們也不能不對道德條目進行修訂。今天的社會正處在過渡時代，青黃不接，以前的哲人們的微言大義，基本上已經被歷史淹沒而沒有彰顯了，那社會上奉行的簡單的道德條目也不能夠規範今後世人的心。另外還有厭煩陳腐觀念進而否定一切的人，他們否定陳腐的東西，否定陳腐尚可以說是有道理，但要是連同道德一起否定了，那麼人心大亂、禍事四起的局面哪裡還有盡頭？如

今這種禍事已經開始初見端倪了。一些老知識分子們還可能憂心忡忡，熱切地希望用宋元時期的論調來挽回民心，遏制這種潮流。他們又哪裡知道優勝劣敗是自然進化的法則，本來就不可能逃脫呢？捧著一把土去堵堤壩的缺口，端一杯水去救乾柴烈火，即使是耗盡所有的才能，難道能起什麼作用嗎？如果我們不趕快參照古今中外，發明一種新道德並大力提倡的話，我恐怕今後人民的智力越來越發達，道德卻會越來越衰落了。西方的物質文明全部輸入中國，那麼我們的四億國民將相繼退化為禽獸。嗚呼！道德革命的論調，我知道一定會被全國國民所詬病。我只是非常遺憾我的才能不足以擔負重任！如果讓我和整個社會那些庸碌的人挑戰決鬥，我也不會害怕，不會推辭。社會上有以一顆熱心、赤誠之心來愛集體、愛國家、愛真理的人嗎？我願意為這些人服務來研究道德革命這一問題。公德最大的目的，就在於對整個集體有利，而千千萬萬個條目，都是從這個最大的目的中產生的。本書後面的每一個章節談論的條目，都以促進群體利益為宗旨，貫徹始終。因此我在本節中只討論公德是當務之急，而具體實行公德的方法，將在下面的內容中詳細談到。

第六節　論國家思想

第六節　論國家思想

人類群體的初期階段，只有部民卻沒有國民。從部民發展到國民，這是文明和野蠻的分水嶺。部民和國民的區別在哪兒呢？回答是：聚在一起組成一個群體生活，形成自己的風俗習慣的人稱為部民。有國家觀念，能夠自己制定政治制度的人稱為國民。世界上還沒有沒有國民就能夠組成國家的事情。

什麼叫做國家觀念呢？一是對於個人而言要知道有國家，二是對於政府而言要知道有國家，三是對於外族而言要知道有國家，四是對於世界而言要知道有國家。

所謂的「對於個人而言要知道有國家」，這是什麼意思呢？人之所以比其他的生物高貴，是因為他們能夠聚群而居。假如一個人孤零零地生存在大地之上，那麼他飛翔比不上飛禽，奔跑比不上走獸，人類早就該滅絕了！所以群體對內來說，在天下太平的時候，它能夠保障群體成員彼此分工、各盡其能、等價交換，因為任何人都不可能獨自具備百工的技能。對外來說，在群體遭受危難的時候，大家一起出謀劃策，一起奮勇處理，築起城牆來抵抗侵略，因為任何人在面對威脅的時候都不可能單靠自己的力量就能夠脫離險境，因此國家才應運而生。國家的建立，是有它不得不如此的理由。也就是每個人都知道僅僅依靠個人之力不能夠長存，所以才尋求別人和自己相互團結、相互補助、相互捍衛、相互謀利。而想要讓大家團結到永遠、互相救助永遠盡力、互相捍衛永遠及時、互相獲利永無止境，那麼人人都要認識到在個人利益之上，還有更重要的國家利益。每個人在考慮一個問題、說出一句言論、辦理一件事情的時候，都要常常注意從群體的利益出發。（這可以說是「兼愛主義」。雖然如此，把它叫做「為我主義」，也沒有什麼不對的。因為如果對群體沒有利益，那麼自己也不能獲利，這是天下的公理。）如果不是這樣，那麼群體也就不可能形成了，而人道也差不多就要消失了。這是國家觀念的第一個重要方面。

所謂的「對於政府而言要知道有國家」，這是什麼意思呢？如果國家像是一個公司，政府就像是一個公司的董事會，那麼握有政府權力的人，就像是董事會的董事長。如果國家像是一個村莊，政府就像是一個村莊的村委會，那麼握有政府權力的人，就像是村委會主任。那麼，董事會是為公司而設立的呢？還是公司是為董事會而設立的呢？不用分辨就能知道了。這兩者的性質不一樣，他們的大小和輕重自然也不能有所顛倒。因此法國國王路易十四的那句「朕即國家也」，至今都被認為是大逆不道的。歐美的小孩們聽說這句話都沒有不唾罵路易十四的。按照我們中國人的眼睛看來，可能覺得沒有什麼大驚小怪的！如果真是這樣，假如有一家公司的董事長說「我就是公司」，有個村委會主任說「我就是村莊」，我們試想一下公司的股東們、村莊的村民們能接受嗎？國家不能夠沒有政府，這是理所當然的。因此人們常常把愛國轉化成愛政府，這就是愛人及屋和愛屋及烏的觀念。但如果把屋當成了人，把烏當成了屋，把愛屋和愛烏當作是愛人，只知道愛護小烏卻忽略了屋，只知道愛屋而忽略了愛人，那麼我們不能不說那個人是病得癲狂了。所以，有國家觀念的人，也常常愛護政府，而愛護政府的人，卻不一定有國家觀念。政府如果是經過全國人民同意而成立的，那麼政府就是國家的代表，愛政府就是愛國家。如果政府不是經過全國人民同意而成立的，那麼政府就是危害國家的反動組織，只有改革這樣的政府才是愛國家的行為。這是國家觀念的第二個重要方面。

　　所謂的「對於外族而言要知道有國家」，這是什麼意思呢？「國家」是相對外族而言需要用到的名詞。如果世界上只有一個國家，那麼「國家」這個名詞也就沒有存在的必要了。所以人跟人相處才有了「自己」這個概念，家與家相處才有了「我家」的概念，國與國相處才有了「中國」的概念。人類自從千萬年以前就分布在各地繁衍生息，發展壯大。從言語風俗，到思想法制，形式不一樣，內涵也不一樣，所以形成了不

第六節　論國家思想

同的國家。按照物競天擇的自然規律，人和人之間不可能不產生衝突，國和國之間也不可能不產生衝突。「國家」這個概念之所以能夠出現，是為了區別於其他國家而已。因此真正愛國的人，即使是外國的神聖大哲前來統治，他們也一定不會心甘情願服從於他人的主權之下。他們寧願集合全體國民的力量流血犧牲、粉身碎骨、毀家紓難、毫無保留，也一定不願意把自己一絲一毫的權利讓給別的種族。因為如果不是有這種愛國精神，那麼他們所組成的國家早就已經名存實亡了。這就像是一個家庭，就算家徒四壁，也不願意別人進入自己的房子居住。知道自己是一個現實的存在，所以才能夠存在，這是國家觀念的第三個重要方面。

所謂的「對於世界而言要知道有國家」，這是什麼意思呢？宗教家們談話，動不動就說天國，說天下大同，說眾生平等。所謂的博愛主義、世界主義，不管是誰都會認為是高尚的、仁義的。雖然如此，這種主義如果脫離理想世界而進入現實世界，難道有可能實現嗎？這種事情也許過個幾萬數千年之後可能會實現，我也不能保證。但是今天我們需要的是什麼呢？競爭，才是文明的源泉。如果一天停止競爭，那麼文明的進步也就會立刻停止。從個人與個人的競爭發展到家庭與家庭的競爭，從家庭與家庭的競爭發展到族群與族群的競爭，從族群與族群的競爭發展到國家與國家的競爭。一個國家，是團體的最大規模，也是競爭的最高階段。如果有人主張國家之間合併、破除國界，不要說這種事情能不能成功，即使成功了，競爭消亡了，難道文明不也跟著斷絕了嗎？況且人的本性也不可能做到一輩子不和別人競爭。因此，這樣一來，世界實現了大同之後，不久就會因為別的事情在天國中重新互相競爭起來，到了那個時候就等於讓各國國民回覆到野蠻人之間的競爭。當今社會上的學者，不是不知道「世界大同」這種主義的美好。但只是把它當作心靈世界的美好幻想，而不是歷史上真正的美好。因此，我們把「國家」作為

團體的最大規模，而不把「世界」作為團體的最大規模，是有道理的。那麼，那些說博愛的人，如果讓他們捨棄一己之私去愛一個家庭，可以；如果讓他們捨棄一個家庭之私去愛整個民族，可以；如果讓他們捨棄一己之私、一個家庭之私、一個族群之私，去愛一個國家，也可以。國家，是私愛的根本，是博愛的頂點，不能夠愛自己的祖國的人是野蠻人，愛世界各國的人也是野蠻人。為什麼呢？因為他們已經變成了部民而不是國民了。這是關於國家觀念的第四個重要方面。

真是令人痛心哪！我們中國人沒有國家觀念。底層社會的人，只關心自己個人和小家庭的衣食住行；上層社會的人，經常高談哲理卻不能應用到實踐中去。那些沒有良心的人更是甘願做別的民族的奴才，為虎作倀；那些有才能的賢士，也僅僅把尋找到像堯一樣的明君或者像盜跖一樣的梟雄去為他們服務，作為自己的目標。從「對於個人而言要認識到國家的重要性」這第一個方面看，如今的四億國民中能夠超越個人利益之上的有幾個人呢？天下熙熙，皆為利來；天下攘攘，皆為利往；如果有能夠謀得眼前那些蠅頭小利的機會，就算出賣全國的同胞，他們也在所不惜。那些所謂的第一等人，只知道追求自身的美好品行，結黨營私、拉幫結派的人，也就是我所說的只知道從群體中獲利卻不願回報的人。

獨善其身和結黨營私的這兩種方式，它們存在的理由雖然有所不同，但是在足以導致國家衰敗、滅亡上卻是一樣的。從「對於政府而言要認識到國家的重要性」這第二方面來說，我們中國從古代傳承至今的道德標準是要做忠臣孝子，這種要求是應該提倡的。雖然如此，提倡忠於國家是正確的，提倡忠於君主則是不全面的，為什麼呢？忠、孝兩種德行，是人格中最重要的兩種品德，這兩者缺了哪個都不行，都會被別人抨擊為沒有達到做人的標準。如果僅僅對君主盡忠，那麼對世界上那些做君主的人來說，難道不是斷絕了他盡忠的途徑嗎？他們難道不是一出生就存在著不

能夠擁有完善人格的缺憾了嗎？再說回來，比如現在美國和法國等國家的國民，他們沒有君主可以盡忠，難道不是永遠都不能夠擁有這項品德，而不能被算作擁有完善人格的人類了嗎？所以，我認為君主國家的君主和民主國家的國民應該履行的盡忠品德應該更高。人如果沒有父母就不能來到這個世界，如果沒有國家就不能安身立命。對父母盡孝道，對國家盡忠誠，這都是符合知恩圖報的道義，不能與甘當達觀顯貴之家的奴才和走狗的自賤行為相提並論；而我們中國人卻只是把「忠」這一個字作為僕人侍奉主人的專有名詞，這實在是陰陽不分！（君主與國民相比，更應該盡忠，為什麼呢？因為國民盡忠，只是為了完成報答國家這一個義務。君主盡忠，還兼有不辜負全體國民的囑託的義務，怎麼能說他不用履行盡忠這一品德呢？孝順是子女對於父母的責任。但為人父母，又哪裡可以缺少孝的品德？為人父母尚且不能不具備「孝」的品德，難道君主就可以不具備「忠」的品德嗎？所以，僅僅說國民需要向君主盡忠，我認為這種說法是不能成立的。）從「對於外族而言要認識到國家的重要性」這第三個方面看，那麼我們中國歷史上所遭受的奇恥大辱，實在是我不忍心所再度提起的。根據從漢代末年到現在的記載，在這總共 1700 多年的歷史中，我們中國全部的領土被外族所占領的時間有 358 年；黃河以北的區域竟然被占領了 759 年。現在讓我列一個這樣的種族和時代表，如下圖所示：

國名	開國皇帝	種族	都城	今地名	興起年代（西曆）	滅亡年代（西曆）
漢	劉淵	匈奴	平陽	山西平陽府	304年	329年
成	李雄	巴氏	成都	四川成都府	304年	347年
後趙	石勒	羯	鄴	直隸順德府	318年	351年
燕	慕容皝	鮮卑	鄴	直隸順德府	337年	370年

國名	開國皇帝	種族	都城	今地名	興起年代（西曆）	滅亡年代（西曆）
代	拓跋猗盧	鮮卑	盛樂	山西大同府	309年	376年
秦	符健	氐	長安	陝西西安府	351年	394年
後燕	慕容垂	鮮卑	中山	直隸定州	383年	408年
後秦	姚萇	羌	長安	直隸定州	384年	417年
西燕	慕容冲	鮮卑	長子	山西潞州府	384年	394年
西秦	乞伏乾歸	鮮卑	苑川	甘肅鞏昌府	385年	431年
後涼	呂光	氐	姑藏	甘肅涼州府	386年	403年
南燕	慕容德	鮮卑	廣固	山東青州府	398年	410年
南涼	禿髮傉檀	鮮卑	廉州	甘肅西寧府	402年	414年
北涼	沮渠蒙遜	匈奴	張掖	甘肅甘州府	402年	439年
大夏	赫連勃勃	匈奴	統萬	甘肅寧夏府	407年	431年
後魏	拓跋珪	鮮卑	平城	山西大同府	386年	564年
遼	耶律阿保機	契丹	臨潢府	內蒙 巴林左旗	916年	1125年
金	完顏阿骨打	女真	汴	河南開封府	1126年	1234年
元	成吉思汗	蒙古	北京	直隸順天府	1277年	1367年
……	……	……	……	……	……	……

第六節　論國家思想

　　嗚呼！從黃帝時期篳路藍縷所傳承下來的錦繡河山屢屢被外族所掠奪，這種情況實在是見得太多了。而那些所謂的黃帝子孫，他們給侵略者送水送飯、鳴鑼開道，面對侵略者就像是野獸被折了頭角一樣畏懼和恭順。如果侵略者給這些漢奸走狗一個小小的官職，使他們的家族感到榮耀，那麼幫助這些侵略者不遺餘力地欺壓自己同胞的漢奸們，又不知道得有多少人了！明代學者陳白沙在《崖山弔古》一詩中感慨：「鐫功奇石張弘範，不是胡兒是漢兒！」哎呀，真是可悲可嘆！從晉朝至宋朝以來的漢族人中，像是幫助元朝滅亡了宋朝的漢族將領張弘範這樣的人，在歷史上「先後輝映」，又何止是成百上千？陳白沙先生還是有些少見多怪了。中國人國家觀念的缺失，就是達到了這樣登峰造極的地步。

　　從「對於世界而言要認識到國家的重要性」這第四方面來看，中國的知識分子動不動就說「平天下」「治天下」，其中比較知名的，比如董仲舒的《春秋繁露》篇和張衡渠的《西銘》篇，都把國家看作是一個非常渺小的東西，不屑於掛在嘴上。但如果我們深究起來，所謂國家之上的那個宏大的團體，難道會因為他們的微妙空言而有一點點的進步和好處嗎？國家也會一天天衰亡下去罷了。像前面說的那樣，我們中國人缺乏國家觀念，是非常危險和令人痛心的了！我們中國人缺乏國家觀念，竟然已經到了這樣的地步了啊！

　　我分析其中的原因有兩個：一是隻知道有世界卻不知道有國家，二是隻知道有自己卻不知道有國家。

　　他們把國家觀念誤認為世界觀念，也有兩個原因。第一是由於地理原因。歐洲的地形是山川和河流交錯，水上交通發達，人民來去自由，地勢上被分割為支離破碎的小塊區域，形勢上趨向於分立而治；中國的地形是平原廣闊，周邊多有山川阻隔，導致人民閉塞不出，少與外界交流，形勢上趨向於統一而治。從秦朝以來的兩千多年裡，中國只有三國

時期和南北朝時期的三百多年是稍微分裂的，其他時間都是四海一家的大一統格局。即使王朝中偶爾有軍閥割據的局面，過不了多久就會被合併。在我們的周圍雖然有很多的少數民族，但是他們在地域範圍上，在人口基數上，在文明程度上，都不能和中國相比。而在高聳入雲的帕米爾高原之外，雖然有像波斯、印度、希臘、羅馬這樣的文明國家，但是我們和他們彼此之間因為山川阻隔，也並不接壤、並不了解。因此中國人就把國家看作是世界了，這並不是我們妄自尊大，而是地理原因造成的。如果要我們認識到中國只是世界上很多國家中的一個，需要我們周圍有與我們國家差不多的國家才可以。所以中國人的國家觀念不發達，不能和歐洲人相比，這也是時勢所迫。把國家觀念誤以為是世界觀念的第二個原因是理論宣傳。在戰國以前，大一統的局面還沒有形成，各個諸侯國群雄並起，國家主義也最為盛行。我們會發現其中的弊端在於，各諸侯國互相搶奪土地、爭奪城池，殺死的百姓充滿了郊野，生靈塗炭的禍事都不知道什麼時候才算到盡頭。那些講究人道的人面對當時的情況，憂心忡忡，四處宣揚「穩定壓倒一切」，以避免百姓無緣無故遭受災難。比如孔子在整理修訂《春秋》一書的時候，主張能夠破除國界，使天下統一，由同一個君主來進行統治，透過文明統治來達到天下太平。孟子說：「社會局勢怎樣才能穩定下來呢？只有天下一統這一條路。」其他的先秦諸子，比如墨翟、宋牼（kēng）、老子、關尹等人，雖然他們的哲理學說各有不同，但他們在談到政治主張的時候，沒有人不把統一各個諸侯國、結束紛爭作為當務之急的。因為要結束當時的混戰局面，不能不如此。天下人民心中已經十分厭惡戰爭了，才有了嬴政、劉邦這樣的梟雄接連走上歷史舞台。這樣一來，之前知識分子們坐而論道的論調忽然成了統治者實行中央集權的理論工具，於是諸侯混戰的局面才結束，國家才穩定下來。統治者仍然擔心政治不能穩固，於是就開始焚燒

第六節　論國家思想

其他有異議人士的著作，將那些方術之士禁錮起來，並且斷章取義地把先哲著作中有利於自己實行中央集權統治的言論摘錄出來，大力宣傳，還對發出這些言論的人給予表彰，用來麻痺天下百姓。因此國家主義思想就漸漸消亡了。可以說，國家主義思想的消亡，未嘗不是從孔子、孟子等先哲開始的。但即使是這樣，我們也不可以把責任都推到這些先哲身上。因為按照他們當時的處境，提出破除國界、天下一統的主張是可以理解的，再加上人民接受新觀念又容易不考慮實際、走向極端。這就好像是佛家宣揚佛法的目的是要普度眾生，但那些執迷於宣揚佛法的人卻忘了普度眾生，這都是因為過於重視理論卻忽視了實踐造成的。所以說，後人執著於大一統卻忘了愛國，又怎麼能說這是先哲先聖的意願呢？況且人和人之間的相處，不管怎麼樣都不能做到彼此之間毫無界限，這是天性使然。即使國界被破除了，鄉土、家族、家庭和個人的界限反而一天天加強了。這樣，破除國界、實現一統的主張實行的結果，就是去掉了十幾個大國，卻又生出來數百數千以至數不勝數的小國，把擁有四億同胞的完整大國變成四億個小國，造成一盤散沙的局面。這是我們中國兩千年來司空見慣的情狀。因為缺乏國家觀念，所以人民不會把政府作為國民的代表，認為政府應該為國民服務，反而認為政府是天帝的代表，是代表天帝來管理國民的。所以政府屢屢廢黜又建立，而國民卻認為跟自己沒有關係，因為在他們看來，蒼天已死，而黃天當立，白帝被殺，而赤帝臨朝，改朝換代都是天意，和下界的普通百姓有什麼關係呢？我們中國人受到地理交通的影響，安心待在自己出生的地方，已經限制了自己的眼界，又受到這些學說的影響，所以導致沒有國家觀念，又有什麼好奇怪的呢？

雖說如此，只知道有世界觀念卻不知道有國家觀念，這不過是一時的錯誤認識，隨著時代的變化，這種錯誤認識也就自然會消失了。這種

錯誤的認識是因為地理交通而引起的，如今世界交通發達，帝國主義列強和我們就像是比鄰而居一樣，閉關鎖國維護國家統一的形勢已經被打破了，這樣一來國家之間的競爭在所難免，中國將進入多事之秋，但又怎麼知道在這種深深的憂慮中，中國不會開啟多難興邦的新征程呢？因為理論宣傳而引起的錯誤認識，現在隨著西方新思想的輸入，古代的思想觀念一定會和現在西方的思想觀念相調和，變通、利民的思想的理論就會昌盛，這樣一來，人們就自然明白不管是採用王道還是霸道，都難以促成大一統的局面，國家觀念也一定會越來越深入人心。可是最難變通國民觀念的，還是中國「個人只知道有個人卻不知道有國家」這種自私自利的觀念。

那些獨善其身、潔身自好的人，把關心國家大事、為國家做貢獻當成自己的負累，能躲就躲。而那些心甘情願做有權有勢者家奴和走狗並自詡為忠誠的人，也不過是為了個人的功名利祿才去為國家工作。他們看到有利可圖、有權可掌，就像螞蟻看到食物一樣趨之若鶩。並且他們自己還發明了一種道德來掩飾自己的醜惡、美化自己的名聲。如果不是因為有這些人的這種道德觀，那麼兩千年來與我們中國交往的各個國家中，雖然沒有什麼文明大國，但是周圍那些文明程度低的小國家，難道不算是國家嗎？所以，說他們是因為沒有看到同等級別的其他國家出現才造成他們缺乏國家觀念，誰會相信呢？如果我們試著看一下自從劉淵、石勒以來，這些少數民族的侵略者入侵中原的時候，哪一個沒有漢族人為他們奔走效力，爭當開國元勳，殘害自己的同胞呢？在古代，嵇康的兒子嵇紹在魏國出生，晉朝入侵，篡奪了魏國的國君之位，並殺死了嵇紹的父親嵇康，但是嵇紹卻靦著臉侍奉與他有著不共戴天之仇的敵人——晉朝，並且還因為捨身保護晉惠帝落得亂箭穿身的下場，卻自以為是在踐行盡忠的道德。

第六節　論國家思想

　　後世那些睜著眼睛說瞎話的史學家也胡謅他的死展現了盡忠的美德。我非常惋惜那些最為完美、最為高尚的盡忠道德，就這樣被這些無恥之徒糟蹋殆盡了。這沒有別的原因，就是因為他們一門心思為自身的利益鑽營。這些人認為只要有人能給我帶來榮耀財富，我願意為他舔身上爛瘡流出來的膿，只要有人能夠給我帶來尊貴的權勢，我願意給他磕頭。至於這些榮華富貴是哪裡來的，我又何必去問呢？像這類缺乏國家觀念的中國人，根本不是受地理交通和理論宣傳的影響才得這種奴才病的。地理交通和理論宣傳不管怎麼變，這些人的奴隸根性都深入骨髓不會變化。哎呀！我又能拿這些人怎麼辦呢？你們難道沒有見到八國聯軍攻入北京的時候，家家戶戶都在門頭掛起了順民的旗幟嗎？聯名給侵略者送德政傘的人有成百上千。唉！實在是太令人痛心了！我說到這裡，只感到雙目都無法怒視，怒髮都無法衝冠了，我只能感到膽顫心寒，只能感到肉麻無比。盡忠盡忠，只是向權勢盡忠罷了！只是向利益盡忠罷了！想要預知將來，不妨看看過往。將來世界上哪裡成為權勢和利益的中心，哪裡就是四億忠臣盡忠的中心。只是不知道中國到時候還存不存在了？

　　哎呀！我不想再多說什麼了！我不敢指望我的廣大同胞能夠將自己所懷抱的利己主義剷除殆盡，我只希望他們擴充套件自己的利己主義，鞏固自己的利己主義，研究明白怎麼做才能真正地利己，怎麼樣才能保護好自己的利益，使其永遠不會喪失。只有真正養成國家觀念，才能真正成功保有自己的個人利益。同胞們！同胞們！請不要說我們的國土廣闊就足以依賴，羅馬帝國全盛的時候，國土面積也不比我們現在的國土面積少啊。不要說我們的民眾眾多就足以依賴，印度土生土長的國民也有兩億多呢。不要說我們的文明程度高就足以依賴，古希臘的雅典，當它還是一個獨立國家的時候，文明天下第一，等到他們服從外族侵略者

的統治，文明就逐漸萎靡不振，以至於最終消亡了。而中國在被元朝的蒙古人統治的時候，知識分子全都要學習蒙古的語言文字（這在《廿二史札記》中記錄得非常清楚），漢族的語言文字幾乎中斷了。所以說，只有國家才是我們賴以依靠和安身立命的父母！沒有父親，我們仰仗誰呢？沒有母親，我們依靠誰呢？沒有了父母的庇護，我們就會煢煢獨立，淒淒涼涼，誰會來可憐我們呢？等到有個三長兩短，我們就會一命嗚呼了。想來想去，我的恐懼和憂慮至今都沒有停止！

第七節　論進取冒險

第七節　論進取冒險

　　世界上沒有什麼能夠靜止不動的事物，不是高歌猛進，就是倒退，人生是和憂患共生共存的，如果害怕艱難險阻，就一定會跌落進艱難險阻的漩渦。我看現在世界上的各個國家中，退步的速度之快與危險的程度之高，沒有哪一個能比得上中國，我因此而感到恐懼。

　　歐洲的各個民族之所以比中國強，原因不是只有一個方面，他們的國民富於進取冒險的精神，大概是其中最為主要的一個方面。現在我們不舉遠的例子，就說最近的吧。當羅馬解體之後，歐洲人滿為患，大家為了爭奪生存空間紛紛展開競爭，爭鬥得沒日沒夜。那時候就有一個窮苦人家出身的孩子，他獨自一人漂泊萬里尋找出路，曾經四次帶著船隊航海而一無所獲，當時船上的人都絕望到極點，但因為他堅持不能打道回府，所以大家都把怨恨之氣積聚到他身上，幾乎想要殺了他、去喝他的血才能解恨，但是他卻勇往直前、百折不撓，終於發現了美洲新大陸，為國民開闢出一個新的世界，這個人就是西班牙的大航海家哥倫布。當羅馬教皇的權勢如日中天的時候，各個國家的君主都心甘情願地臣服在他的腳下，當時卻有個僧侶（天主教的教士不娶妻生子，因此日本就借佛教僧人的名字來命名天主教的傳教士，我現在遵從日本的叫法）在教廷之上悍然發布了 96 條檄文，揭露舊教的罪惡，提倡新的學說，號召天下人進行宗教改革。教皇率領上百位王侯召開法會，拘押了這位僧侶並審判他，要他更改自己之前的言論，但這位僧侶從容大方地對簿公堂，侃侃而談，慷慨陳述自己的主張，不屈不撓，最後才開創了信仰宗教自由的先河為人類增進幸福，這位僧侶就是日耳曼的馬丁·路德·金（Martin Luther King）。一架小舟環繞地球一周，要經歷重重波濤，三年才能夠回到故鄉，但一個人卻臨危不懼、開拓進取，最終開通了太平洋航線，為東西兩個半球開鑿出一條溝通交往的通道，這個人就是葡萄牙的麥哲倫（Magellan）。一個人孑然一身深入非洲內陸探

險，穿越過綿亙千里的撒哈拉沙漠，對抗瘴氣的襲擊，對抗蠻族的襲擊，對抗猛獸的襲擊，幾十年如一日，最終使整個非洲地區開通，成為白人的殖民地，這個人就是英國的利文斯敦（Livingstone）。十六到十七世紀之間，新教和舊教之間的爭鬥正處於非常激烈的時期，日耳曼人發誓要殺光所有的新教徒不留一個活口；那時候波羅的海沿岸有一個小國家，卻如螳螂當車般張開自己的雙臂去為人類請命，為上帝復仇，率領一萬六千名精兵強將，橫跨過歐洲大陸，拯救人民於水火之中，避免生靈塗炭，即使犧牲自己也絕不後悔，這個人就是瑞典國王阿多發（Adolphus）。俄國受到蒙古的侵略和蹂躪之後剛剛恢復元氣，國家積貧積弱，人民文化程度低下，這些都不用細說，當時的俄國統治者隱藏自己的身分去國外學習，混跡在普通百姓中間做學徒、做用人，終於學得了國外先進的文明與技術，並把它們傳授給自己的人民，才使得俄國最終成為現在世界上的第一大國，並且耀武揚威有吞併世界的氣勢，這個人就是俄國沙皇彼得大帝（Peter the Great）。英國自從伊麗莎白女皇之後，因為不斷取得勝利而驕傲自滿，君主立憲制這樣完美的政體逐漸開始搖搖欲墜；那時候有一個在窮鄉僻壤放牧的人，他揮舞自己的手臂舉起起義的大旗，發動國會軍，與政府浴血抗戰了八年，最終俘虜了獨裁專制的國王，重新開啟憲政，使得英國成為文明政體的發源地，使英國國旗高高飛揚在祖國大地的上空，這個人就是英國的克倫威爾（Cromwell）。在當初美國仍然受到英國殖民主義者統治的時候，苛捐雜稅非常繁重，個人權利被肆意踐踏，人民感到生活艱難、苦不堪言，當時有一個在山谷中務農的人，叩響自由的鐘聲，揭起獨立的大旗，雖然無依無靠卻敢於拉起隊伍對抗強敵，最後才能在新世界上建立起強大的美國，使美國幾乎成為二十世紀世界的主角，這個人就是美國總統華盛頓（Washington）。法國大革命之後，革命風潮激盪，整個歐洲大陸

第七節　論進取冒險

都被革命的熱潮所震懾，全國上下局勢很不穩定，那時候有一個小軍隊中出現一位矮個子將領，他奮發出建功立業的野心，遠征埃及，遠征義大利，席捲整個歐洲，建立起強大的帝國，又率領四十萬大軍遠征

強大的俄國，向北深入一千餘里，即使戰爭失敗也沒有挫傷他的銳氣，這個人就是法國皇帝拿破崙（Napoleon）。荷蘭是西班牙的殖民地，受到西班牙宗教的壓制，又因為西班牙的暴虐統治而憔悴不堪，全國各地都能看到西班牙人騎著高頭大馬橫衝直撞，那時候有一位亡命志士，他在日耳曼集結強大的軍隊，試圖收復荷蘭的國土，浴血奮戰了三十七年，才最終贏得荷蘭獨立，恢復了國家主權，雖然這位志士不幸犧牲在狙擊手的槍口下卻絕不後悔，他的復國精神也永垂不朽，這個人就是荷蘭的威廉·埃格蒙特（William Egmont）。

美國在幾十年前，蓄養奴隸的風氣非常盛行，人道主義基本荒廢了，美國的南部和北部因為是否廢除奴隸制的觀點不同而對立，國家幾近於分裂的局面，但是有一個船家出身的人，把正義和公理作為自己的鎧甲，把民族大義作為自己的武器，毅然決然地拋開婦人之仁，組織軍隊發起義戰，犧牲了少數人的利益，維護了大多數人的利益，使得國家趨於穩定同一，他將自己的全部身心奉獻給國民，最終才實現了平等、博愛的思想，制定國家憲法以供各個國家效仿，這個人就是美國第十一任總統林肯（Lincoln）。羅馬被外敵滅亡了，遺留下來的忠貞愛國的抗敵志士寄居於其他民族的屋簷之下，被當作奴隸一樣使喚，被當作牲畜一樣看待，當時有一位年方二十的翩翩少年，他發展地下武裝組織，力圖推翻偽政府，雖然因為鬥爭失敗不能實現自己的願望，只能暫時逃到國外，但他卻致力於從事青年教育事業，喚起整個國家之魂，最終使自己的祖國完成了獨立統一的大業，成為世界強國之一，這個人就是義大利的馬志尼（Mazzini）。類似這樣的人很多，我在上面只不過是舉

出幾位比較有名氣的賢達人士為例而已，其他像這樣的豪傑之士，在歷史上數不勝數，如果要把他們的事跡在紙上羅列出來，就是五輛車都裝不下，就算是單單統計一下他們的名字也統計不完。怎麼樣？壯觀吧！後代閱讀歷史的人從他們身上擷取芬芳，從他們身上汲取精神，崇拜他們，為他們歡歌鼓舞，卻不知道他們當時是敢於說別人不敢說的話，敢於做別人不敢做的事。他們的精神就像是江河奔流不到大海絕不停止的氣勢，他們的氣魄就像是面臨危難破釜沉舟時眼睛眨都不眨的氣概。他們看待他們的主義，有天上地下唯我獨尊的自豪，他們為踐行自己的主義奮然前行，有鞠躬盡瘁死而後已的志向。如果他們成功，是因為他們殫精竭慮才獲得了歷史的光輝與榮耀；即使他們失敗，他們也用自己迸濺的鮮血洗刷了國民沉重的罪孽。嗚呼！為什麼會這樣呢？只是因為他們甘願去進取，甘願去冒險。

進取冒險精神的本質是什麼呢？我沒有辦法命名它，只能把它叫做浩然之氣。孟子對浩然之氣的解釋是：浩然之氣的產生，是和正義與公道相配合的。如果離開了正義和公道，浩然正氣就會消失。孟子又說：浩然正氣是正義積聚在胸中的自然表現，不是誰假冒正義就能夠形成的，如果言語行為讓良心不安，浩然正氣也會消失。因此，人有了進取冒險精神就能夠生龍活虎，人如果沒有進取冒險精神就會如行屍走肉，國家有了進取冒險精神就能夠傲立於世，如果沒有了進取冒險精神就會自取滅亡。而能夠養成浩然正氣、發現浩然正氣的人，他們本身品性的根基就非常深厚，這不是本身品性薄弱的人所能假裝擁有的。分析一下浩然正氣形成的因素，有四個方面：

一是浩然正氣生於希望。亞歷山大大帝率領軍隊出征波斯，在臨行前把自己所有的子女和財產都分給了各位大臣，自己絲毫不剩。各位大臣說：「君主您把一切都給了我們，那麼您自己還留有什麼呢？」亞歷

第七節　論進取冒險

山大大帝說：「我還給自己留下了一樣東西，那就是希望。」說得真是太好了！希望對人就是這麼偉大而有力。無論從哪個方面來說，人生都有兩個世界，從空間論上來說，人生活在現實世界和理想世界；從時間上來說，人生活在現在世界和未來世界。現實世界和現在世界，屬於人的行為；理想世界和未來世界，屬於人的希望。而現在所踐行的現實，正是以前所懷抱的理想的實現；而現在所懷抱的理想，又將成為將來所踐行的現實的目標。因此，現實世界是理想世界的子孫；未來世界是現在世界的父母。因此人類能夠勝過飛禽走獸，文明人能勝過野蠻人的原因，就在於他們有希望、有理想、有作為。所懷的希望越大，人類進取冒險的程度就越強。越王勾踐當年成為吳國的俘虜而居住在會稽，堅持把柴草作為床褥以磨礪身心，堅持把苦膽作為糧食以錘鍊意志，他的心中一天也沒有忘記要重建越國、消滅吳國的決心。摩西率領愚昧不化、輕薄浮躁的猶太人脫離埃及，在廣闊的阿拉伯沙漠徘徊流離了四十多年，只是因為將來一定會找到一片葡萄繁熟、蜜乳芬芳的迦南樂土的希望激盪在他的胸中。王陽明的詩這樣說：「人人有路通長安，坦坦平平一直看。」難道當年勾踐眼裡看到的只是吳國的會稽嗎？難道當年摩西眼裡看到的只是迦南樂土嗎？因此，大丈夫在人世間生存，之所以百折不撓，是因為他們每個人的心中都有第二個世界，並把這個第二世界作為自己歸宿的故鄉，他們各自滿懷著希望奔走在沒有盡頭的漫漫長途上。世界能夠一天天進步，也是因為有希望的緣故。因此他們在現在世界、在現實世界，不惜絞盡腦汁，滴落汗水，因為勞作讓手腳長滿老繭，甚至拋頭顱、灑熱血也在所不惜，這難道是徒勞無功嗎？他們付出的努力終將獲得回報。西方哲學家曾經說：「上帝對眾生說：『你們想要的東西，我全部都會給你們，但你們應當為它們付出同等的代價。』」進取冒險就是實現希望的必要代價。那些飛禽走獸和野蠻人，餓了的時候

就去尋找食物，吃飽了就只知道嬉戲玩耍，只知道有今天，卻不知道有明天。人類之所以能夠區別於飛禽走獸和野蠻人，就在於人類能夠為了明天而奮鬥。人類為之奮鬥的目標可以是三天、五天、七天、十天、一個月、一年、十年、百年、千萬年、億年、兆年、京年、垓年、無量數年、不可思議年，這些都是一個個明天累積起來的。如果只知道過好今天就行了，那麼進取的念頭就消失了；如果只知道在今天獲得短暫的安樂，那麼冒險的氣概就消亡了。像這樣，等於是放棄做人的標準，心甘情願淪為禽獸。我從這裡知道進取冒險的精神不能停止是多麼的重要。

二是浩然之氣生於熱心赤誠。我讀司馬遷的《史記·李將軍列傳》，讀到其中這樣一段：李廣將軍外出打獵，發現草叢中有一塊石頭，但他把這塊石頭看成了一隻老虎，於是搭箭射殺它，結果這支箭深深地插進了石頭裡，只露出箭尾的羽毛。李廣將軍射中石頭之後近前檢視，才發現自己射中的是一塊石頭。之後他又再度搭箭向石頭射擊，但是卻再也不能射進石頭中了！讀了這個故事，我不能不感慨，人的能力其實是沒有確定的界限的，也是沒有確定的程度的，只是因為熱心赤誠的界限和程度不同而有所差異。如果一個人在做事情的動機上只有一點點的差異，那麼在結果上卻會有很大的懸殊。從這裡，我深深地知道，從古至今的英雄豪傑、孝子烈婦、忠臣義士，以及那些熱心的宗教家、政治家、美術家、探險家，他們之所以能夠做出一番驚天地、泣鬼神的事業，威震宇宙，使宇宙煥發出無限生機，都是有原因的。法國文學家雨果曾經說：「婦女相對而言是弱者，但是他們以母親的身分保護自己孩子的時候，就會表現出強者的風範。」那麼，這些弱小的婦女是怎麼變成強大的母親的呢？只是因為她們有一顆愛護自己孩子的赤誠之心，她們雖然平時嬌弱得連衣服都承受不了，就像是小鳥一樣惹人憐愛，但是她們卻可以為了自己的孩子，在千山萬壑之中獨來獨往，即使幽深的山谷中有虎嘯狼吟的恐怖之聲，有神

奇鬼怪出沒，她們也沒有什麼可害怕的，也沒有什麼可躲避的。真是太了不起了！熱心赤誠的愛子之心能讓柔弱的婦女變成勇武的金剛啊！朱壽昌不願意當官去行乞，風裡來雨裡去，是因為愛他的父母。豫讓用油漆毀了自己的面貌，吞下木炭毀了自己的聲帶，披頭散髮隱瞞身分去仇人之家做奴隸，是為了找機會給死去的國君報仇，這是愛他的國君。諸葛亮帶病率領大軍北伐曹操，在五丈原拋灑熱淚，從此踏上征途永不回頭，是為了要報答自己的知己劉備。克倫威爾甘願冒著殺死國君這樣大逆不道的罪名去推翻獨裁統治，又兩次解散國會，被很多人認為有專制獨裁的嫌疑，但是他卻毫不害怕這種流言蜚語，是因為他愛自己的國民。林肯發動南北戰爭時，不顧念國家會因此而分裂，也不害怕國民會因為戰爭而生靈塗炭，毅然決然地頒布了廢除美國南部奴隸制的法令，是因為他崇尚公理和正義。十六和十七世紀期間，新教徒為了抵抗教皇的統治，鬥爭了兩百多年，為此而死的人成千上萬，但卻沒有人為此而後悔，這是因為他們愛上帝、愛自由。十九世紀時全歐洲爆發革命浪潮，無數仁人志士拋頭顱灑熱血前僕後繼，也是因為那裡的國民愛國家也愛自身。男女之間兩情相悅，就會不顧父母的反對，不顧輿論的謾罵，即使是經歷百折千回也要在一起，甚至殉情也在所不惜。難道人的本性不是熱愛生命厭惡死亡的嗎？除非自己所熱愛的東西比生命更重要，所以才能夠為了自己所熱愛的東西放棄自己的生命。《戰國策》裡有這樣一個故事。有一個人在集市上看見別人的金子就把它揣進自己的懷裡，官兵抓住他進行審問，這個人說：「我在拿別人的金子的時候，眼裡只看見金子，看不見旁邊有人哪！」那些英雄豪傑、孝子烈婦、忠臣義士，甚至是那些熱心的宗教家、政治家、美術家、探險家，當他們為他們所信仰的主義而獻身的時候，他們慷慨赴死，為了自己的目標毫不退縮，這和只看見金子看不見旁人的攫金者不是一類人嗎？像他們這樣的人，一般人認為不該做的事情他們做，一般人認為做了對自己

沒有好處的事情他們做。他們哪裡只是沒有看見旁人，甚至都沒有看見自己。我不知道該怎麼去定義這種人的表現，權且認為他們是充滿激情的人吧。激情，是熱心赤誠的品性中最高尚的表現形式，它感動著人們、驅使著人們，激勵著人們踏上冒險進取的征途。而這種熱心赤誠又不僅僅是由所熱愛的東西來促進，傷心到了極點、憤怒到了極點，生死攸關的時刻，也往往會成為觸發熱心赤誠的導火線。處在著火的房子裡，一個弱女子也能拖著千斤重的米櫃逃出火場；陷入重重包圍的敵陣之中，疲乏的戰馬也會想方設法突圍出去。因此可以說：不具備拚搏的精神就不會激發奮起的勇氣，不具備外界的刺激就沒有前行的動力。該表達熱愛的時候不去熱愛，該表達悲痛的時候不去表達，該釋放怒火的時候不去釋放，處於危險之中了卻不知道危險，這都是喪失人性的表現。從這裡，我知道不能夠放棄進取冒險的精神是多麼重要了！

三是浩然正氣生於智慧。人民之所以畏縮不前，是因為沒有徹底明白事理。孩童和婦女最害怕鬼，到了晚上就不敢出門；文明程度低的民族最害怕所謂的凶兆，如果占卜沒有吉利的結果就不敢有所作為，見到日食或者彗星出現了，就害怕地躲藏起來，像什麼星期五不適宜出門，十三人不敢一起吃飯，這些也都是西方的迷信習俗。像這樣，觀念上認識有盲區，做起事情來畏手畏腳。如果河灘之中礁石錯落，河流湍急流淌，不通水性的人不敢泅渡過河；大雪紛紛覆蓋郊野，滿坑滿谷都被蓋滿了，不能識別地形地貌的人不敢跋涉山川。對於事情不能夠徹底弄明白，自然底氣就不足；底氣不足，自然就會喪失進取冒險精神。因此王陽明把獲取知識和付諸行動作為他的思想的根本主張，實在是深明智慧對於行動不可或缺的表現啊。哥倫布敢於帶領船隊橫渡大西洋並一直向西，是因為他深深地相信地圖上所說，只要沿著那個方向航行，就一定能夠航行到大洋彼岸找到美麗的新世界。格蘭斯頓堅持愛爾蘭自治，是

第七節　論進取冒險

因為他深信民族主義和自由平等主義，知道如果不這樣的話，英國和愛爾蘭就不能和平共處。要是身後有猛虎追擊，那麼人肯定會跑得特別快，穿越山澗和叢林就像是在平地上跑一般；如果大火已經燒到房梁上了，那麼人就會像飄飛的蓬草一樣飛簷走壁，想方設法翻窗越戶去逃難。這是因為人們知道老虎和大火能置人於死地，所以不能夠不冒著次要的危險來躲避這種必死的危險。而那些還在吃奶的孩子，一定不會知道猛虎和大火的可怕，在危險來臨的時候還在嬉笑玩耍，安然自若。因此進取冒險的精神，又往往因為人的見識的高下不同而有所差異。想要養成浩然之氣，首先必須得累積自己的智慧，這不是隨便說說的空話。如果不去累積自己的智慧，就會變成宗教教義的奴隸，變成古代賢哲的奴隸，變成風俗習慣的奴隸，變為居於上位那些有權有勢者的奴隸，以至於變成自己心的奴隸，心又成為四肢和身體的奴隸，結果人就被重重的重負所束縛，就會奄奄一息，完全喪失了人生的樂趣。從這裡，我才知道不能喪失進取冒險精神是多麼的重要！

四是浩然正氣生於膽力。拿破崙說：「『難』這個字，只存在於那些愚鈍的人的字典之中。」他又說：「『不能』這兩個字，法蘭西人是用不到的。」納爾遜說：「我從來沒有見過所謂可怕的東西，我不知道『可怕』是什麼東西。」（納爾遜是英國的著名將領，也就是率軍打敗了拿破崙海軍的那個人。他在 5 歲的時候，曾經獨自在山野漫遊，結果遇上疾風驟雨、打雷閃電，一整個晚上都沒有回家。等到他的家人派人找到他的時候，發現他一個人正襟危坐在山頂上的一個破屋裡。他的祖母責罵他說：「哎，你這個孩子實在是太奇怪了，打雷閃電這樣恐怖的景象，竟然都不能驅趕你回家嗎？」納爾遜卻回答說：「害怕？我從來沒有見過『害怕』，也從來不知道害怕是什麼東西！」這就是他說的話，實在是振奮人心，如果把它翻譯成漢語，實在不能反映出其中精神的萬分之一。哎呀！直

到今天，我讀到這句話，仍然感到精神被他所激勵。）難道這些精神氣概天生屬於偉人，我們平常人永遠無法具備？還是我們每個人都有這種精神氣概，但是卻沒有發揮出來呢？拿破崙經歷過的艱難險阻多了去了，納爾遜所經歷的那些令人生畏的情形也不少。但是他們卻能夠面對這些險境泰然自處，不是因為別的，而是因為他們身上所具備的這種浩然之氣幫助他們戰勝了這些困難。佛法上說：三界唯心，萬法唯識。面對那些我們看上去不能克服的困難，足以令人心生恐懼的情景，只要我們認為能夠克服這些困難，能夠不再心生恐懼，那麼這些困難和恐懼就不再是困難和恐懼了。這種真理的確不是一般缺乏慧根的俗人所能夠領悟到的。即使就像上面所說的，仍然有兩種說法需要我們去了解。一個人如果患上了疾病，即使是像牙疼、感冒之類的小病，也會影響到這個人的精神氣質的外在表現，看上去萎靡不振。大概是人的氣力和體魄是相互依存、互為作用的吧，這是一種說法。另外，生活條件越差人越要強，生活條件越好人越苟且，這是人生存的常理。曾國藩曾經說：「人應該注意身體的強弱，但也不應該過分在意，精神越用就會越旺盛，陽氣越張揚就會越興盛，如果只存有不捨得付出精神的心理，推三阻四，缺乏衝勁，做事情絕對不能成功。」這又是另一種說法。這兩種說法告訴我們：平時注意健身、養生，那麼膽力也會與日俱增，就像拿破崙、納爾遜、曾國藩，他們都是具有進取冒險精神的英雄豪傑，永遠成為後輩效仿的典範。（曾國藩雖然最喜歡說做人要踏實進步，謹慎小心，但是如果仔細閱讀他的全集，就會清楚地發現其中有很多進取冒險的精神。）從這裡，我才知道不能喪失進取冒險精神是多麼的重要！

危險啊！我們中國人缺少進取冒險精神的特質，從古代就已然是這樣了，到如今更是每況愈下了。說什麼「知足不辱，知止不殆」，說什麼「知白守黑，知雄守雌」，說什麼「不為物先，不為物後」，說什麼「未嘗

第七節　論進取冒險

先人，而常隨人」，這些都是老子的昏聵之言，我都不屑於討論。而那些聲稱要學習孔子的人，又常常不能完全領會孔子的主張，只知道斷章取義為己所用。比如，這些人取孔子的「狷」主義為己用，卻拋棄了孔子的「狂」主義；取孔子的「勿」主義為己用，卻拋棄了孔子的「為」主義。（「勿」主義指的是，人要剋制自己的感情，存天理滅人慾的學說，比如「非禮勿視」四句強調的就是這個意思；「為」主義指的是，人要做學問辦實務的學說，比如「天下有道，某不與易」等強調的就是這個意思。）取孔子的「坤」主義為己用，卻拋棄了孔子的「乾」主義；（道地、妻道、臣道，這是「坤」主義；自強不息，這是「乾」主義。）取孔子的「命」主義為己用，卻拋棄了孔子的「力」主義。（《列子》有《力命篇》，《論語》中說孔子很少談天命，又說孔子也不談「人力」，其實「人力」「天命」都是孔子經常談到的東西。不違背天命，又踐行人力，這方面的主張對孔子而言是很明確的。）這些主張學習孔子的人，稱道孔子這些話包括「樂則行之，憂則違之」，「無多言，多言多患；無多事，多事多敗」，「危邦不入，亂邦不居」，「孝子不登高，不臨深」……這些話，都是孔子的門徒們所流傳記錄下來的，但是語言往往不只有一個意思，孔子說這些話的語境不同，他所表達的意思也不能一概而論。孔子又何嘗把自己的這些話當作放之四海而皆準的不刊之論呢？可是後來那些世俗之人為了達到自己的目的，求取便利為自己謀利，就掛羊頭賣狗肉，把孔子言論的皮蒙在老子的言論上。這樣一來，進取冒險精神就離我們中國人越來越遠了。如果我們試著翻看十七史的所有人物列傳，能找到像哥倫布、利文斯頓這樣的人嗎？回答是：當然找不到。那麼我們能找到像克倫威爾、華盛頓這樣的人嗎？回答是：當然找不到。即使能找到一兩個像上面列舉的那些人，他們也肯定會一輩子受到整個社會的屠戮、侮辱和非議。全社會不是罵他們好大喜功，就是會罵他們六親不認。這樣的風氣已經累積了上千年，也

已經毒化了一代又一代，而那些才華出眾的人一表現出出類拔萃，就會被整個社會明裡暗裡扼殺掉，結果導致整個國家的人都像是被陰氣籠罩，拖著奄奄一息的病體，像是弱質纖纖的女流一樣，渾身散發著暮色沉沉的氣息。哎呀！一個這樣廣大的國家，只有女德卻沒有男德，只有病夫卻沒有壯士，只有暮氣卻沒有朝氣，甚至只有鬼道卻沒有人道。恐怖啊恐怖！我不知道這樣的國家怎麼能夠在世界上立足？讀者朋友們，你們晚上能睡得踏實嗎？我的擔憂卻是一天比一天重了啊！現在讓我揮琴撫弦，慷慨高唱《少年進步之歌》，寄語中國人奮進、崛起。歌詞如下：

Never look behind, boys,

When you' re on the way;

Time enough for that, boys,

On Some future day.

Though the way be long, boys,

Face it with a will;

Never stop to look behind

When climbing up a hill.

First be sure you' re right, boys,

Then with courage strong

Strap your pack upon your back;

And tramp, tramp along.

When you' re near the top, boys,

Of the rugged way,

Do not think your work is done,

But climb, climb away.

第七節　論進取冒險

Success is at the top, boys,
Waiting there until
Patient, plodding, plucky boys,
Have mounted up the hill.

少年們，當你們踏上征途，

不要回顧來路；

少年們，在將來的某一天，

這樣的日子還有很長。

少年們，雖然這征途漫漫，

但是帶著希望去面對未來吧；

永遠不要停下腳步去回顧來路。

少年們，當你們要攀登高山，

首先必須確定你們選擇了一條正確的道路，

然後胸懷強大的勇氣，

背上你的揹包，

踏著沉重的腳步前行吧，前行吧。

少年們，當你們穿越崎嶇的山路

即將接近頂峰，

請不要認為你們的任務已經完成，

繼續向上攀登吧，攀登吧，

勝利在最美的頂峰。

充滿耐心、辛勤和勇氣的少年們，

當你們爬到高聳的山頂，

再待在那裡享受成功的喜悅吧。

第八節　論權利思想

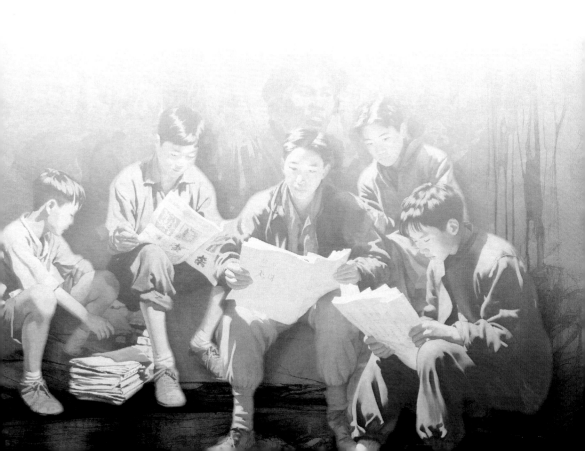

第八節　論權利思想

　　人人對於他人都有應當要盡的責任，人人對於自己也都有應當要盡的責任。對他人不盡責任的人，可以稱為間接損害群體的利益；對於自己不盡責任的人，可以稱為直接損害集體的利益。為什麼呢？對於他人不盡責任，就好像是殺人；對於自己不盡責任，就像是自殺。一個人如果自殺了，那麼集體中就少了一個人；假如集體中所有的人都自殺了，那麼就等於是集體自殺。

　　自己應該如何對自己盡責任呢？上天創造萬物，並賦予萬物足以捍衛自己、保護自己的機能，這是生物的自然規律。而人之所以能夠比自然界的其他生物高貴，是因為人類不僅具有「形而下」的生存，還具有「形而上」的生存。形而上的生存，條件不只有一個方面，而懂得維護自身權利是最重要的。因此飛禽走獸把能夠保全自己的生命作為對自己應盡的獨一無二的責任，而號稱為人類的人，則把保護自己的生命和保護自己的權利這兩者相結合，然後才稱得上對自己盡到了完整的責任。如果不能夠對自己盡到責任，那麼就喪失了作為人的資格，墮落到和飛禽走獸同樣的地位。因此羅馬的法律把奴隸和飛禽走獸看作是一樣的，按理來說確實還算是恰當的。（用邏輯學的二段法演繹一下，表述形式如下：沒有權利觀念的生物是禽獸。奴隸是沒有權利的生物，因此奴隸就是禽獸。）因此，形而下的自殺，所殺的只不過是一個人；形而上的自殺，就等同於全社會都甘願變成禽獸。況且，不僅我們自身甘願成為禽獸，甚至讓自己無窮無盡的子孫後代都變成了禽獸。因此我說：不管是形而上還是形而下的自殺，都是直接損害了群體的利益。哎呀！我實在是不能理解為什麼中國甘願去自殺的人這麼多！

　　權利靠什麼取得呢？回答是：權利靠強大取得。獅子、老虎相對於其他各種走獸，酋長、國王相對於普通百姓，貴族相對於平民，男子相對於女子，大的集體相對於小的群體，強大的國家相對於弱小的國家，

都是常常占據了絕對的權利優勢的。這不是因為獅子、老虎、酋長等殘暴凶殘，只是因為人人都想擁有權利，權利越多越好，這是天性如此。所以說，權利的產生，一定是甲先放棄了，然後乙才能侵入進去占為己有。人人都致力於強大自我來保護自己的權利，這實在是鞏固自己的集體、完善自己的群體的不二法門。古代希臘有供奉正義之神的雕像的。他們建造的這些雕像，左手拿著標尺，右手提著寶劍。標尺是用來衡量權利的輕重的，寶劍是用來維護權利的實施的。有寶劍卻沒有標尺，這就和豺狼一樣；只有標尺卻沒有寶劍，那麼權利也只是誇誇其談，最終歸於無效。德國哲學家耶林（Jhering）所著的《權利競爭論》一書中說：「維護權利的目的是為了社會的和諧穩定，而達到這個目的的方法卻離不開抗爭。權利受到侵犯，就一定要據理力爭。如果侵犯者沒有停止的日期，抗爭也就沒有停止的日期。直截了當地說，維護權利的生涯，就是抗爭的生涯。」他又說：「權利的擁有，是不斷奮鬥的結果，一旦停止了奮鬥，權利也就歸於滅亡了。」（這本書原名為 *Der Kampf ums Recht*，英國翻譯為 *Battle Right*，耶林是司法學方面的大哲學家，生於 1818 年，死於 1892 年。這本書是他在被聘任為奧地利維也納大學教授時所著的，在本國重版了 9 次，被其他國家的文字翻譯成 21 種，這本書的價值從這裡可以看出來。去年，翻譯彙編這本書的翻譯家，曾經用中文翻譯過這本書。但只翻譯了這本書的第一章，之後的內容都沒有。我現在急於想要續翻這本書，希望透過這本書醫治中國人的病症，正好對症下藥。我在這一章節中所要談的綱領性內容，基本上取材於耶林的著作，因此才在此敘述了一下他的生平事跡。）由此可見，獲得自己的權利與保護自己的權利，都是多麼的不容易啊。

先是想要透過不斷奮鬥獲得權利，之後是不斷抗爭保護權利，這是權利思想在腦海中生根的作用。人人都有四肢和五臟，這是形而下的生

第八節 論權利思想

存的必要條件。假如體內的肝臟或者肺臟，體外的手指或腳趾，有哪一個地方感到不舒服，難道不會馬上感到痛苦就急著想要找醫生來治療嗎？四肢五臟的痛苦，是人身體內的各個器官失去了調和的徵兆，是身體內的器官被侵擾的徵兆。而採取治療，是為了讓身體的各項器官停止受到侵害以求得自保。形而上的侵害也要這樣應對。具備權利思想的人，一旦權利受到侵犯，那麼就會受到直接刺激，產生痛苦的感情，一產生這樣的想法而不能夠控制，於是下決心予以抵抗，以收復自己本來的權利。四肢五臟受到侵害卻不覺得痛苦的人，一定是麻木不仁的人。權利受到侵害卻不覺得痛苦，那和前者又有什麼不同呢？所以缺乏權利思想的人，即使說他們是麻木不仁，也是有道理的。

　　一個人權利思想的強弱，實在是和個人的品格息息相關。對於那些奴性十足的人來說，即使用各種惡劣、無恥的語言當面侮辱他們，他們也能泰然自若，毫不感到羞恥。對於那些道德高尚的武士，如果受到這樣的侮辱，為了自己的名譽、為了雪恥，他們即使是拋頭顱，灑熱血，也在所不辭。那些小偷小摸的人，即使用非常醜惡、骯髒的名義損壞他們的名譽，他們也會生存得非常淡定安然。如果對於那些純潔的商人，即使傾盡萬金來挽回自己的清白和信用，他們也萬死不辭。這是為什麼呢？當一個人受到侵犯、壓榨、汙衊的時候，精神上無形的痛苦，就會直觀地感受到而不能停止。部分不能明白權利真諦的人，以為維護權利不過是斤斤計較物質利益的得失。唉！真是鄙陋啊！這是目光短淺的人才會發出的言論。比如說，我擁有的一個物品是從別人那裡掠奪而來的，被掠奪的人一定會告上法庭並奮然抗爭，他打這場官司所要爭奪的目的，不是在於這個物品值多少錢，而是在於這個物品的主權歸誰所有。因此，常常有人在打官司之前，就宣告這場官司勝利後所得到的利益，全部捐給慈善機構使用。如果他們的志向只是在於獲得利益，那麼

他們這樣做就是胡來了，根本沒有必要；因此他們打這些官司，可以說是道德上的問題，而不是經濟上的問題。如果他們把這種官司看作是經濟上的問題，那麼他們在打官司之前就一定會先拿著算盤計算說：「我打這場官司的費用損失的錢，和打贏這場官司之後獲得賠付的錢，能夠相抵嗎？自己能夠有賺頭嗎？」如果有賺頭就去打官司，如果賺不到錢就不去打官司了，這是俗人的行徑。像這樣如此計算得失的人，對於無意識的損害，還可以用一用，比如東西掉進深淵裡了，如果要僱人把它打撈上來，肯定要先預算一下掉進深淵的東西的價值和僱人的費用之間能不夠相互抵償，這是理所當然的事情。他們的目的在於獲得物品的經濟利益。但爭奪權利卻和這個不一樣，爭奪權利的目的不是在於得到物品的經濟利益，因此權利和經濟利益之間的性質是截然相反的。貪圖眼前的苟安和計算蠅頭小利的人，必然把權利看作是裝飾品，有利可圖就不放手，無利可圖就放棄，這正是兩種人格高和低、骯髒和潔淨的分水嶺。

歷史上，藺相如在澠池會上怒斥秦王說：「我的頭將與和氏璧同碎！」有的人可能會認為，趙國這樣一個皇皇大國，怎麼這麼捨不得區區一塊和氏璧呢？假如趙國真的捨不得和氏璧，那麼為什麼又要摔碎它呢？從這裡可以知道，不惜璧碎，不惜殺頭，不懼殺頭，不畏強敵，不避國難，堅貞不屈，是因為有更重要的東西需要維護。那就是權利。耶林又說過：「英國人在遊歷歐洲大陸的時候，有時候偶爾碰到住宿的旅館服務人員有無理的索取，想要旅客多付房費，旅客就會毅然決然地怒斥他們。如果旅館的服務人員受到斥責而不聽，或者雙方之間因為有爭議遲遲難以決議，旅客往往寧願延遲自己的行程，多花費很多天甚至幾十天的時間來解決問題，這樣一來所耗費的旅費和旅館所過度索取的旅費相比，已經增加到十倍之多了，但是英國遊客也往往不因此而感到心疼。那些缺乏見識的人沒有不嘲笑英國遊客的愚笨的，但他們哪裡知道

第八節　論權利思想

英國遊客所爭得的幾先令，實在是使堂堂的大英帝國傲然屹立於世界的最重要的條件啊。因為根深蒂固的權利思想和敏銳發達的權利感情，是英國人之所以立國的根本吧。今天如果我們試著舉一個奧地利人為例（耶林在奧地利著書教學，因此以此來鞭策奧地利人）。假設他和這位英國旅客的地位、財力等各個方面都相同，假如他遇到同樣的事情，會如何處理呢？奧地利人肯定會說：『這區區幾個小錢，難道值得自己為此而苦惱，並且糾纏不休嗎？』肯定會直接把錢扔下就甩甩袖子出門而去。但他們哪裡知道英國人所拒付、奧地利人所扔下的幾個先令之中，有一個很大的關係隱藏在其中啊。那就是英國和奧地利兩國幾百年來政治上的發達、社會上的變遷，都從這幾個先令中反映出來了。」嗚呼！耶林的話，可以說是廣博深厚而又恰當明瞭。我們中國人不妨捫心自問一下，我們這些人的權利思想，是像英國人還是奧地利人呢？

有的讀者可能嫌棄上面的例子微不足道，那麼請讓我再舉一個更大的例子。比如有兩個國家，甲國用侵略的手段奪取了乙國一平方公里的荒涼不毛之地，這個被侵略的國家，是要默然接受侵略呢？還是奮然起來抗議呢？如果選擇奮起抗議沒有成功的話，需要繼而發動戰爭來奪回嗎？戰爭一旦爆發，那麼國家的財力可能會枯竭，人民的財產可能被耗盡。幾十萬的青壯年男子，可能在一夜之間就會屍骨暴露於荒野之中；無論是帝王的瓊樓玉宇，還是窮苦人民的茅草房，都會被化為灰燼。甚至於國家的宗廟也可能會被毀壞，國家的運勢也可能會被斷絕。這所損失掉的利益與一平方公里的土地相比，之間的差距何止是百倍、千倍、萬倍？就算他們取得了勝利，他們獲得的也只不過是一平方公里的貧瘠土地啊。如果按照經濟學上的演算法兩相比較，那麼發動這場戰爭難道不是非常愚蠢的嗎？但你們難道不知道一平方公里的國土被掠奪卻不敢抗議的國家，別人就能奪這個國家十平方公里的土地、一百平方公里的

土地、一千平方公里的土地？這樣的勢頭發展下去，不到整個國家都屈服，對方是不會停止的。像這種逃避競爭貪圖安逸的主義，就是在使國家喪失整個國家在地球上立足的資格。因此，受到幾個先令的欺騙和侮辱而默然忍受不反抗的人，也會在自己被宣告判處死刑的時候順從地簽上自己的名字而毫不反抗。被奪取了一平方公里的土地卻不能夠憤怒地發動戰爭的國家，也會把生養自己的祖國的全部國土賣給敵人，自己心中卻毫無反應。這樣的佐證難道遠嗎？回過頭來看一看我們中國，就會使我慚愧驚悚到無地自容了！

　　不用和盎格魯 - 撒克遜人相比，也不用和條頓人相比，更不用和歐洲的白種人相比，就讓我們試著和與我們國家鄰近的日本相比吧。四十年前，美國的一艘軍艦一開到日本，不過是要觀測一下日本的海岸線，但日本全國上下不管是政府官員、知識分子、農民、工人、商人、僧人、俗人……沒有不怒睜著雙眼咬牙切齒的，他們揮舞著手臂進行遊行抗議，整個社會風起雲湧，最終舉國上下一致尊王攘夷，成就了維新大業。但在同一時期，我們中國卻被英法聯軍火燒圓明園，簽訂《南京條約》，割讓香港，開放五口通商口岸。試問，當時我們中國人在感情上有什麼反應呢？在八年前，俄國、德國和法國三國聯合逼迫日本歸還它所侵占的中國的遼東半島，這不過是讓它把從別人手裡搶來的東西還給原主罷了。但是日本仍然心有不甘，全日本不管是政府官員、知識分子、農民、工人、商人、僧人、俗人……沒有一個不是怒睜著眼睛咬牙切齒，揮舞手臂遊行抗議，整個社會風起雲湧，迫不及待地擴充軍備實力，臥薪嘗膽，到現在都耿耿於懷。但我們中國人割讓膠州、旅順等六七處海港作為列強的軍港，並任由列強在中國的領土上劃分勢力範圍，之後八國聯軍攻入北京，北京和河北等地生靈塗炭，試問中國國民的感情又是怎樣呢？按照他們的聰明才智，竟然不知道抗議一句：「中國

第八節　論權利思想

的主權不容侵犯！」中國人有權利時卻不懂得珍惜並以之為榮，當他們失去權利的時候也感受不到失去權利的痛苦。一句話來概括就是：「我們中國人缺乏權利思想罷了。」

我們中國古代的哲人們教導我們說：「寬柔以教，不報無道。」還教導我們說：「犯而不校。」又教導我們說：「以德報怨，以直報怨。」這自然是以前的哲人們根據自己所處的時代有感而發的，高風亮節的君子們偶爾實行一次還行。雖然其中有足以令人肅然起敬的人，但是世俗之人卻斷章取義，假借聖人的言論來掩蓋自己害怕衝突、逆來順受的劣根性，讓一代又一代的中國人上當受騙。比如說什麼「百忍成金」，說什麼「唾面自乾」，這難道在社會上已經成了做人的美德了嗎？一個人竟然達到了「唾面自乾」的地步，恐怕世界上最麻木不仁、毫無廉恥之心的人在他們面前也會自慚形穢。如今有些人竟然想要率領全國國民向這樣的人看齊，是要率領全國人成為沒有骨氣、沒有血性、沒有浩然之氣的怪物，我真不知道要說他們什麼才好。中國社會幾千年來，受到這樣的間接的誤導，把錯誤的看成是正確的，並把對錯混為一談。這樣的歪理邪說，使得有志氣的人不被理解，日日消磨了自己的鬥志，而那些怯懦的人卻對自己的惡劣行徑有了振振有詞的藉口。這些怯懦的人遇到比自己強的人，剛開始的時候是步步退讓，繼而是感到恐懼，最終要去諂媚討好。弱小的人變得越來越弱，強大的人變得越來越強，奴隸的劣根性一天比一天強。對一個人的發展來說是這樣，對整個群體的發展來說也是這樣，對自己的國家是這樣，對外國也是這樣。置身在這樣生存競爭最激烈的世界鬥獸場中，我不知道中國人該如何生存發展。

大體來說，中國人喜歡說仁，而西方喜歡說義。仁，也就是人。我給別人帶來好處，別人也會給我帶來好處，所看重的常常在於我對別人如何。義，也就是我。我不去傷害別人，也不允許別人傷害我，所看重

的常常在於自己。這兩種道德哪一個是人類品德的終極指歸呢？在千千萬萬年之後，世界能不能進入大同太平的世界，我不敢說。如果在今天，那麼義確實是拯救時弊，使社會達到道德頂點的必經之路。一個人如果只是對別人好，替別人考慮，甚至毫不利己，專門利人，雖然不是侵犯了對方自食其力的自由，但是一個人如果總是等著別人對自己好，替自己考慮，那就等於說放棄了自己自食其力的自由。為別人無私奉獻的人越多，那麼等著別人為自己無私奉獻的人也就越多。這種弊端在於，那些毫不利己、無私奉獻的人致使那些只知道接受別人恩惠的人的人格變得一天比一天卑下。（一百多年前，西方的歐洲國家把施捨接濟貧民作為政府的責任，但是貧民卻一天比一天多。後來歐洲國家的政府悟出這個道理，就把接濟施捨貧民的政策取消了，結果國民反而越來越殷實富足了。君子用德行來仁愛別人，不越俎代庖大包大攬，也絕不姑息別人的惡習。因此，每個人都能夠自我獨立，不依賴他人，這是最好的策略。如果一個人宣揚說全天下的人都要毫不利己無私奉獻，這難道不是降低了別人的等級，使別人低自己一等嗎？）同理可見，統治者宣揚施行仁政，這種政體並不是最為理想的。我們中國人就只會一天天盼望著君主施行仁政。因此，遇到那些仁德的君主，國民就會甘心做嬰兒，事事由統治者操心；遇到不仁德的君主，國民就會變成案板上的肉，任人宰割，聽天由命。因此，我們的國民數千年來一直遵循著祖宗遺留下來的教導，把受人魚肉、任人宰割看作是天經地義的事情，而「權利」兩個字背後的思想，早就在中國人的腦子裡消失了。

楊朱說：「人人不損一毫，人人不利天下，天下治矣。」我從前最深惡痛絕這種言論，但是從今天的情況來思考的話，我發現楊朱說的其實非常有道理。他所謂的每個人都不做對天下有好處的事情，固然是缺乏公德的表現；他所謂的每個人都不能損傷自己一絲一毫的利益，卻也

是維護自身權利的表現。(《列子·楊朱篇》記載楊朱的徒弟孟孫陽和墨子的徒弟禽滑釐之間有這樣一番問答之言:「孟孫陽詰難禽滑釐說:『如果有人要把你打得鼻青臉腫,但給你萬金為補償,你願意幹嘛?』禽滑釐說:『當然願意幹。』孟孫陽說:『如果有人要打斷你四肢之一,但是給你一個國家作為補償,你願意幹嘛?』禽滑釐沉默了一會兒。孟孫陽說:『一根毛髮比皮膚要微小,皮膚又比四肢要微小,這是大家都知道的事情。但是皮膚是靠一根一根毛髮積聚起來的,肢體是靠一塊一塊皮膚積聚起來的,一根毛髮確實只是整具身體的萬分之一,但是難道因為它小,就可以輕視它嗎?』」這些話和之前我所援引的英國人為了幾個先令而論爭的事情,以及為了一平方公里的土地而興兵作戰的事情,正是同一個道理。所以,一個哲學學派的開派大師的言論,他持有此論一定是有根據的,並不只是放縱享樂而已;如果不是這樣的話,他的言論又怎麼可能流行於天下,並和儒家、墨家呈現三足鼎立的形勢呢?楊朱確實是主張權利的哲學家,並且他的思想也是拯救中國時勢的一個良方。不過他的言論實在是太過駁雜了。)一個人即使是再過於鄙陋吝嗇,再過於不值得一提,難道至於過於愛惜自己的一根毛髮嗎?而看他們所急於爭辯的東西,並不只是為了爭這一根毫毛,爭的是別人損害了我的一根毫毛的所有權。(所有權也就是主權。)這是把權利思想維護到毛孔的至高表現。維護每一個部分的權利,合起來就是維護全體的權利。維護每一個人的自我權利,積聚起來就是維護整個國家的權利思想。因此想要養成這種權利思想,一定要從個人開始,每個人都不肯損失自己的一根毫毛,那麼誰還敢企圖掠奪他人的一根毫毛?因此,楊朱才說「天下治矣」,這並不是空泛之談。(西方哲學家有一句名言:「人人要享受自由,必須從尊重他人的自由開始。」這實際上就是人人不損失自己一絲一毫的意思。只不過這句話不如楊朱闡述得深入、系統。)雖然如此,楊朱

並不是一個真正理解權利思想的人。他知道應當保護自己的權利不要喪失，卻不知道權利是從進取精神開始才產生的。放浪形骸、享樂賦閒、順應自然、避世厭世，都是扼殺權利的劊子手，因此楊朱才津津樂道宣揚自己的主張。用這樣的心態尋求個人權利，那與喝毒酒企圖獲得長壽有什麼差別呢？因此，我們中國雖然盛行楊朱的學說，但只是薰染到他「人人都做對天下沒好處的事情」這種言論的流毒，並沒有實行他「人人都不能損失自己一絲一毫的利益」的理想。這都是因為權利思想薄弱造成的。

權利思想，不只是個人對於自己應盡的義務，實際上也是個人對於群體應盡的義務。比如說兩軍交戰，同一個隊伍中的人都賭上自己的性命來對抗公共的敵人，卻有一個人貪圖安逸，逃避競爭，拖著兵器逃跑。這個人犧牲自己的名譽，自然不必說了。而試著想一想，這個人能夠有幸保全自己的頭顱，而使戰爭之禍還沒有蔓延到整個群體內的人民身上的原因，難道不是依靠同一個隊伍中的人代替自己奮勇殺敵嗎？假如整個軍隊中的將領和士兵，都像這個怯懦計程車兵一樣，望風逃竄，那麼敵人不把這個懦弱計程車兵和他的群體全部屠戮殆盡是不會停止的。一個人主動拋棄了自己的權利，與這個只顧自己逃命的懦弱計程車兵之間有什麼差別呢？比兩軍對壘更嚴峻的是，權利受到外界的侵害沒有止息的時候，因此為了維護權利而奮起抵抗也沒有停止的時候，這之後權利才開始成立。抵抗力量的大小和獲得權利的大小是成正比的。我們試著用上面那個例子再深入探討一下，一個一千人的隊伍中間有一個士兵逃亡了，影響是非常小的，但是如果一百人乃至幾百人都脫離軍隊而逃跑了，那麼結果將會怎麼樣呢？剩下那些沒有逃逸計程車兵，一定不得不增加好幾倍的苦戰來代替這些逃跑計程車兵，承擔他們所遺留的負擔，即使這些士兵忠勇義烈，但是他們的力量有限，也不能取得戰爭

第八節　論權利思想

勝利。假如戰爭失敗了，這和逃跑的人親自用武器殺死了留下來奮勇作戰的隊友又有什麼區別呢？權利的競爭，也是像這樣。作為國民，大家齊心協力，各盡自己的本分，承擔競爭中的責任，那麼外族想要侵略和壓迫自然就不可能成功了。假如有人為了逃避競爭，就從戰鬥中逃脫並避免了衝突，那麼他就是全體國民的叛徒。為什麼呢？因為他放棄抵抗，就等於給國民的公敵增加了力量，致使對方橫行霸道、胡作非為的行徑更加大行其道。那些目光短淺的人，認為一個人放棄了自己的權利，不過是使自己本身受到了虐待和損害，卻沒有影響到他人，這是多麼的糊塗啊！

　　權利的競爭是不會停止的，而要使權利的歸屬明確下來並得到保障，就需要依靠法律。因此，有權利思想的人，一定會把爭取立法權作為第一要義。一個群體所奉行的法律，不管是好還是壞，都是由掌握立法權的人制定並用來維護他們的權利的。權利思想強大的國民，他們的權利一定會屢次發生變化，一日比一日趨於完善。這是因為最初少數人憑著強力制定下法律維護他們的既得利益，之後多數人覺悟過來，也聯合起來憑藉強力要求變更法律以維護多數人的利益。權利思想越發達，人人越力爭成為強者。強者與強者相遇，權利與權利相制衡，於是平和美善的新法律就產生了。即便如此，當新法律取代舊法律的時候，也往往是最激烈的競爭發生的時候。因為當一個新的法律出現時，以前憑藉舊法律享有特別權利的人，一定會受到非同尋常的侵害。因此，倡議制定新法律的人，等於是對憑藉舊法律擁有特權的人下宣戰書。這樣一來，動力和反動力相對抗，大的爭鬥就興起了！這實在是生物界物競天擇的自然公理。在這個時候，新權利、新法律能不能夠獲得成功，全要靠抗戰者的力量是強還是弱來判斷，倒與他們所宣傳的道理是優還是劣沒有關係。在這樣的過渡時代，依仗舊法律的人和提倡新法律的人，都

不可能不受到大的損害。我們試著讀一讀歐美各個國家的法律發展史，比如建立憲政、廢除奴隸制、解放農奴、勞動自由、信教自由等，這些重要的法律哪一個不是從血風肉雨的戰鬥中催生出來的？假如倡導新法律的人有所苟且、有所忌憚、有所姑息，只要稍稍遷就既得利益者，那麼自己這裡退後一步，對方必然前進一步，而所謂提倡新權利的人，最終必將歸於滅亡。我們中國人幾千年來不知道權利是什麼樣子的，也不能不說是因為一些迂腐的知識分子的妥協後退的主張變本加厲造成的。從本質上來說，權利的誕生與人類的誕生大體上是相同的。分娩所經歷的陣痛是勢所難免的。正是因為得到權利的過程是那麼艱難，所以更應該拚盡全力保護所得到的權利。因此，這就使得國民與權利之間的感情，就像是母親和孩子之間的關係一樣。母親生育孩子，實際上就是把自己的生命孤注一擲，因此母親對孩子的愛不是其他人和其他事所能夠改變的。權利如果不經過艱難困苦就得到了，就像是大雁產下的雛鳥，隨時都會被凶猛的鴟鷹和狡猾的狐狸奪走一樣。權利如果像是慈母懷中心愛的孩子，即使是千百隻狐狸和鴟鷹，難道就能奪走了嗎？因此，權利是從血風肉雨的鬥爭中產生的，權利到手之後就永遠不可能再喪失。有的人會說「我不相信」，請讓我們看一看日本人民擁護憲法的能力，與英國、美國人民擁護憲法的能力相比較，他們的強弱程度相比怎樣呢？像這樣，那些只知道鼓吹仁政的人，實在不足以談論立國的方法。而那些盼望統治者能夠施行仁政以使得自己獲得一星半點權利的人，實在是因為其身上亡國之民的劣根性太明顯了。

只是說要實行仁政尚且行不通，更何況說要實行暴政呢！大體而言，人類生而擁有權利的思想，是上天賦予人的品質和能力。至於後來發展到個人的權利思想有的強有的弱，有的隱藏侵略，有的趨向滅亡，這樣不同是什麼原因呢？這往往是因為每個國家歷史、政治的浸潤薰陶

的程度不一樣而導致的差別。《孟子·告子上》說：「牛山之木嘗美矣，以其郊於大國也，斧斤伐之，可以為美乎？是其日夜之所息，雨露之所潤，非無萌櫱之生焉，牛羊又從而牧之，是以若彼濯濯也。」孟子用「牛山濯濯」來比喻人性本善，已經先我而說出這個道理了。牛山的樹木曾經很繁茂，因為它處在大都市的郊外，常用刀斧砍伐它，還能保持繁茂嗎？那山上日夜生長，受雨露滋潤的樹木，不是沒有嫩芽新枝長出來，但牛羊接著又放牧到這裡，因此牛山才變成光禿禿的了。看一看古今中外國家滅亡的歷史，這些國家剛開始的時候不是沒有一兩個抵抗暴力統治來尋求自由的人，但統治者今天剷除一個，明天剷除三四個，長此以往，尋求自由的人就漸漸萎靡退縮，漸漸衰敗傾頹，漸漸消失不聞了；久而久之，原本存在於心底的猛烈沉鬱的權利思想，越受到統治者的制約就越溫順，越受到統治者的衝擊就越淡薄了，以至於重新奪回自由的願望就斷絕了，而把受到統治者的羈絆和束縛看作是理所應當的事情，這樣累積幾十年幾百年，情況越來越糟糕，國民的權利思想也就消亡了。這確實和人民的能力薄弱有關，而政府的罪過又豈能推卸呢？像這樣的政府，難道曾經有哪一個能延續國家命脈存在到今天的嗎？即使有一兩個這樣的國家，那麼這樣的國家也是到了風燭殘年，離死亡不遠了。政府用這種方法殘殺國民，難道不是和自殺一樣嗎！政府自殺是自作孽不可活，又有什麼可同情的呢？而最令人痛心的是，這種禍患已經蔓延到全體國民身上而不能療救了。國民是由一個個普通百姓所團結集合而成的。國家權利，是由一個個普通百姓的權利所團結凝聚而成的。因此想要獲得國民的思想、感覺、行為，卻捨棄組成國民的每一個分子的個人思想、個人感覺、個人行為，終究是不可能實現的。國民強大的國家叫做強國，國民弱小的國家叫做弱國，國民富裕的國家叫做富國，國民貧窮的國家叫做貧國。國民有權利的國家叫做有權國，國民無恥的

國家叫做無恥國。國家已經被冠以「無恥國」這三個字的名號了，卻想要讓這樣的國家屹立在世界之上，有這樣的道理嗎？國民遭受宦官差役貪婪索取錢財的情況卻安之若素，就一定會在遭受外國列強要割讓國家土地的情況下安然自得。國民能夠在權貴面前奴顏婢膝，一天到晚在權貴之間搖尾乞憐，就一定會在列強入侵的時候懸掛起順民的旗幟，端著飯，拿著水，敲鑼打鼓地歡迎其他民族的軍隊入侵自己的國家。假設把老百姓比作一個器物，如果器物堅固，無論什麼東西想要滲透進來都不可能。如果這個器物有破洞、有裂縫，我能滲入進去，其他人也能滲入進去。統治者為了維護政權穩定，用暴政消滅了國民的自由思想，使他們逆來順受，那麼等到外敵入侵的時候，沒有自由思想的國民也會向外敵搖尾乞憐，逆來順受，導致國家滅亡。這就好像是一個人霸占了鄰居的妻子，用利益誘惑她順從自己，等到鄰居的妻子成了自己的妻子，有一天這個人和別人發生了爭執卻想要自己的妻子替自己辱罵別人，怎麼可能呢？國家統治者平時對待自己的國民，鞭撻他們，剝削他們，屠戮他們，侮辱他們，積聚成百上千年的霸者的餘威，用各式各樣的暴政手段把老百姓的禮義廉恥剷除乾淨才感到滿足。等到老百姓寡廉鮮恥、無情無義之後，一旦帝國的戰艦侵入祖國的海域，一旦寇仇的軍隊兵臨城下，之後想要藉助人民的力量去衝鋒陷陣、保衛國家，這和不懷胎十月就想要獲得孩子，和蒸沙子就想要獲得食物有什麼不同啊。哎呀！之前國家滅亡的歷史教訓不知道已經有多少了，為什麼不能反思這樣的厄運降臨的原因呢？哪一個統治者曾經反省過自己的過錯呢？

再強調一句：「國家就像是樹木，權利思想就像是樹木的根，樹木的根都已經被拔除了，即使樹木枝繁葉茂、蓊蓊鬱鬱的樣子，終將歸於枯槁。遇到疾風驟雨的打擊，樹木會摧殘凋落得更加迅速。即便沒有遭受風吹雨打，而天旱日曬，樹木早晚也會枯萎而亡。國民沒有權利思想，

第八節　論權利思想

卻讓他們去抵抗外患，那麼就像是枯槁的樹木遇到風雨一樣。即使沒有外患入侵，統治者的殘暴統治所積壓的內亂也終將爆發，就像是枯萎的樹木遭受天旱日晒一樣。我發現全世界的人民中，除了印度、非洲、南洋的人民外，權利思想薄弱的國民沒有能比得上我們中國人的。孟子有一句話說：「逸居而無教，則近於禽獸。」如果採用羅馬法的法理，而用邏輯推論，孟子的話難道只是接近法理而已嗎？一個如此廣闊的國家，卻只有四億像禽獸一樣的人民居住於此，普天之下最感到恥辱的事情，難道不就是如此嗎？我們的同胞為此感到恥辱嗎？作為執政者，應該把不要摧殘壓制國民的權利思想作為執政的第一要義。作為教育家，應該把培養國民的權利思想作為教育的第一要義。作為個人，無論是知識分子、農民、工人、商人、男人、女人，各自都應該把堅持自己的權利思想作為第一要義。如果國民不能從政府那裡獲得權利，就要自己去積極爭取。政府看到國民爭取自己的權利，就要學會退讓。想要使我們國家的國權和其他國家的國權平等，就必須先使我們國家中的每個人所固有的權利都平等，就必須先使我們的國民在我們國家所享有的權利與其他國家的國民在他們國家所享有的權利一樣。這樣，中國才可能有救！這樣，中國才可有救！

第九節　論自由

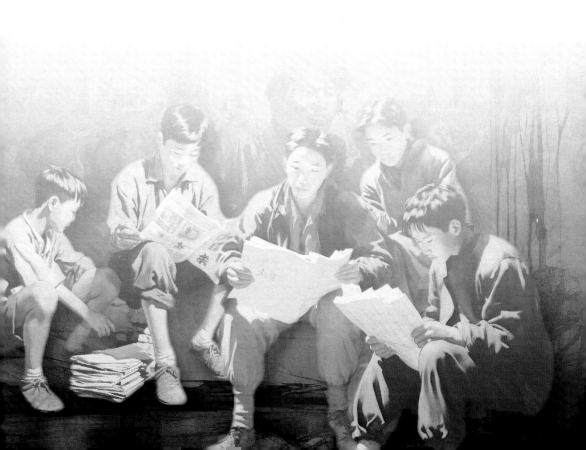

第九節　論自由

「不自由，毋寧死。」這句話實際上是十八、十九世紀歐美各個國家之所以能夠立國的根本原因。自由的思想，適用於今日的中國嗎？回答是：自由是天下的公理，是人生必備的要素，沒有哪一個國家是不適用的。即使如此，有真的自由，有假的自由；有完全的自由，有偏頗的自由；有文明的自由，有野蠻的自由。今天，「自由」「自由」這些話已經成為青年一輩的口頭禪了。我要說：「我們中國的國民如果想要永遠享有完全文明、真正自由的幸福，不可以不先知道自由到底是什麼東西。」請讓我談論一下自由。

自由，是和奴隸相對而言的。綜觀歐美國家自由的發展史，他們所論爭的逃不出四個方面：第一是政治上的自由，第二是宗教上的自由，第三是民族上的自由，第四是經濟上的自由。政治上的自由，是指對於政府來說，需要保全人民的自由。宗教上的自由，是指對於教會來說，必須保全教徒的自由。民族上的自由，是指對於外國來說，必須保全本國的自由。經濟上的自由，是指對於資本家和勞動者來說，雙方必須保全對方的自由。而政治上的自由，又分為三個方面：第一是對於貴族而言，必須保全平民的自由；第二是對於政府而言，必須保全全體國民的自由。第三是對於母國而言，必須保全殖民地的自由。自由在現實生活中的實行，不外乎上面所說的。

以這種自由精神所產生的結果有六個方面：（一）四民平等問題：在一個國家之中，不管是什麼人都不能允許有特權，這是平民對於貴族統治者所爭取到的自由。（二）參與政治問題：只要是生存在一個國家中的人，等他到了法定年齡就能夠具有公民的資格，可以參與一個國家的政治事務，這是全體國民向政府所爭取到的自由。（三）屬地自治問題：只要是部分國民在他們新開闢的土地上生活，能夠任意建立自己的政府，與他們在本國的時候所享有的權利一樣，這是自治地對於本國所爭取到

的自由。(四)信仰問題：人民想要信仰什麼宗教，都由他們自由選擇，政府不可以用國教來束縛和干涉他們，這是教徒向教會所爭取到的自由。(五)民族建國問題：一個國家中的國民，聚整合一個族群居住在一起，自立自治，不允許別的國家或者別的民族把持他們的主權，並且不允許他們干涉自己國家絲毫的內政，侵奪自己國家方寸的土地，這是本國國民向外國所爭取到的自由。(六)工群問題：凡是勞動者靠自己的勞動來養家餬口，自食其力，地主和資本家不可以蓄養奴隸的方式來對待他們，這是貧民向生產數據占有者所爭取到的自由。我們試著回顧近代社會三四百年的歷史，那些智慧的人在朝廷之上口乾舌燥地辯論，那些勇敢的人在原野之上肝腦塗地地奮鬥，他們前僕後繼，屢屢失敗卻不後悔，毫無所獲卻不放棄，他們所爭取解決的不就是上面說的若干問題嗎？他們所得到的不也是上面所說的這些自由嗎？請讓我試著講述一下大體過程。

過去希臘、羅馬最初的政體，所制定和頒布的各種政策措施，都是代表著公民利益的。所以希臘和羅馬的共和自治制度，在古代非常發達。但是希臘是完全的貴族政體，所謂公民不過是國民中的一小部分，而其他的農民、工人、商人和奴隸不能算作是他們的公民。羅馬所謂的公民指的不過是生活在都會中的拉丁民族，而他們攻城略地所得到的殖民地上的人民，不能算作是他們的公民。因此，政治上的自由，雖然是發源於希臘，但是貴族相對於平民，母國相對於殖民地，本國人相對於外國人，土地主相對於勞動者，他們之間發生的種種侵奪自由的弊病，也是自古如此。等到基督教興起，羅馬帝國成立，而宗教專制、政治專制才開始興盛起來。從中世紀開始，文明程度低的民族不遵法度，任意妄為，文明程度高的國家文化遭到蹂躪，就不用說了。等到中世紀末期，羅馬皇帝和羅馬教皇分別掌管著全體歐洲人民的物質世界和精神世

第九節　論自由

界，歐洲人民在他們的壓迫和統治之下痛苦生活而不能自拔。因此中世紀的歷史實在是西方的黑暗時代。等到十四、十五世紀以來，馬丁·路德出現，提倡宗教改革，一舉打破了舊教的藩籬，歐洲思想自由的大門才由此開啟，新的天地才開始出現。之後的兩三百年之中，歐洲各個國家或者內部爭鬥，或者外部討伐，原野上死屍遍野，溪谷中血流成河，天空中日光慘淡，神鬼變色，都是為了這一件事。這是爭取宗教自由的時代。等到十七世紀，克倫威爾在英國出現。十八世紀，華盛頓在美國出現，沒過多久，法國大革命興起，它所掀起的狂風怒潮震撼了整個歐洲。其他各個國家效仿法國大革命，整個歐洲風雲激盪，於是使得地中海以西一直綿延到太平洋東岸，沒有哪一個國家不成為君主立憲制國家的。加拿大、澳大利亞等殖民地，沒有哪一個不實行政治自治的。直到今天，這股風潮仍然沒有停歇。這是爭取政治自由的時代。

自從十六世紀開始，荷蘭人力求擺脫西班牙的殖民統治，奮戰了四十多年。之後各個國家接踵而起，到十九世紀，民族主義又在世界上興起，義大利、匈牙利向奧地利抗爭，愛爾蘭向英國抗爭，波蘭向俄羅斯、普魯士、奧匈帝國三個國家抗爭，巴爾幹半島的各個國家向土耳其抗爭，以至於現在的布林向英國抗爭，菲律賓向美國抗爭，它們之所以寧願前僕後繼地死亡也不後悔，都是為了踐行「與我們不是一個種族，就不能踐踏我們的國家主權」的誓言。雖然他們為之奮鬥的目標，有的實現了，有的沒有實現，但他們的精神卻是一樣的。這是爭取民族自由的時代。十九世紀以來，美國頒布了禁奴法令，俄國廢除了農奴制度，經濟界受到很大影響。而二三十年來，行業同盟罷工的事情，紛紛風起雲湧。工廠相應的禁止條例也在陸續發布。從今往後，這個問題注定將要成為全世界第一大案。這是爭取經濟自由的時代。總體上這些方面，都是西方四百年來改革進步的總的目標。而距離他們徹底實現自己的目

標也八九不離十了。哎呀！這是遵循的什麼原則呢？都是因為「不自由，毋寧死」這句話使他們聳動，使他們鼓舞，使他們戰天鬥地，死而無憾，使他們拋頭顱灑熱血卻精神長存。哎呀！自由之花是多麼璀璨啊！哎呀！自由之神是多麼莊嚴啊！

現在我將近代歷史中爭取自由的大事件，列成一個年表如下：

1532 年	舊教徒與新教徒訂立條約，准許信教自由	宗教上的自由
1524 年	瑞士信新教，諸市政府開始聯合實行共和政	同上
1536 年	丹麥國會開始確定新教為國教	同上
1570 年	法國內訌暫時停息，新教徒開始自由	同上
1598 年	法國准許新教徒獲得參政權	同上
1648 年	荷蘭與西班牙經過四十年艱苦戰爭終於取得獨立	民族上的自由也是因為宗教
1618-1648 年	西班牙、法蘭西、瑞典、日耳曼、丁抹（丹麥）等國家接連發動戰爭，最後確定新教徒和舊教徒享有平等的權利	宗教上的自由
1649 年	英國國民處死英國國王查理一世，實行共和政體	政治上的自由
1776 年	美利堅合眾國宣告獨立	同殖民地的關係
1789 年	法國大革命爆發	同貴族平民的關係
1822 年	墨西哥獨立	同殖民地的關係
1819-1831 年	南美洲各個國家獨立	同上
1832 年	英國修改選舉法	同上
1833 年	英國在殖民地頒布禁奴令	經濟上的自由
1848 年	法國第二次革命爆發	經濟上的自由
1848 年	奧匈帝國、維也納革命爆發	同上
1848 年	匈牙利開始建立新政府，第二年奧地利和匈牙利開戰	民族上的自由
1848 年	義大利革命爆發	同上
1848 年	日耳曼謀取統一沒有成功	同上
1848 年	義大利、瑞士、丁抹、荷蘭頒布憲法	政治上的自由
1861 年	俄國解放農奴經	濟上的自由

1863 年	希臘脫離土耳其，取得獨立	民族上的自由
1863 年	波蘭人抵抗俄國起義爆發	同上
1863 年	美國因為廢除奴隸制爆發南北戰爭	同上
1867 年	北德意志聯邦成立	民族上與政治上的自由
1870 年	法國第三次革命爆發	政治上的自由
1871 年	義大利成功獲得統一	民族上與政治上的自由
1875-1878 年	附屬於土耳其的黑山 - 塞爾維亞、波斯尼亞 - 黑塞哥維那等國家，都宣告獨立	民族上與宗教上的自由
1881 年	俄國沙皇亞歷山大二世將要頒布憲法，但不久就被虛無黨人所殺害	政治上的自由
1882 年	美國爆發大同盟罷工起義，之後各個國家都爆發了同樣的罷工運動，經年累月接連不絕	生計上的自由
1889 年	巴西獨立，實行共和政體	政治上的自由（殖民地的關係）
1893 年	英國發布愛爾蘭自治案	民族上的自由
1899 年	菲律賓與美國爆發戰爭	同上
1899 年	波亞與英國爆發戰爭	同上
1901 年	澳大利亞自治聯邦成立	政治上的自由

　　從這個表看來，幾百年來世界上發生的大事，哪一件不是以「自由」二字為原動力催生的呢？這些人民爭取這些自由，雖然所處的時代不同，所在的國家不同，所需要的自由種類不同，他們爭取自由的領域也不同，然而說到付諸行動卻不做空談、施之於公敵卻不謀私利卻是他們的共同的宗旨。試著把前面提到的六大問題拿到我們中國考量一下，第一條四民平等問題是中國所不存在的。因為我們自從戰國以來，就廢除了家族可以世代為官的制度，而社會分層的陋習也早就被消滅了。第三條屬地自治問題，也是中國不存在的，因為中國在國境之外沒有殖民地。第四條信仰問題，中國就更不存在了。因為我們中國不是宗教國

境，幾千年來也沒有發生過宗教戰爭。第六條工群問題，將來或許會存在，但今天還不存在。因為中國的經濟界還處在低沉停滯的狀態，競爭也不激烈。那麼，如今我們中國所最急迫的，就只有第二條的參與政治問題和第四條的民族建國問題而已。這兩條中涉及的事情來自於同一個源頭，如果解決了民族建國問題，那麼國民參政問題也就跟著自然而然地解決了。如果解決了國民參政問題，那麼民族建國問題即使毫無所獲，也沒有什麼妨害。如果這樣的話，我們中國人所認識到的自由觀念，我們中國人所尋求的自由的途徑，就可以想見了。

自由的界定是：「人人自由，但以不侵犯他人的自由為前提。」既然不允許侵犯他人的自由，那我也太不自由了，而要把這作為自由的前提是為什麼呢？因為我們說的自由，是指團體的自由，而不是指個人的自由。野蠻時代的個人的自由勝利了，但是團體的自由卻滅亡了。文明時代團體的自由強盛了，而個人的自由卻滅亡了，這兩者之間有一定的比例分配，絲毫不允許對方越界。假如個人把個人的自由當作自由，那麼天下享有自由之福的人，都比不上今天的中國人。土豪劣紳在鄉里橫行霸道，像魚肉一樣遭受荼毒的鄉紳不能抵抗。奸商拖欠債款卻不償還，受欺騙的人卻不能斥責。那麼，人人都可能是土豪劣紳，人人都可能是奸商，那麼人人都能夠享有無上的自由。不光是這樣，在國家的首都北京，男男女女都把官道當作廁所，這是多麼自由啊。在城鎮之間，老人小孩都把鴉片當作米飯，這是多麼自由啊。如果這些事情發生在文明國家，輕的要被罰錢，重的要被拘留。像類似這樣的事情，如果悉數列舉一下，十個我也說不完。從這些方面來說，是中國人自由呢，還是外國人自由呢？為什麼不把中國樹為自由國家的標竿，而偏偏要推崇外國呢？因為上述的自由，屬於野蠻的自由，正是文明的自由的大敵。文明的自由，是法律範圍內的自由，人的一舉一動，就好像是出自設定了

第九節　論自由

固定程式的機器一樣被規範得明明白白；它的一進一退就好像軍隊操練的步伐和手勢一樣充滿正氣。從野蠻人的眼光來看，認為世界上最不自由的事情，莫過於此了。文明的自由為什麼要像這樣呢？因為世界上沒有一個群體能夠內部沒有組織規律，卻能和外部競爭的。群體和外界的競爭沒有結束的時候，那麼群體內部之所以要團結起來增強競爭力，也沒有停止的時候。假如濫用自己的自由，而侵犯他人的自由，而侵犯團體的自由，那麼這個群體的凝聚力就不能夠儲存了，而這個群體也將會成為其他群體的奴隸。到這個時候，群體成員還有什麼自由可供享受的呢？因此真正自由的人，必定能夠服從什麼呢？服從法律。「法律是由我們自己所制定的，用來保護我們自己的自由，也用來箝制我們自己的自由。」這是英國人的信條。世界上各民族中，最富有服從性的人，不能不首先推舉英國人，而最能夠享受自由的人，也非英國人莫屬。大家難道不知道服從是自由之母嗎？哎呀！現在的年輕人，沒有不叫囂著要自由的，認為自己有文明思想。難道沒有發現西方所謂的自由，即我們前面提到的六大問題，沒有一個不是為了團體的公共利益考慮，而絕不是供一個人放縱自己的私慾藉以掩人耳目的嗎？現在，不用自由的名義向上追求憲法，不用自由的名義抵抗外國的侵略來伸張國家的主權，只是道聽途說別人一兩個學說的隻言片語，就為自己求取便利、別有所圖，破壞社會公德，完全是倒退到野蠻時代的野蠻行為。聽到別人的批評，他們還敢靦著臉抗議說：「這是我的自由！這是我的自由！」我非常害怕「自由」二字，認為「自由」二字不只是專制政黨的口實，而且實在是中國前途的公敵。

「愛」主義是世界上很好的主義，有人在這裡一門心思地愛自己，卻說「我實行的是愛主義」，可以嗎？「利」主義是世界上很好的主義，有人在這裡一門心思追求利益，卻說「我實行的是利主義」，可以嗎？「樂」

主義也是天下很好的主義，有人在這裡一門心思地尋求快樂，卻說「我實行的是樂主義」，可以嗎？因此，所有的古今賢哲之人確立一個宗旨來改良社會，都不是為了一個人的私利而計較，私人利益和群體利益比較，群體利益大於私人利益。群體成員少為自己謀取私利，多為群體謀取公利，這是群體發展進步的重要途徑。當私人利益與群體利益二者不能兼得的時候，他們往往不愛己、不利己、不樂己，以求達到愛群體、利群體、樂群體的目的。佛家說：「我不入地獄，誰入地獄？」佛家的說法，難道不是想要使眾生脫離地獄嗎？而他們實施的方法，就是自己主動下地獄。和佛祖的行為相類似的有志之士必定要使自己的身體感到憔悴，使自己的心靈感到睏乏，使自己終生棲息在不自由的天地，這之後才能使他所熱愛的群體與國家達到自由的境地，這個道理是再明白不過的了。今天社會上談論自由的人，不想著如何使自己的群體和國家走上自由的道路，卻只是對於自己的針頭線腦、日常用度聒噪不停地強調有支配的自由，這和別人到他那兒吃一餐飯就給別人臉色看，卻辯稱自己是遵循功利派哲學的人有什麼區別？這和整天喝酒賭博耍無賴，卻說自己遵循的是快樂派的倫理的人有什麼區別？《戰國策》說：「有學儒三年，歸而名其母者。」我看今天誤解自由定義的人所持的邏輯和故事裡那個人所持的邏輯是相似的。

那麼自由的含義，難道在個人身上就不能展現了嗎？回答是：這是什麼話？團體自由是個人自由的源泉。人不能離開團體而獨自生存。如果團體不能保全自己的自由，那麼就將會有其他團體從外部來侵犯、壓制、掠奪，那麼個人的自由更在哪裡呢？這就好比是個人的身體，如果放縱口的自由，不管什麼事物都吃，那麼大病就會出現了，那麼口所固有的自由也喪失了；如果放縱手的自由，拿著機關槍去殺人，那麼大的懲罰就會出現了，而手所固有的自由也就喪失了。因此，吃飯喝水，一

第九節　論自由

舉一動，都看似受到節制，其實正是身體各個器官之所以能夠各自永遠保全其自由的原因。這在和他人交涉往來的時候表現得更加突出，我懇請再進一步談論一身之自由的事。

一身之自由，就是我的自由。雖然如此，每個人都有兩個我，一個我是眾人眼裡具象的我，身高七尺，昂然立於人間。另一個我是具象的我的代表抽象化，即心靈。因此，別人把我當作奴隸，不足以令我害怕，不比自己甘願當別人的奴隸痛苦。自己甘願當別人的奴隸還不足以令我害怕，不比自己成為自己心靈的奴隸更可悲。莊子說：「哀莫大於心死，而身死次之。」我也要說：「一個人的恥辱沒有什麼比得上成為自己心靈的奴隸的，而成為身體的奴隸還在其次。」別人強迫我作為奴隸，我感到不高興，可以霍然起身並賺脫他的羈絆；十九世紀各國的人民起義就是這樣。把自己的身體作為別人的奴隸，別人或許出自善良的本性，或許迫於正義的言論，也可以將我從水深火熱中解救出來；美國的解放黑奴運動就是這樣。唯獨自己成為心靈的奴隸，這種事情的出現不是由其他的外力所強加在我身上的；要從心靈的奴役中解脫出來，也不是由其他的外力所能夠幫助的。這就像是蠶在繭中，一點點束縛住自己；這就好像是膏脂在鍋中，一天天煎熬自己。如果有想要求得真正的自由的人，必須要從除去自己心中的奴隸開始。

我懇請先來談一下心靈的奴隸的種類，接下來談論去除心靈的奴隸的方法。

第一是不要成為古人的奴隸。古代的聖賢和豪傑都曾經對一個群體有大的貢獻。我們這輩人愛戴他們、尊敬他們，就可以了。即便如此，古人是古人，我是我，那些古人之所以能成為聖賢、成為豪傑，難道不是因為他們能擁有自我意識嗎？假如不這樣，那麼就會只有以前的聖賢而沒有後來的聖賢，只有一代豪傑而之後再無豪傑。比如孔子學習堯

舜，我們這輩人學習孔子，難道沒有想過孔子之所以能成為孔子，必然有他獨立於堯舜思想之外的東西？假如孔子成為堯舜的奴隸，那麼幾百代之後必然不再有孔子存在了。讀者們聽到我的言論感到害怕嗎？為什麼不想想社會是越來越進步、越來越向上的？人的頭腦是越進化越聰明的。即使出現聖賢，他們也不過是用自己的思想主張來改革當時的社會弊病，給當時社會的人民帶來利益，而絕不足以規範千百年之後的人的行為。西方的基督教，在中世紀的時候，何嘗不是世界文明的中心？等到後來，束縛越來越嚴重，基督教也就越來越凋敝了。如果不是有馬丁・路德、培根、笛卡兒、康德、達爾文、米勒、赫胥黎等先哲出現來發展它，匡扶救助它，基督教哪裡會有今天的發展呢？中國不這樣，大家對於古人的言論主張和行事主張，不只是連一句批評的話都不敢說出口，而且連懷疑的念頭都不敢在心中萌發。我們有自己的心，聽到一句話，接觸到一種思想，就要說：「我要自己想一想。」想一想哪些是我所應該相信的，哪些是我所應該懷疑的，怎麼能讓別人主宰自己的思想呢？但是全社會的人都不敢說出這樣的話。我不知道拿什麼來做比喻，比如義和團吧。義和團的法師披散著頭髮，揮舞著寶劍，踱著步伐，口裡唸唸有詞，旁觀者只要稍微動一下腦子，就會發現其中一定有值得懷疑的地方。但是義和團的信徒竟然遍及好幾個省，那麼這些人心中必然懷有某種恐懼，導致他們不敢心生疑惑，否則就是有人別有居心，狐假虎威來滿足他們的私慾。總而言之，做奴隸和做義和團的信徒是一樣的。我做這樣的比喻，不是膽敢把古人和義和團相提並論。總而言之，只是強調四書六經的義理，絕對不可能一一適用於現在的社會，即使是把刀鋸加諸我身，用油鍋煎熬威脅我，我也敢斷言說毫不害怕。世上那些把自己的身體和思想委身給古人，為古人鋪床疊被、打掃屋宇的人，我不知道他們和那些義和團的信徒有什麼不同。我有耳朵和眼睛，我能

第九節　論自由

夠推論證明自己悟出的道理。立足於高山之巔，然後所見始廣；潛行於深海之底，然後所行始切。對於古代的先哲，我有時把他們當作自己的老師，有時把他們當作自己的朋友，有時把他們當作自己的敵人，不講主觀感情，只是以客觀道理來衡量。這是多麼自由！

　　第二是不要成為世俗的奴隸。人性實在是太脆弱了。「城中好高髻，四方高一尺；城中好廣袖，四方全匹帛。」古人這首民謠已經把這種現象概括了。然而說鄉野之人愚昧無知，還可以理解，至於那些所謂計程車人君子，愚昧無知的毛病卻更嚴重了。在晚明時期，全國上下都在談論心學，整個知識界都成了邪門歪道的信徒。在乾嘉年間，全國上下都在談論考證，整個學術界都成為考證學的蛀書蟲。要說這是時代變化必然要出現的問題，還可以理解。等到最近這幾年，丁戊年間，全國崇尚西方學說像是聞到了肉味一樣爭先恐後，而在己庚年間，全國避諱談論西方學說就像是逃避瘟疫一樣抱頭鼠竄，現在又崇尚西方學說像是聞到了肉味一樣爭先恐後了。同樣一個人，同樣一種學說，但幾年之間卻發展變化如此之大，沒有別的原因，都是因為抬頭低頭都模仿別人，沒有自由而已。我看見有耍猴戲的人，耍猴人跳的時候群猴也跳，耍猴人扔東西的時候群猴也扔東西，耍猴人跳舞的時候群猴也跳舞，耍猴人笑的時候群猴也笑，耍猴人大喊大叫的時候群猴也跟著吵得人頭疼，耍猴人生氣的時候群猴也跟著哇啦亂叫。有一句諺語說：「一犬吠影，百犬吠聲。」這是多麼悲哀啊！人是秉承天地間的清淑之氣而生長出來的，現在怎麼和動物沒有什麼差別了呢，怎麼能夠自輕自賤，和猴子、犬類為伍呢？人如果能開創新時代是最好的，即使不能的話，不被舊時代所吞沒，也算不錯。在滾滾波濤中，在大家都隨波逐流之時，要像一根柱子一樣傲然屹立；在醉生夢死中，在大家都紙醉金迷之際，要保持頭腦的清明。這才是大丈夫應該做的事情，這多麼自由啊！

第三是不要成為現狀的奴隸。我們在物競天擇的自然界立身，周圍的現狀環繞在我們身邊，都日日夜夜與我們爭奪掌控權，未嘗有一個時刻停息。因此，戰勝現狀就能夠成功，不能戰勝現狀而被現狀所壓制就會失敗。像這樣，臣服於現狀的人也可以算作是上天的奴隸，上天暴虐橫行，有時向一個群體逞威，有時向一個人逞威。各個國家如果安於現狀的話，那麼美國就不會爆發獨立戰爭，匈牙利就不會興起自治之師，日耳曼、義大利就會長期處在國家支離破碎的狀態，成為虎狼之師奧匈帝國的附庸。為個人謀發展的人如果安於現狀，那麼猶太人出身的首相迪斯雷利哪裡敢期望挫敗俄國軍隊建立偉大功勛呢？漁人之子林肯哪裡敢企圖成就解放奴隸的豐功偉業呢？日本推翻幕府統治的將領西鄉隆盛就會臨難變節，義大利的開國元勛馬志尼就會消沉一生。我看到現在社會上所謂通曉時事的人開口就說：「中國適逢災難之年，橫遭厄運，是上天要滅亡中國，我們還能做什麼呢！」他們之所以這樣表現，不是因為生活窮困改變了自己的氣節，就是因為被榮華富貴消磨了自己的鬥志。即使沒有被貧賤和富貴所打敗的人，遭受武力脅迫之後也屈服了。只不過因為一件事情的挫敗跌倒，因為一時的窮困潦倒，之前顧盼自雄、光明磊落、不可一世的氣概，也都消磨殆盡了。哎！命運到底是什麼東西，竟然能夠輕而易舉地操縱我們的心靈，讓它像蓬草一樣隨風流轉？墨子在《非命》中的話說得是多麼好啊，他說：「現在聽用主張人生有命的人的話，這是顛覆天下的道義，顛覆天下道義的人，就是那些確立人生有命的人，是百姓所傷心的。」世界上喜歡談論命運的非我們中國人莫屬。而整個國家的國民，奄奄一息等待死亡，自己有力氣卻不知道使用，只知道聽從天命的安排，唯命是從。這樣的人只不過是自然界的低等動物和自動執行的機器罷了，竟然毫無一絲一毫的自主權利，不能實現自己心中的任何願望。這樣的人生存在這個世界上，又來幹什麼呢？

第九節　論自由

又有什麼可歡樂的呢？英國的知識分子赫胥黎說：「現在的人想要獲得成功，一定要與上天進行鬥爭。因此，大丈夫就應該意志堅強，奮發向上，鋒芒畢露，突破現狀，勇往直前，可以去爭去取卻不可自甘墮落，珍惜在我們前進道路上降臨的善，忍受我們之中和周圍的惡，並下決心去消除它。」陸九淵說：「利害毀譽，稱譏苦樂，這是修行的人磨練佛性的八個方面，只有在面對這八個方面的時候不動心，才能進入到佛教的上乘境界。」邵雍的詩中：「卷舒一代興亡手，出入千重雲水身。」這些人身處糟糕的社會現狀，卻不能損傷這些豪傑之士一絲一毫，更何況要束縛住他們呢？他們拚搏進取，突破現狀，是多麼自由啊！

第四是不要做情慾的奴隸。一個人喪失心靈的自由，難道是由他人造成的嗎？孟子說：「以前為了自由即使身死命殞也不去接受不合乎道義的高官厚祿，現在為了宮室的華美，為了妻妾的侍奉，為了所認識的窮人感激我，我就接受了，這種人性的弱點難道無法克服嗎？」確實能克服，但是能夠克服的人簡直是百里挑一。情慾毒害人的心理真是太厲害了。古人有一句話說：「心靈容易被身體所奴役。」身體被奴役，還可以治癒；如果心靈被奴役，將如何是好呢？心靈被他人所奴役，還可以擺脫出來，如果心靈被自己的身體所奴役，將如何是好呢？身體沒有一天是不和自己的心靈相結合的，那麼人將終其一生瑟瑟縮縮，腳步趑趄，被世俗的感官慾望所奴役，而自由權利的萌芽也就都斷絕了。我經常見到不少風華正茂的青年，他們身上具備的志向和才華都可以開拓出傳頌千古、傾倒一時的事業，但是幾年之後他們便意志消沉了，再過幾年，便更加萎靡不振了。這沒有別的原因，凡是有超過一般人的才氣，也一定有超過一般人的慾望。有超過一般人的才華，有超過一般人的慾望，卻沒有超過一般人的道德心來規範自己的行為，那麼才氣就會淪為慾望的奴隸，用不了多長時間就會消失殆盡。

因此，西方近幾百年來，那些做出過驚天動地的大事業的人，往往都是有宗教思想的人。迷信於宗教而成為宗教的奴隸，固然不算可取，但是能夠藉助宗教思想來剋制情慾，使自己的心靈不被頑固汙濁的軀體所束縛，能夠有獨來獨往的自由，其中宗教思想發揮的作用不容忽視。日本在明治維新的過程中，主持倡導改革的人不是得力於王陽明的心學，就是得力於禪宗。在中國近代社會，勛名卓著令大家如雷貫耳的人，沒有比得上曾國藩的了，試著讀一下他的全集，看一看他自我修練、應對逆境的功夫，怎麼樣呢？世界上從來沒有不從事個人修養而戰勝逆境成就大業的人，不從事個人修養，卻每天只是恣意發表言論說：「我們要自由！我們要自由！」這些人實際上是被感官所驅使，整天奔波勞碌以滿足自己的口腹之慾而已。我不知道他們所謂的自由在哪裡。孔子說：「克己復禮為仁。」「己」，是指相對眾生來說，自己稱為「己」，也是相對於個人的本心而言，「己」可以理解為「物質慾望」。所剋制的對象是自己的物質慾望，而剋制自己的物質慾望的又是自己的本心。自己的本心剋制了自己的物質慾望，可以稱為自我挑戰；自我挑戰成功也可稱為強大。挑戰自我已達到成功，進而稱強，這是多麼自由啊！

　　啊！自由的思想，西方從古至今的哲人著書立說十萬字來剖析它，還不能夠道盡。我才疏學淺，卻想要用區區隻言片語就將它闡釋明白，怎麼可能呢？即便如此，但自由學說的核心理念已經由當世的學者大略闡釋過了，我不過是就群體自由和個人自由兩個方面，提煉出兩者淺顯直白的地方，演繹出來貢獻給我們的知識界罷了。世界上有熱愛自由的人嗎？不愛自由的人也不要以敵視自由的心理敵視社會。

第十節　論自治

第十節　論自治

什麼是治呢？不亂就是治。什麼是亂呢？不治就是亂。這種解釋誰不會說，但是我的話裡有意味，我的話裡有警訓。

經過前院，只見到草坪樹木一片凌亂不堪的樣子；進到屋裡，只看到各種家具器物擺放得一片狼藉的樣子。一個家庭像這樣的景象，雖然沒有看到過家庭內部兄弟之間失和、婦女之間怒罵，我也知道這樣的家庭肯定不是一個治理得非常好的家庭。不能夠治理得好的家庭就算亂家。路過鄉野，看到有人在廢墟邊吵鬧而勸解不開；經過城市，看到有人在路邊小便卻不能禁止。一個國家像這樣的景象，雖然沒有看到兵荒馬亂、瘟疫橫行，我也知道這個國家不是一個治理得非常好的國家。飲食起居沒有規律，手足眉眼的神態不夠莊重，說話辦事沒有一定的規矩。一個人像這樣，雖然沒有看到這個人有什麼不符合道德、行跡敗壞的情形，我也知道這個人一定不是一個能夠將自我管理得非常好的人，不是一個能夠自我管理的人就是亂人。

天下的事情，混亂的狀態是不會長久的。當事者不能治理好國家，那麼就一定會有外部勢力參與進來代為管治。不能夠進行自我管理就會被別人管理，這是不可逃避的發展形勢。人類能夠管理禽獸，成年人能夠管理小孩，文明人能夠管理野蠻人，都是因為禽獸和野蠻人沒有自我治理的能力。人如果沒有自我管理的能力，就是禽獸而不是人類了。即使承認他是人類，那麼他也是小孩，而不是成年人。即使承認他是成年人，那麼他也是野蠻的成年人，而不是文明的成年人。

當今世界上最龐大最有活力的民族，不能不說是盎格魯-撒克遜民族。他們曾經自誇說：「假如把我們一百個英國國民，和其他國家的一百個國民，同時遷徙聚居到一個地方。不到十年之後，一百個英國國民就能組成一個燦然獨立的國家，而其他國家的一百個人還是渾然像一盤散沙一樣，被英國人統治。」他們又說：「半開化民族的國土上，即使有

成百上千萬的國民，而我們英國人只要有一兩個人踏上這片土地，不到十年，這片土地就會成為英國的殖民地。」我對照一下試試，不得不相信他們所自誇的話並非虛假。難道你沒有看到北美洲的南沙群島，剛開始本來是由西班牙和荷蘭人所開闢的，但是現在在這些地方坐享收益的，不都是盎格魯 - 撒克遜民族嗎？難道你沒有看到今天的印度，居住在那裡的英國人還不到一萬人，但是卻把兩億的印度人管理得像是一群溫順的綿羊嗎？難道你沒有看到我們中國的十八個省市之中，英國的官吏、商人和傳教士統計下來不超過四千人，但是卻占據著我們中國的關鍵職位，讓我們感覺面對的儼然是一個帝國嗎？為什麼會出現這種情況呢？就是因為世界上最富有自治能力的民族沒有像盎格魯 - 撒克遜民族那樣的。

《尚書》上說：「節性唯日其邁。」荀子曰：「人之性惡也，其善者偽也。」「節」是什麼意思呢？是制裁的意思。「偽」是什麼意思呢？是人為的意思。因此，人的本性，有上萬種不一樣的，駁雜而不可捉摸。如果一味順應人的本性，肯定會為所欲為無法無天，如果相互爭鬥相互攻擊，就不能組成一個整體。因此，不能不制定法律，以壓制各自的動物本性。不過這樣的法律也不是靠人為之力所強加的，也不是由一個人首先制定出來規範群體成員的。而是發自於每個人心中的良心，並且大家不約而同地達成共識，認為必須要這樣做才適合人倫道德的發展，才足以保護我自己的自由，也不侵犯別人的自由。因此，不需要做思想工作，不需要暴力脅迫，就能在規矩和法律規定的範圍內來辦事。像這樣，才算是自治。自治的最高境界，立身行事就像是機器執行一樣有規律。一生立志於從事什麼樣的事業，什麼時候預備，什麼時候開始創立，什麼時候開始實行，都來自自己的決定。一天之內的做事計劃，什麼時候開始工作學習，什麼時候開始處理雜務，什麼時候開始接待訪

第十節　論自治

客，什麼時候吃飯，什麼時候休息，什麼時候遊玩……也都來自自己的決定。個人的秉性習慣、喜好薰陶，如果覺得有害自己的事業，有損自己的德行，就下決心去克服，絕不找藉口通融。每說一句話，每做一個動作，每皺一次眉頭，每露一次笑容，都像是有金科玉律作為自己的規範。一個人這樣做，每個人都這樣做，於是就形成了群體的自治。群體自治的最高境界，就好像群體是一支軍隊，要前進就一起前進，要止步就一起止步。這個群體的紀律沒有人不去遵守，這個群體的責任沒有人不去承擔。像這樣的人，像這樣的群體，卻不能夠自立自強於世界上的，我還沒有聽說過。如果是和這樣的群體完全相反的群體，卻能夠自立自強於世界之上，我也沒有聽說過。

有人或者會說：「機器是沒有精神的東西；軍隊是專制的載體。你竟然把他們的特質推崇為美德，這是為什麼呢？況且中國的風俗，別的事情也許比不上其他的國家，但是要論到按照規矩來走路，按照尺子的約束來行事，這正是眾人最為習慣也病入骨髓的地方了。幾千年來，統治階級和知識分子已經把中國的國民治理得萎靡不振、毫無生氣很久了。你還想要繼續擴大這種流毒的範圍，並且用它來毒害中國的子孫萬代，這不是更加過分了嗎？」對於這種觀點，我的回答是：「不是這樣！機器是死的東西，不會自己執行。它之所以執行，是因為有主宰它的動力存在。」古代的哲學家說：「天君泰然，百體從令。」能使一個人的起居動作像是機器執行一樣規律，正是頭腦靈活自由的最高表現。軍隊行事是專制，但是有它的內部精神。一個群體就像一個軍隊，在群體中起著軍隊中的將帥作用的，就是群體成員的良心所結成的法律。因此，雖然法律規範群體的成員的行為，形式上是專制，但實質上不是，因為群體的法律出自群體的所有成員，而不是某一個成員，這就好像是每個人都是軍隊中的一個小小計程車兵，實際上無異於每個人都是軍隊的將帥，因

此並不會出現專制。因此，提倡人民自治，和以前統治階級和知識分子想要束縛民眾、讓民眾唯命是從是不一樣的。這是為什麼呢？因為，古代統治階級和知識分子的管理是使民眾被他人管理，而現在則是讓人民自己管理自己。況且，中國人是從什麼時候開始有規矩有尺度，要求人民必須按照這些規章尺度辦事的呢？每個人都說要遵守法律，但是國家頒布的法律，連政府官員都不能夠遵守，更何況那些普通的老百姓呢？每個人都要遵守儒家規範，但是聖賢的教誨訓誡，連知識分子都不能夠遵守，更何況那些三教九流的人呢？《堯典》說：「天敘有典，天秩有禮。」秩序是一個群體能夠團結穩定的根本原因。今天試著看一下我們中國整個朝野上下，所謂的秩序還在嗎？看一下我們的政府，出沒著各種禍國殃民的妖魔鬼怪，腹黑權謀盛行，陰謀詭計不斷，人倫道德蕩然無存。再看一下我們的民間，簡直是劫匪盜賊的淵藪，貪婪狡詐的府邸，這和人類野蠻時代政府沒有設立的時候沒有什麼差別。這是為什麼呢？是因為人民不能自治啊。不能夠自治而只是依賴別人來統治，社會並不會獲得真正的穩定。

說到這裡，我們中國人當務之急就可以知道了。第一是實現個人自治。從古至今凡是能成就大事的人，一定是因為他們自勝的力量比別人要強。西方人不必說，古人也不必說，就請讓我說一下離我們最近的吧。曾國藩自從少年的時候起，就有吸菸和晚起的毛病。後來他下定決心要戒除這些壞習慣。剛開始這些壞習慣非常頑固，不能夠輕易克服。但是曾國藩卻把它們視作人生的大敵，一定要把它們連根拔出，後來終於成功戒掉了這些壞習慣。後來，他之所以能夠率領軍隊打敗盤踞在南京十幾年的太平軍，和他下定決心戰勝自己十多年的壞習慣，所依靠的是同一種精神。以前，胡林翼在軍中的時候，每天一定要讀完十頁的《資治通鑑》。曾國藩在軍中的時候，每天一定要寫幾十條日記，讀幾頁

書，下一局圍棋。李鴻章在軍中的時候，每天早晨起來一定要臨摹《蘭亭集序》一百多個字，他把這種行為堅持了一輩子並習以為常。從一般人的眼光看來，這些難道不都是無關大體的區區小事嗎？這些人卻不知道在做這些小事的時候有節制、有恆心，實在是個人品格修養的第一大事。善於觀察人的人往往在這些細節上推測出觀察對象的能力。某某某評價陳蕃說：「陳蕃連一個屋子都不能打掃乾淨，還想要廓清天下。從這個細節上，我就知道他辦不到。」（我正巧忘了這句話是誰說的了，各位讀者中如果有記得的，希望能夠順便告訴我一下。我會把它附在文中。）這句話雖然聽上去有些過於苛刻了，但是確實是中肯恰當的言論。西方人的作息習慣，到了週末一定要休息，每天八點鐘開始處理事務，中午十二點稍微休息一會兒，一點繼續處理工作事務，四五點的時候才結束並且休息。全國上下，上自國君首相和政府官員，下至販夫走卒，沒有不是這樣的。工作的時候全國一起工作，休息的時候全國一起休息。這難道是前面所說的整個國家像軍隊、像機器一樣嗎？把經線和緯線排列得整整齊齊叫做條理分明，條條段段錯亂叫做雜亂無章。請讓我從中國人和西方人的日常用度和飲食起居上來比較吧，其中哪個條理分明，哪個雜亂無章，差別在哪裡可以看出來了吧？不要說這些都是細枝末節，難道不知道今天的西方國家能夠秩序井然、治理分明，能夠實行有法可循的憲政，都是透過執行這些細枝末節儲備起來的嗎？孟德斯鳩說：「法律是連吃完一頓飯這麼短的時間也離不開的東西。人類文明和野蠻的區分，以他們有沒有法律意識為差別。對一個國家來說是這樣，對一個人來說也是這樣。」今天，我們中國有四億人口，卻都是沒有法律意識的人。四億沒有法律意識的人湊在一起欲建立現代化的國家，我從未聽說過。難道還要等到和西方人在槍林彈雨中相遇，之後才知道究竟誰勝誰敗嗎？

第二是實現一個群體的自治。國家有憲法，一個國民才能有自治能力。州郡鄉市有議會，一個地方才能自治。只要是好的政體，沒有不是從自治而來的。一個人能自己治理好自己，幾個人甚至十幾個人能夠治理好自己的家庭，數百數千人能夠治理好自己的鄉市，幾萬甚至幾十萬、幾百萬、幾千萬、幾億的人能夠治理好自己的國家。雖然他們自治的範圍不一樣，但是自治的精神卻是一樣的。他們的自治精神一樣在哪裡呢？在於遵守法律上是一樣的。管仲說：「鄉與朝爭治。」他又說：「朝不合眾，鄉分治也。」西方談論政治的人說最重要的就是要出現國內小國。所謂國內小國，就是指一個省、一個府、一個州、一個縣、一個鄉、一個市、一個公司、一個學校，沒有不儼然具備一個國家的形式的。省、府、州、縣、鄉、市、公司、學校，不過都是國家的縮小化版圖。而國家，也不過是省、府、州、縣、鄉、市、公司、學校的放大的影片而已。因此，地方規模小的時候能實行自治，那麼在地方規模變大時也能實行自治。不然的話，就不能不被別人所統治。被別人統治，別人安撫我，我要聽之任之；別人虐待我，我也要聽之任之；同族的豪強之人占據統治地位專制跋扈，我要聽之任之；一族的殘酷暴虐之人侵犯掠奪，我也要聽之任之。像這樣的話，每個人之所以稱為一個人的資格都已經一敗塗地，蕩然無存了。那麼西方人是怎麼走到今天的呢？因為他們有制裁、有秩序、有法律，並把它們作為自己的自治精神。真正能夠自治的惡人，他人想要干涉而不能夠；不能夠自治的人，他人想要不干涉也不能夠。因為他們自己的事情沒有絲毫是允許別人來干涉的。我們中國人仰仗別人，希望被別人統治的思想已經持續了幾千年，幾乎把它當作上天賦予的義務，而不敢萌生其他的想法。他們想沒想過自己的快樂和利益，難道是旁觀者所能代為自己謀劃的嗎？而現在的局勢，有哪裡能是散漫的人能夠收拾的呢？

第十節　論自治

今天知識分子中談論民權、自由、平等、立憲、議會、分治的，也漸漸有了一些人了。而我們國民將來能不能享有民權、自由、平等的幸福，能不能實行立憲、議會、分治的制度，都要由我們自治力的大小、強弱、定或不定來決定。同胞們！同胞們！不要把這些當作細枝末節的道理，不要把這些當作陳舊迂腐的道理，不要只是拿著這些道理去要求別的群體，要先拿這些道理去要求自己。我先嘗試著從自身起實行自治，然後嘗試和其他人聯合組成一個小群體實行自治，再然後嘗試把小群體和小群體組合成一個大群體實行自治，最後嘗試把大群體和大群體組合成一個更大的群體實行自治。那麼，一個完全高尚的自由的國家、平等的國家、獨立的國家、自主的國家就會出現力量。如果不這樣的話，國家就會自亂到底了。自治與自亂，是不能並存的兩種事情，也是勢不兩立的，這兩者之中只能選擇一條作為中國的出路。只有我們的國民自己才能做決定，只有我們的國民自己才能做選擇。

第十一節　論進步

第十一節　論進步

　　西方有一本書中記載了一個故事說，一個西方人第一次航海到了中國，聽說羅盤針這項科學技術是從中國傳出去的，又聽說中國在兩千多年以前就有了這項發明，於是在心中暗暗思考：這個發明傳到西方不過幾百年，已經被更改了無數次，效用也擴大了無數倍，那麼在他的發明地中國已經經過了幾千年，更應該變化成什麼樣子了呢？他航行到中國登上海岸之後，不急著做其他的事情，而是首先進入集市去購買一個羅盤針。這個西方人到集市上就問所謂最新式的羅盤針是什麼樣子的，結果竟然發現和歷史讀本上所記載的十二世紀時阿拉伯人傳入西方的羅盤針沒有一點的差異，這個人只好非常鬱悶地回去了。這雖然是一個帶有諷刺性的寓言，實際上卻描寫了中國群體發展嚴重停滯的情狀，所說到的情況十分符合現實。

　　我以前讀黃遵憲寫的《日本國志》，非常喜歡，認為根據這本書可以全面了解維新變法之後的日本的社會狀況。等到了北京見到日本大使矢野龍溪，偶然間談論到這本書時，龍溪說：「想透過這本書來了解維新之後的日本，無異於想要透過閱讀《明史》來了解如今的中國時局。」我感到有些不高興，問他詳細的原因。龍溪說：「黃遵憲這本書是在日本明治十四年的時候寫成的，中國自從維新變法以來，每十年間發生的進步，即使是之前一百年的進步也比不上。所以，這本二十年前的書，不是像明史那樣的，又是像什麼呢？」我當時還對他的言論有些疑惑。自從到日本遊歷以來，再用自己的所見所聞來驗證，才真正相信了。亞當·斯密在《國富論》中說：「元朝的時候，有一個叫馬可波羅的義大利人到中國遊歷，回去之後就寫了一本書，講述中國的國情，和今天人們到中國的遊記，幾乎沒有什麼差別。」我認為豈止是馬可波羅的著作，像《史記》《漢書》這些兩千年前的舊書籍中所記載的，和今天的中國情形相比，又能有什麼差別呢？中國和日本同處在東亞這片土地上，同為

黃種人，卻為什麼一個進步一個停滯，差距如此懸殊呢？

　　中國人動不動就說古代是政治清明的治世，而近世則為風俗澆薄的末世，是末世將亂的時代，這些話和西方哲學家們所宣揚的進化論最為相反。雖然如此，這些話也不是完全沒有道理的，中國的現實狀況確實如此。讓我們試著看一下戰國時代，諸子百家的學術蜂擁而起，百家爭鳴，有的宣揚哲理，有的闡明技術，之後卻沒有這樣的現象了。再看兩漢時代，國家治理的藝術也是光輝燦爛。宰相主持中央事務，地方官管理一方百姓，之後也沒有這樣的現象了。其他類似這樣的現象不勝列舉。進化論是世界發展的自然規律，就像是流水一定會往低處流，就像是被拋起的物體一定會朝著地心墜落。只要水流不受到他人的導引，只要物體不受到外力的吸引，就不會發生反常的現象。那麼我們中國違反進化論的自然規律，演變出這樣凝滯不前的社會現象，一定有原因。找到其中的原因，讓大家一起討論研究，就能夠知道這種病症的表現，並找到解除這種病症的解藥了。

　　有的讀者肯定會說：「這是因為中國人的保守性太強了。」確實是這樣。雖然如此，但我們中國人的保守性為什麼會如此之強呢？這也是一個沒有解決的問題。況且，英國人以善於保守聞名於天下，而其他國家的進步速度中卻沒有一個能夠趕得上英國的。有哪裡能夠見得保守一定會成為一個群體的禍害呢？我思考這個現象，我深入地思考這個現象，發現中國不進步的原因出於天然的有兩個，出於人為的有三個。

　　第一是強調大一統而導致缺乏競爭。競爭是進化之母，這一說法幾乎已經成為一個定論。西方在希臘列國的時候，政治和學術都稱得上是非常興盛。後來羅馬帝國分裂為很多個國家，於是造成了近世的局面，直到今天，這都是競爭的鮮明效果。列國並立，如果不競爭就沒有辦法生存。他們所競爭的，不只是在於國家，也在於個人。不只是在於武

第十一節　論進步

力，更在於德智。所有的人在不同的領域內並駕齊驅，每個人都為自己而戰鬥，於是進化就沛然興起，沒有人能夠阻擋了。因此，如果一個國家發明出新式的槍炮，那麼其他國家就會拋棄自己的舊槍炮來謀求創新，生怕落於人後。如果不這樣，就不足以在疆場上取得勝利。如果一個工廠發明出了新式機器，那麼其他工廠也會拋棄自己的舊機器爭相創新，生怕自己落於人後。如果不這樣就不足以在市場上取得勝利。正因為崇尚競爭，所以他們不只是怕落於人後，更重要的是時刻想著強於別人。昨天乙比甲優秀，今天丙比乙優秀，明天甲又勝過丙。他們彼此之間相互刺激、相互嫉妒、相互學習，就像是賽馬一樣，就像是競走一樣，就像是賽船一樣。有人橫在自己的前面，那落在之後的人自然不敢不勉勵自己進步；有在後面緊追不捨的人，領先的人自然不敢感到安全。這實在是進步的原動力產生的原因啊。中國只是在春秋戰國的幾百年間競爭的局面最長久，社會的進步也最明顯，可以說是達到了頂峰。自從秦代實現了大一統的局面之後，社會處於退化的狀態，到現在已經兩千多年了。難道有別的原因嗎？都是因為競爭力缺乏造成的。

第二是因為周圍都是落後民族導致缺乏文化交流。凡是一個社會與另一個社會接觸，一定會產生一個新的現象，而文明也會前進一步。遠古時期希臘往外殖民，近代時期十字軍

，都是這樣的例子。所以說統一不一定是進步的障礙。假如對內能統一，對外能溝通交流，那麼社會進步可能更為迅速。中國的周圍都是一些小的文明不發達的國家，他們的文明程度沒有一個不是跟我們差了很多等級的。中國一和他們相接觸，就像是熱水澆在了冰雪上一樣，這些小國家節節敗退。中國縱橫四周，環顧內外，常常會感覺到天上地下唯我獨尊的氣概。中國剛開始的時候感到自信，之後就會自高自大，最後就會畫地為牢。至於畫地為牢，那麼進步的道路就斷絕了。不光是這

樣，周邊的文明程度低的民族，常常用他們躍馬揚鞭賓士於草原的蠻力來破壞我們的文明。我們在反抗他們的過程中，自然更加急於要保護好我們所固有的文明，認為中原的文化典籍，華夏正統的皇室禮儀、典章制度，實在是我們炎黃子孫幾千年來戰勝其他野蠻民族的精神。既然認為外部沒有可以效仿學習的東西，自然就會轉身抱住本民族本身所固有的東西來拚命摩挲把玩了。那麼長此以往，我們中華民族要抱著這些古老的文明以終老就可以理解了。

以上這些說的是導致中國不能進步的兩個天然原因。

第三是因為語言和文字分離導致知識不能普及。文字是促進文明發展、科技進步的第一要素，它的繁簡難易，常常因為民族的文明程度高低不同而有所差異。各個國家的文字，都起源於象形，等到再往後發展，就變成了象聲。人類的語言隨著時間的推移越來越豐富，經過成百上千年之後，一定會和剛剛產生的時候有很大的差異，這是勢在必然的。因此象聲文字的國家，語言和文字常常可以相合；象形文字的國家，語言和文字必然會日漸相離。社會的變遷一天比一天頻繁，新現象和新名詞也必然層出不窮；有的是從累積而得，有的是從交換而來。因此幾千年前一個地方、一個國家的文字，必然不能把幾千年之後地域變遷、民族交會的時代的事物和情況全部記載下來、描述下來。這是無可奈何的事情。語言和文字同步，那麼語言增加而文字也隨之增加，一個新的事物、新的情況出現了，就會有一個新的文字來記載和描述它，新的事物和新的文字相互促進，一天天發展進步。語言和文字分離，那麼語言一天天增加而文字卻沒有增加，或者有新的事物出現了而以前的文字卻不能解釋，又或者即使能夠解釋也不能完全貼切。因此，即使有出現新事物的機會，也會因為文字跟不上而窒息。這是第一個害處。語言和文字相合，那麼只要能夠通曉今天的文字的人，就已經可以獲得通用

的知識，至於用古文字表述的學問（比如西方的古希臘、古羅馬文字）就讓專業的研究者去弄懂並轉述給感興趣的普通人就可以了。因此，能聽懂語言的人就能讀書，進而人生的必備常識也能夠普及。語言和文字分離，那麼不多讀古代的書通曉古代的語義，就不足以研究學問。因此，近幾百年來的學者，往往窮盡一生的經歷來通曉《說文解字》《爾雅》這樣的學問，沒有充足的時間去研究實用的學問。這也是不得不如此啊。這是第二個害處。語言和文字同步，主要就是採用衍生文字，認識二三十個字母，通曉此語的拼讀規則，那麼看到詞語就能夠拼讀出來，聽到此語的讀法就能夠了解此語的意思。語言和文字分離，主要就是採用衍形文字，那麼《倉頡篇》有三千個字，就相當於有三千個字母。《說文解字》有九千個字，那麼就有九千個字母。《康熙字典》有四萬個字，那麼就有四萬個字母。學習二三十個字母，與學習三千、九千、四萬個字母，他們的難易程度相比起來，怎樣呢？因此西方、日本的婦女兒童都可以拿著筆寫信，車伕都可以讀新聞。而我們中國人卻有讀了十年書，卻知識淺陋得和以前一樣的情況。這是第三個害處。一個群體政治的進步，不是一個人能夠做到的。需要大家相互探索而向好的方面發展，相互學習而獲得進步。所以說，培養出一兩個知識特別發達的人，不如培養成百上千、成萬上億有常識的人，他們的力量越大，社會進步的效果就越顯著。因為中國國民不得不耗費大量的精力學習難學的文字，學習有所成就的人還不到十分之一，等到學成之後，還和當世能夠實際應用的新事物、新學問有很多隔閡，這就是頭腦中靈性的產生不夠敏銳、思想的傳播非常緩慢的原因。

　　第四個原因是長期的專制導致人性向惡。上天創造人類並賦予人類權利，並且賦予人擴充這一權利的知識、保護這一權利的能力，如果讓人民發揮自由實行自治，那麼整個群體必定會蒸蒸日上。如果桎梏人

民、戕害人民的人出現，那麼剛開始會窒息人民的生機，繼而使人民失去本性，之後人倫道德就幾乎消失了。因此在野蠻時代，團體不穩定，人的智慧還不健全，有一兩個豪傑之士雄起，代替人民行使職責，用自己的勞動為人民服務，這是使群體獲利的事情。過了這個階段之後，豪傑之士仍然全權做主，那麼人民獲得的利益難道足以補償他們失去的權利嗎？這就好像是一戶人家之中，一家之主對待自己的家庭成員和奴僕傭人，都各自歸還他們的權利而不相侵擾，每個人都能勉勵自己盡好各自的義務而避免相互算計，像這樣做，但整個家庭卻不能夠蓬勃興旺的，我還從沒有聽說過。如果不這樣做的話，一家之主像奴役奴隸一樣對待他人，像防範盜賊一樣對待他人，那麼這些人也會習慣自己像奴隸和盜賊一樣了。他們有了可以偷懶安逸可以為自己謀利的機會，即使要犧牲整個家庭的公共利益去做，他們也不會推辭。像這樣下去卻不委頓衰落的家庭，我也還沒有聽說過。因此中國社會不能進步，是因為人民不顧及公共利益造成的。人民不顧及公共利益，是因為他們把自己當作奴隸和盜賊一樣了。他們把自己居於奴隸和盜賊的地位，是因為統治者把國家當成自己的家、把人民當作奴隸一樣使用而造成的。

西方立憲制國家的政黨政治是多麼好啊。他們政黨中的人雖然不是個個都秉承公心和公德，他們未嘗不為自己謀取私名和私利。但即使如此，在專制國家追求權勢的人，往往討好一個人就能成功，而在立憲國家追求權勢的人，卻要討好普通百姓才能成功。同樣是討好別人獲得權勢，但是哪一個能夠代表大多數人的利益，從這裡可以判斷出來。在政黨政治中，只要是一個國家一定有兩個以上的政黨，一個是執政黨，一個是在野黨。在野黨想要傾覆執政黨的地位取而代之，就要公布他們的施政綱領，同時攻擊執政黨的政策有誤，宣稱假如讓我們的政黨來處理政事，那麼我們所施行的政治制度和所要建立的規範就會是這樣，為民

除害要做某某事，為民受益要做某某事，等等。人民聽了之後感到高興就給他們投選票，於是他們就能在議院中取得多數席位。如果他們取代了之前的執政黨來重組內閣，進而就不得不兌現他們當初所公布的政策，以符合民眾的期望保護自己的政黨大權在握，那麼整個社會又會前進一步。而之前的執政黨，就幡然變成了在野黨。如果他們想要恢復自己喪失的權力，就又不得不去勤勞地考察民情，認真地去謀劃，制定更新更美的政策向民眾公布說：現在的執政黨所謂的能夠為民除害、使民受益的政策綱領還有不完善的地方。假如讓我們的政黨再次成為執政黨的話，我們將如何如何去做，之後整個國家的前途就會更加進步向上。人民聽了之後感到高興，就又會在政黨選舉中將選票投給他們，他們在議院中占了多數的席位，就又會與現在的執政黨互換地位了。而在他們重新成為執政黨之後，也不得不實行他們之前所公布的政策，以符合民眾的期望，保護自己的政黨大權在握，那麼整個社會又會前進一步。兩個政黨像這樣互相競爭、互相對抗，互相增長、互相進步，以至於無窮無盡。他們之間的競爭越激烈，那麼國家的進步速度就會越快。歐美各國的政權轉移方式之所以能夠在世界各地日益被接納，原因大概就源於此吧。因此不管說他們是為了公共利益，還是為了個人私利，他們為全體國民謀取的福利都已經很多了。再看一下專制國家，即使有一兩個聖君賢相，放棄個人私利為公益而奮鬥，為全體國民謀取利益，但是一個國家那麼大，單憑一兩個人鞭長莫及，他們的恩澤真能夠惠及全體國民的本來就很稀有。就算他們真的能夠做到澤被萬民，但是所謂的聖君賢相，經歷一百代也很難遇到一個。而像汗桓帝、漢靈帝、蔡京、秦檜這樣的奸邪殘暴的君臣，在歷史上卻是屢見不鮮。因此中國人總結歷史的時候經常說：「一治一亂。」又說：「治日少而亂日多。」這難道沒有發生的原因嗎？中國為什麼要承受這樣循環往復的民族劫難呢？向前進步

了一寸，卻向後退步了一尺，退步的速度是進步的十倍，這是中國經歷了幾千幾百年卻每況愈下的原因。

第五個原因是壓制學術導致思想窒息。凡是一個國家的進步，一定是以學術思想作為原動力，而風俗、政治都是學術思想的產物。只有在戰國時代百家爭鳴，三教九流雜然興起，學術思想發展得最為廣泛。自從中國有歷史以來，炎黃子孫的名譽沒有比那個時候興盛的。秦漢之後，罷黜百家，獨尊儒術。儒家的教義有它的優點，這是肯定的。雖然如此，一定要強制整個國家的人的思想都出自於這一種教義，那麼這對於社會進步發展的害處就非常大了。自從漢武帝提倡六藝、罷黜百家之後，只要不是在六藝之內的思想絕對不允許傳播，之後的束縛禁忌一天比一天厲害。統治者把儒家思想美化成外強中乾、虛有其表的護身符來維護自己的統治，而卑賤的知識分子依仗統治者的權勢把儒家思想當成了敲門磚來謀求口腹之慾的滿足，這樣的情況變本加厲，結果使得全國的思想界都死氣沉沉。講述歐洲史的人，沒有不把中世紀的歷史看作黑暗時代的，因為中世紀是羅馬教皇的權勢最為強盛的時代。全體歐洲人民的軀體都在專制君主的暴力威嚇下腐朽糜爛，全體人民的靈魂都匍匐在專制教主的束縛壓迫之下。所以當時的社會不僅是沒有進步，相比較希臘和羅馬的全盛時期，也已經是一落千丈了。如今我們試著讀一下我們中國秦漢之後的歷史，他們和歐洲中世紀相比怎麼樣呢？我不敢怨恨儒家學說，卻不能不對矯飾儒家學說、利用儒家學說、汙衊儒家學說，害了自己又害了全體國民的人深惡痛絕。

以上說的是導致中國不進步的三個人為原因。

中國進步的天然障礙，不是靠人力就能夠克服的，但是世界風潮的激盪、衝擊，已經能夠使我們國家一變其數千年來的舊情狀。中國的進步，就看現在的選擇了。雖然如此，中國的改變是因為外部的刺激，而

不是內部的自覺。內部不發生變化，即使是外力整天推動我們、鞭策我們，我們也不肯進步。天下的事情沒有無結果的原因，也沒有無原因的結果。我們中國人淤積了幾千年的惡因，才要承受今天的惡果。有志於改良社會現象的，不要再責備產生的這種惡果了，而應該開始改良造成今天這惡果的惡因。

　　我不想再說這些門面話，我懇請將古今萬國的仁人志士們獨一無二、不可逃避的共通原則，義正詞嚴地告知我們的國民。共通原則是什麼呢？回答是：破壞。

　　從事破壞之事是不吉祥的，主張破壞之言是不仁慈的。古今萬國的仁人志士們呢，如果不是有萬不得已的苦衷，難道是他們天生冷酷涼薄、憤世嫉俗，喜歡一時意氣用事，才要做這樣的事、說這樣的話呢？因為當不得不破壞的形勢迫近眼前時，要破壞得破壞，不破壞也得破壞。破壞既然不能夠避免，早破壞一天就能獲得一天的幸福，晚破壞一天就會遭受一天的迫害。早破壞的話，其所破壞的東西相較來說較少，所能夠保全的東西自然也多。晚破壞的話，其所要破壞的東西不得不多，所能夠保全下來的東西也就更加少了。用人力主動破壞的話，是有意識的破壞，那麼可以一邊破壞一邊建設。破壞以此，就可以永絕第二次破壞的根源。因此將來的快樂和好處，可以補償目前的痛苦而有餘。聽任自然地破壞是無意識的破壞，那麼就只有破壞，沒有建設，破壞一次如果不能完成就會再破壞第二次，破壞第二次不能完成就會再破壞第三次。像這樣的話，可以經歷數百年數千年，而國家有人民共同遭受這樣的病痛，以至於魚死網破，國家滅亡。哎呀！破壞令人痛心，而不破壞卻令人艱難啊！

　　讀者懷疑我的話嗎？我懇請和大家一起來讀一下中外的歷史。中國以前的世界，是一個膿血的世界。英國號稱是近代世界中的文明先進的

國家，自從 1660 年以後，到現在兩百多年沒有發生過破壞了，之所以會這樣，實際上是來自於長期國會這一次一步到位的大破壞。如果英國害怕破壞，那麼怎麼能夠知道之後的英國不會成為十八世紀末的法蘭西呢？美國自從 1865 年以後，到現在已經五十多年沒有發生過破壞了，之所以會這樣，實際上是因為發動了抗英獨立戰爭和解放奴隸戰爭這兩次一步到位的大破壞。如果他們害怕破壞，那麼怎麼能知道之後的美國，不會成為今天的祕魯、智利、委內瑞拉和阿根廷呢？歐洲大陸的各個國家，自從 1870 年以後，到現在已經三十多年沒有發生過破壞了，之所以會這樣，實際上是因為法國大革命這一影響了後世七八十年的空前絕後的大破壞。假如他們害怕破壞，那麼怎能夠知道今天的日耳曼、義大利不會成為波蘭，今天的匈牙利和巴爾幹半島不會成為印度，今天的奧地利不會成為埃及，今天的法蘭西不會成為過去的羅馬呢？日本自從明治元年之後，到現在已經三十多年沒有發生過破壞了，之所以會這樣，實際上是來自於發動勤王討幕、廢藩置縣這一次一步到位的大破壞。假如他們害怕破壞，怎麼能夠知道今天的日本不會成為朝鮮呢？我所謂的二百五十年來、五十年來、三十年來沒有發生破壞，不過是以距離今日的時間做判斷的，世界上這些國家從現在到以後，即使幾百年幾千年不會發生破壞，我也敢斷言。為什麼呢？凡是破壞一定有發生破壞的根源。孟德斯鳩說：「專制的國家，他們的君主動不動就說要團結和睦國家百姓，世界上國家中往往隱藏著擾亂的種子，民眾是苟活於世，並不是團結和睦。」因此，擾亂國家的種子不除，那麼連續不斷的破壞，終將不可能得到免除。而這些國家，世界上是以人為的一次大破壞，使得這種擾亂的種子集中起來徹底剷除，斷絕了它的根基，使它不能夠再繁殖。因此這些國家從此以後，即使發生戰爭流血事件，也只是因為國家主權的原因，和其他國家開戰。像國內發生互相爭鬥導致百姓流離失

第十一節　論進步

所、國家政局動盪的慘劇，我敢斷言將永遠不會發生。如今我們國家那些號稱識時務的俊傑之士，沒有不羨慕那些國家的，他們的社會治理得光華美滿，他們的人民和諧快樂，他們的政府生機勃勃。但是卻不知道這些國家都是由以前的仁人志士，揮灑著破壞之淚，為破壞絞盡腦汁，為破壞口乾舌燥，為破壞寫禿了筆，為破壞揮灑熱血，為破壞捐獻身軀，才使國家發生改變的。哎呀！破壞是那麼痛快，破壞是那麼仁義！

這還只是就政治的一個方面而論，實際上社會中的一切事物，大到宗教、學術、思想、人心、風俗，小到文藝、技術、名物，哪一個不是經過破壞的階段才走到進步的道路上的呢？因此，馬丁·路德破壞了舊宗教而新宗教才興起；培根、笛卡兒破壞了舊哲學而新哲學才興起；亞當·斯密破壞了舊經濟學而新經濟學才興起；盧梭破壞了舊政治學而新政治學才興起；孟德斯鳩破壞了舊法律學而新法律學才興起；哥白尼破壞了舊曆法學而新曆法學才興起。推及世界上各種學說，沒有不是這樣的。而馬丁·路德、培根、笛卡兒、亞當·斯密、盧梭、孟德斯鳩、哥白尼之後，還會有破壞馬丁·路德、培根、笛卡兒、亞當·斯密、盧梭、孟德斯鳩、哥白尼這些人的學術主張的人。這些人破壞之後，還會接著出現破壞他們的學說的人。一邊破壞，一邊建設，新舊更替，而發展進步的運勢也就會遞進演變到無窮無盡。（凡是用鐵血政策來進行破壞的，破壞一次就會傷元氣一次。因此真正能夠破壞的人，發生一次破壞之後不會再發生破壞了；用頭腦和言論來進行破壞的，雖然屢屢推翻拋棄舊的觀念，只會獲得這些破壞的好處還不會蒙受這些破壞的害處。因此，破壞之事無窮無盡，進步之事也就無窮無盡。）

又比如機器興起而手工業者的利益就不得不受到破壞；輪船興起之後而駕駛帆船者的利益就不得不受到破壞，公司興起而小資本家的利益就不得不受到破壞。當他們處在過渡更迭的時刻，沒有不釀成婦人感

嘆、兒童哭號之類的慘劇的，沒有不導致社會動亂困厄的景象的。等到建設的新局面完全穩定下來之後，因為破壞而獲利的乃在於國家，在於社會，在於百年。而之前蒙受這些破壞的損害的人，也往往能從直接或間接上得到意外的新收穫。西方人有句老話說得很好：「尋求文明的人，不只是要獲得它的好處，還需要忍受它所帶來的痛苦。」全國國民的生計，是從根本上不能輕易動搖的，但是破壞的趨勢橫亙在眼前的時候，尤其不能為了避免一小部分人的利益受到損失而置大多數人的利益於不顧，何況這麼做的話有百害而無一利呢？因此，歐洲各個國家自從宗教改革之後，教會教士的利益被破壞了；自從民立議會之後，暴君豪族的利益被破壞了；自從 1832 年英國修改了選舉法之後，舊選舉區的特別利益被破壞了；自從 1865 年美國頒布禁奴令之後，南部那些種植園主的利益被破壞了。這與我們中國廢黜八股取士制度導致八股家的利益被破壞，革除胥吏導致胥吏的利益被破壞，改革官制導致官場人員的利益被破壞這些事情是一樣的。他們所謂的利益，是偏私最少數人的私利，而實際上卻是迷戀並想要侵吞大多數人的利益的公敵。有這樣一句諺語：「一家哭何如一路哭。」對於那些看到情勢已經這樣了還要說「不破壞」「不破壞」的人，我把他們叫做沒有良心的人。中國現在的情況，哪一個地方展現的不是少數人分食大多數人的利益呢？而八股、胥吏、官制，還屬於其中輕微的呢。

想要走得遠的人就不能不拋棄以前的老步伐，想要登得高的人就不能不離開之前的臺階。如果一天到晚都停滯不前，呆滯地站立在一個地方，只是望著遠方而歎嘆，仰望高處而羨慕，我知道這樣的人最終也不能成功。固然可以像這樣按部就班，但是如果遇到了阻礙，就要披荊斬棘開關道路，燒開山澤而前行，這是迫不得已的。如果不這樣的話，即使想要前進也沒有道路。有一句諺語說：「螫蛇在手，壯士斷腕。」這

句話說得非常對！沒有看到過善於治病的醫生嗎？腸胃染上了疾病，不吃一些劇烈吐瀉的藥劑，絕對不能夠治好；染上瘡癰腫毒，不施行割開腫瘤、洗滌膿毒的手術，是絕對不能夠治療好的。像這樣的療法，就是所謂的破壞。如果病人害怕這樣的治療，每天吃人蔘、茯苓一類的草藥來謀得滋補，塗珍珠、琥珀一類的霜粉來求得消毒，那麼病症無不會一天比一天加劇的。之所以不敢給病人服用有助於劇烈吐瀉的藥物，是因為害怕導致病人身體損耗，之所以不敢給病人實行割剖洗滌的手術，是因為擔心病人受不了苦痛。但哪裡知道如果不服用有助於劇烈吐瀉的藥物，以後病人的身體虧損會越來越多，不實行割剖手術，病人的苦痛將日益加劇。長此以往，病人的病情不到死亡的那天是不會停止的。為什麼不忍受片刻的劇烈吐瀉來求得身體的百年安康，為什麼不使身體的一個部位感受到苦痛而保全整個身體呢？病情同樣是身體損耗，同樣是身體苦痛，那麼早治療一天，身體的創傷也一定會比較輕，晚治療一天，那麼身體的創傷就一定會比較重。這又是非常淺顯易懂、顯而易見的道理。而那些為國家出謀劃策的人實在是太愚昧了！這是我之所以不能理解的地方。大抵來說，今天談論維新變法的人有兩種：層次低下的人，拾人牙慧，蒙著虎皮花言巧語、招搖撞騙，把這當作是求取個人官場進步的道路。像這樣的人，是學習西方知識的老八股，是施行洋務運動的草包，是如同在夜晚遊歷了西方。像這樣的人本來也不值得一提。層次高尚的人，固然常常面容憔悴，內心焦慮，神色凝重地思索國家富強、人民富裕的途徑。但是考察一下他們的舉措，最開始是強調外交、練兵、購買國外器械、製造器械；稍微取得一點進步之後，就創辦商務、礦山、鐵路；發展到最近，就開始培訓軍官、警察，創辦教育。這些大的方面，難道不是當今文明國家最重要、最不可或缺的事情嗎？雖然如此，學習一下別人的細枝末節，亦步亦趨地模仿別人，就可以達到文明

的程度了嗎？就可以使國家立於不敗之地了嗎？我知道一定不可能。為什麼呢？把綾羅綢緞穿在醜女身上，只會反襯得她更醜；把金質的馬鞍佩戴在累垮了的馬身上，只會更增加它的負擔；把山龍刻在朽木之上，只會讓朽木腐爛得更快；把高樓建造在鬆散的土壤之上，只會讓高樓坍塌得更為迅速。這樣做沒有能夠成功的。

　　現在我不一一詳細論述了，請讓我專門說一下教育吧。一個國家的公共教育，是為了將來培養國民。而今天談論教育的人怎麼樣呢？各省紛紛設立學堂，而學堂的總辦提調大多數都是最擅長鑽營，為了利益奔波勞碌，能夠仰仗長官的鼻息生存的候補人員。學堂的教員，大多數都是八股名家，以及竊取功名的、占據鄉黨勢力的土豪劣紳。學生到學堂上學，也不過是說：「這是現在社會興盛的裝點自己的資本，這是能夠揚名立萬的終南捷徑。」與其在封閉的房間和學堂裡學習那些詩云子曰，還不如學習現在社會上流行的 ABCD。一旦考進學校，就張燈結綵、燃放炮竹向大家顯示自己的恩寵榮耀（我們廣東最近考上大學學堂的學生都是如此），學堂如果負擔費用選派學生出國留學，那麼那些草包學生便紛紛賄賂主事者以求被選上。像這樣，都是今天教育事業開宗明義的第一章，也是將來預備成為一個國家教育的源泉的。請問長此以往，中國教育所培養出來的人物，能夠具備成為一國國民的資格嗎？能夠成為將來一個國家的主角嗎？能夠在今日民族主義競爭的潮流中立足嗎？我從現在的情況可以知道他們肯定不能。如果中國教育培養出的這些人物不能的話，那麼有教育就和沒有教育一樣，那麼對於中國的前途有什麼幫助呢？請讓我們再考察一下商務吧。經濟界的競爭是今日地球上的一個大問題。各國之所以想滅亡我們，就是為了操縱我們的經濟，我們之所以爭取民族生存，就是為了經濟自主。商務應當整頓，人人都知道。雖然如此，振興商業，不能不保護本國工商業的權利。想要保護中國工商

第十一節　論進步

業的權利，不能不頒布商法。僅靠一部商法不足以獨立，那麼就不能不頒布各種法律來輔助法律的實施。有了法律卻不能施行，和沒有法律是一樣的，所以不能不規定司法官的許可權。制定的法律如果不好，弊病比沒有法律更大，所以就不能不確定立法權的歸屬。有人破壞法律卻沒有受到懲罰，那麼法律剛剛制定很快就廢除了，那麼不能不規定執行法官的責任。推究下去，如果不制定憲法、開設議會、建立責任政府，那麼商務最終不能夠得到興盛。如今談論商務的人，張口就說：「我們要振興商務！我們要振興商務！」我不知道他們要振興商務，用的是什麼方法。光就一兩個方面來說，情況已經很清楚了，推演到所有的事情上，沒有哪一個不和這個一樣。我因此知道今天那些所謂的新法必然沒有效果。為什麼呢？不經過破壞而想建設，沒有能夠建設成功的。今天不管是政府還是民間，之所以急不可待地崇拜新法，難道不是因為如果不這樣的話國家就將要危險和滅亡了嗎？然而像以上這樣做的話，新法不能挽救國家危亡。擔負著國家責任的同胞，該如何選擇啊！

那麼按照拯救國家危亡、尋找進步途徑的方法改，怎麼做呢？回答是：我們必須把中國實行了幾千年的橫暴渾濁的政體打破，把它化為齏粉，使幾千萬像虎狼一樣、像蝗螟一樣、像蟣蝨一樣的政府官員失去他們可以依仗的權勢平台，然後才能滌盪乾淨腸胃，使中國走上發展進步的道路。一定要把幾千年腐敗柔媚的學說廓清，把他們打入冷宮，使幾百萬像蠹魚一樣、像鸚鵡一樣、像水母一樣、像豬狗一樣的讀書人不能再搖動他們的筆桿搬動是非，舞文弄墨咀嚼文字，成為人民公敵的後援，之後才能使國家面貌煥然一新，使國家真正實施進步的政策。而要達到這種目的的方法有兩個：第一是不流血的破壞，第二是流血的破壞。不流血的破壞，是像日本明治維新那樣的。流血的破壞，是像法國大革命那樣的。中國如果能透過不流血的破壞而實現變革，我焚香祝禱

為之慶賀！中國如果不得不透過流血的破壞才能實現變革，那麼我披麻戴孝為他致哀。雖然如此，悲哀歸悲哀，但是想要使我們國家於這兩種方法之外，要另求一種可以救亡中國的道路，我心中苦痛無法應對。哎呀！我們中國果真要實行第一種方法，那麼今天就該實行了。如果終究不能實行第一種方法，那麼我所說的第二種方法終究也不可能避免了。哎呀！我哪裡能忍心說這樣的話呢？哎呀！我又哪裡能忍心不說這樣的話呢？

　　我讀西方的宗教改革的歷史，看到其中兩百多年的戰爭攪擾得整個歐洲永無寧日，我未嘗不感到愁苦。我讀 1789 年法國大革命的歷史，見到其中殺人如麻，一天之內死的人以十幾萬來計量，我未嘗不感到大腿顫慄！雖然如此，我思考這件事，我深入地思考這件事，國家中如果沒有破壞的種子也就罷了，如果有，怎麼可能避得開呢？中國幾千年以來的歷史，都是以天然的破壞相始終的。遠的就不詳細討論了，請讓我來說一下近一百年來發生的事情。乾隆中期的時候，山東有所謂的教匪王倫率領教徒起義，清政府到 1774 年才平定叛亂。同一時期有甘肅的馬明心發動叛亂，占領了河州、蘭州，清政府到 1781 年才平定叛亂。1786年，臺灣的林爽文發動起義，清政府派將領出征都沒有平定叛亂，經過兩年，才由福康安、海蘭察督師平定。同時，安南之亂又興起了，一直到 1788 年才平定。廓爾喀又發動叛亂，一直到 1794 年才平定下來。而在 1793 年，詔告天下捉拿白蓮教的首領都沒有收穫；政府官員以搜捕教匪為名義，在全國恣意橫行，殘酷暴虐，導致國家大亂，天怒人怨。1794 年，貴州苗族之亂又發生了。嘉慶元年（1796 年）的時候，白蓮教又在湖北大肆興起，蔓延到河南、四川、陝西、甘肅，而四川的徐天德、王三槐等人，又各自集合數萬教眾起事，清政府直到 1802 年才平定下來。1803 年，浙江海盜蔡牽又發動叛亂，1804 年，蔡牽與廣東的朱

第十一節　論進步

濆會合，聲勢壯大，1808 年清政府平定蔡平。1809 年，廣東的鄭乙又發動叛亂，1810 年清政府平定鄭乙；同一時期，天理教教徒李文成又發動叛亂，1813 年才被清政府平定。沒過幾年，回族部落又發生叛亂，持續了十多年，到道光十一年（1831 年）才被清政府平定；同一時期，湖南的趙金龍又發動叛亂，1832 年才被清政府平定下來。整個國家，民生凋敝到極限，剛開始稍微復甦休息一下，鴉片戰爭又爆發了。

道光十九年（1839 年），英國的軍艦開始進入廣州，1840 年逼近乍浦，侵犯寧波。1841 年，攻下舟山、廈門、定海、寧波、乍浦，隨後進攻吳淞，拿下鎮江。1842 年，英國強迫清政府簽訂《南京條約》才停止侵略。到這個時候，廣東、廣西的流匪已經遍地出沒永無寧日了。一直到咸豐元年（1857 年），又發生了英國人攻入廣東擄走廣東總督的事情。1895 年，又發生了英法聯軍入侵北京的事情。而洪秀全統治南京達十二（1853-1864）年之久，直到同治二年（1863 年）才平定下來。而太平軍的餘黨仍然威脅京城，形勢危急，一直到 1868 年才完全平定。而回族部落和苗疆的變亂仍然在繼續，於是戰爭又持續了好幾年。等到全部平定下來的時候，已經是光緒三年（1877 年）了。自從同治九年（1870 年）天津教案興起，之後百姓和教堂的紛爭連續不斷。光緒八年（1882 年），中國政府與法國在安南發生戰爭，直到 1885 年才結束。1894 年，甲午海戰爆發，1895 年才結束。1898 年，廣西的李立亭、四川的餘蠻子發動叛亂，1899 年才平定；同一時期，山東義和團爆發，蔓延到河北，引發八國聯軍攻陷北京，1901 年才平定下來。今天是進入1902 年之後不到 150 天，而廣宗、鉅鹿之難，以袁世凱軍隊全力平亂，也經歷了兩個月才平定下來。廣西之難，一直到今天仍然蔓延三省，不知結果如何，跟著四川也不穩定了。這樣看來，一百多年間，我們中國十八個行省，哪一處不是腥風血雨？我們中國四億同胞，哪一天不是血

肉之軀在戰火中被炸為肉糜？在此之前變亂已經如此頻繁了，在此之後難道還幻想有奇蹟發生嗎？恐怕變亂的劇烈程度將會千百倍增長。古人有一句話說：「一慚之不忍，而終身慚乎？」（不願意忍受一次羞辱，而使自己慚愧一輩子嗎？）我也想要說：「不願意忍受一次的破壞，而願意永遠遭受破壞嗎？」我們的國民試著抬起頭看一看，歐美和日本等國家以破壞來治理破壞的國家，而永遠斷絕了國家內亂的萌芽。我們是不是不應該只是對於這些國家的變革而動心卻永遠停留在臨淵羨魚的狀態呢？

　　況且害怕破壞的人，難道不是以愛惜人民的性命為理由嗎？姑且不要說天然的無意識的破壞，比如上面所列舉的內亂的諸種禍患，一定不是靠小仁小義就能夠避免的。即使能夠避免，而以今日中國的國體，今日中國的政治，今日中國的政府官員，他們以直接或者間接的方式殺死的人，每天的數量統計下來，又難道比法國大革命時代少嗎？十年前山西因為發生旱災，死去的人有一百多萬。鄭州發生黃河決口，死去的人有十幾萬。冬春交替的時候，北方的人民，死於饑餓和寒冷的人，每年都有幾十萬。近十年來，廣東因為瘟疫、傳染病而死的人，每年也都有幾十萬。而被盜賊殺害的人，以及為了擺脫饑寒淪為盜賊而被官府處死的人，以我們中國這麼大的面積，每年死的人何止是十萬呢？這些事情雖然大半都是由於天災，但是人們樂於有群體，樂於有政府，難道不是想要透過人治來戰勝天數嗎？有政府卻不能為人民抵抗災禍，那麼要這樣的政府有什麼用呢？（天災這種事情，關係到政府的責任，我另有論述。）哎呀！中國人死於非命的現象早就存在了。被上天殺死，被人力殺死、被暴君殺死、被貪官汙吏殺死、被異族殺死。殺死他們的工具，包括死於饑餓、死於酷寒、死於天災，死於疾病、死於刑獄、死於盜賊、死於戰爭。文明的國家中有一個人死於非命，不管是含冤而死，還

第十一節　論進步

是當罪而死，而死者的名字必然會出現在新聞報紙上三四次，乃至幾百幾十次。所謂以人倫道德為貴，以人民性命為重，不應當是這樣嗎？

在我們中國哪有這樣的事情呢？中國人民的性命就像是草中野雞一樣，就像是山野獼猴一樣貧賤，即使是一天死幾千幾萬人，又有誰知道呢？又有誰憐惜呢？也慶幸我們中國人生存繁殖能力強，野火燒不盡，春風吹又生，全部算下來，中國死亡和出生的人口平衡，和原先還是一樣。假如中國人的生存繁殖能力稍微矜貴一點的話，我恐怕《詩·大雅·雲漢》中「周餘黎民，靡有孑遺」這句詩中所說的中國子民已經沒有剩餘的景象，早就在今天實現了。但是這還是在中國沒有外部競爭的時代才如此！從今以後，十幾個帝國主義列強就會像饑餓的鷹隼和老虎一樣，張牙舞爪，吶喊踐踏著闖入我們的國家，來吃我們的肉。幾年、幾十年以後，就會使我們的國家像埃及一樣，將自己口中還來不及下嚥的飯摳出來獻給這些帝國主義列強，還不足以付清他們所要的白銀數目。就會使我們的國家像印度一樣，每天在帝國主義列強的膝下行三叩九拜的大禮，才僅僅能夠得到半腹之飽。不知道愛惜人民性命的國家，我們該怎麼來對待它呢？我們該怎麼來救亡它呢？我們的國民一想到這樣的情形，就應該相信我說的「破壞亦破壞，不破壞亦破壞」的話並不是過分的言論。而在這兩者的吉凶去留之間，我們的國民該怎樣選擇呢？過去，日本維新變法的主要領導人中的第一人叫吉田松陰的，曾經對他的門徒們說：「今天那些號稱正義的人，幾乎都穩健持重地對局勢採取觀望的態度，這些人比比皆是，這是最下策。怎麼比得上輕快急速地打破局面，然後再慢慢謀劃占據位置來得有效呢？」日本之所以有今天，都是依靠的這種精神，都是遵從的這種辦法。（吉田松陰是日本長門藩的武士，因為抵抗幕府統治被逮捕處死。日本明治維新中的元勛如山縣、伊藤、井上等人，都是他門下的門徒。）今日中國的弊病，和四十

年前的日本相比又嚴重了好幾倍。而中國國內那些號稱有志向的人，除了採取吉田松陰當年所說的最下策之外，什麼也不敢思考，什麼也不敢謀劃，什麼也不敢行動。我又怎麼能夠知道他們的前途目標是什麼呢？

　　雖然如此，破壞難道是隨便說的嗎？馬志尼說：「破壞是為了建設而破壞，不是為了破壞而破壞。假如為了破壞而破壞，那麼又何必要破壞呢？並且連將要被破壞的東西也不能儲存。」我再進一步解釋一下：「不是具備不忍破壞心理的仁者、賢者，不可以主張破壞；不是具備恢復破壞事物能力的人，不可以從事破壞。」如果不是這樣的人，只是發洩自己的牢騷不平之氣，有些小聰明卻缺乏大智慧，把天下的萬事萬物，不管它是精緻還是粗糙、美好還是邪惡，都想要一舉把它們打碎並消滅，以供自己開心一笑。甚至於自己蓋起高樓又自己把它燒燬，自己種植花草又自己把它剷除，囂張地對眾人說：「我能夠割捨，我能夠決斷。」像這樣的人，純粹是人中的妖孽！所以說，破壞是仁人君子不得已而要去做的事情。諸葛亮揮淚斬馬謖於街亭，伍子胥泣血於關塞，他們難道忍心讓自己的朋友死、忍心見父親被殺而獨自逃生嗎！

第十二節　論自尊

第十二節　論自尊

　　日本的大教育家福澤諭吉教育學生，標榜和提倡「獨立自尊」這句話，認為它是德育最大的綱領。自尊為什麼叫做「德」呢？自己是國民的一個分子。自尊就是尊重國民。自己是人道的一個原子，自尊就是尊重人倫道德。

　　西方的哲學家有這樣一句名言：「每個人都能成為自己想要成為的人。」吉田松陰說：「知識分子生存在今天的時代，想要成為隨風飄揚的蒲柳，就會成為蒲柳。想要成為傲然挺立的松柏，就會成為松柏。」我認為想要成為松柏的人，是不是真的能成為松柏，我不敢說；但是想像那些想要成為蒲柳的人，卻要進化成為松柏，我未嘗聽說過。孟子說：「人有惻隱、羞惡、辭讓、是非，即仁、義、禮、智四個方面，如果一個人說自己做不到這四端，那麼他就是自輕自賤。」孟子又說：「對於那些自暴自棄的人，不應該和他們交往，因為他們不會有什麼作為。」而自輕自賤、自暴自棄的反面，就是自尊，因此君子應該以自尊為貴。

　　可悲啊！我們中國人缺乏自尊的品質。那些達官顯貴的頭簪和束髮的瓔珞是什麼東西呢？不過是把一點點金子塞在他們束髮的帽子頂上，但是人們就為了一個小小的官位，腳上穿著靴子，手裡拿著笏板，恭敬順從地向君主下跪磕頭請安。錢是什麼東西呢？不過是把一貫黃銅晃蕩著纏在腰間罷了，但是人們就會目光為之流轉，手指為之顫動，滿懷著盼望和期待，圍繞著這些銅錢奔走逐利。戴上帽子就沾沾自喜，那是被嬉戲的猴子的表現。別人扔一塊骨頭就撲上去啃噬的，那是蓄養的狗的情態。人之所以是人，做人的資格在哪兒呢？怎麼能夠把猴子和狗作為自己的同類卻恬不知恥、不以為怪呢？因此，一個人自尊與不自尊，是定位他是國民還是奴隸的重要標準。

　　況且我已經領教了當今社會那些所謂識時務的俊傑的本事。國家危急，他們不是看不到。國民的義務，他們也不是不知道。但是他們口中

有千言萬語沸沸揚揚，討論救亡圖存，但是肩上卻不願意承擔一點點的責任。問他們為何如此，他們回答說：「天下這麼大，有才能的人多了，想想我自己算是什麼人呢，我怎麼敢操心國家大事呢？」推測這些人的意思，他們認為整箇中國有四億人口，其中三億九千九百九十九萬九千九百九十九個人之中，他們的道德、智慧、技能和知識，沒有一個人不比我優，他們的聰明才智，沒有一個不比我強，我區區一個人，哪裡值什麼輕重呢？這種思想如果拓展開來，必然是中國四億國民，每個人都把自己刨除在外，把自己對國家大事的期望全都寄託在其他三億九千九百九十九萬九千九百九十九個人身上。這樣統計下來人數而相互抵消，那麼四億人最終竟然到了空無一人的地步。如果只是一兩個人自輕自賤、自暴自棄卻不自尊，對整箇中國的大局沒有什麼影響，但是如果中國國民全都如此，結果其最終的弊端就是，四億國民等於空無一人。

不只是這樣，作為一國國民卻不尊重自己作為一個人的人格，那麼斷然不可能尊重自己國家的國格。一個國家的國民如果不尊重自己國家的國格，那麼這個國家就不能屹立於整個世界之上。我聽說英國人有一句關於自尊的名言：「太陽沒有一刻不曾照耀到我們英國的國旗上。」（英國的殖民地遍及五大洲，這個地方的太陽剛剛落下，那個地方的太陽又已經升起了，所以英國人說太陽永遠照耀著英國國旗。）他們又說：「無論在什麼地方，只要我們英國人中有一個人踏上了這片土地，那麼這片土地就一定會成為我們英國的勢力範圍。」我聽說俄國人有一句關於自尊的名言：「俄羅斯是東羅馬帝國的繼承者。」他們又說：「我們俄國人一定要繼承偉大的彼得大帝的志向，成為東方大陸的主角。」我聽說法國人也有一句關於自尊的名言：「法蘭西是歐洲文明的中心，是全世界進步的原動力。」我聽說德國人有一句關於自尊的名言：「自由主義是

日耳曼森林的產物，日耳曼人是條頓民族的後代，是歐洲大陸的主帥。」我聽說美國人有一句關於自尊的名言：「舊世界是腐敗陳積的世界。只有我們的新世界才有清新和淑的氣息。（舊世界指的是東半球，新世界指的是西半球。）如今的世界已經由政治的競爭轉為經濟的競爭，將來在經濟界的競爭中勝利的，除了我們美國人還有誰？」我聽說日本人有一句關於自尊的名言：「日本是東方的英國。萬世一系，天下無雙，是亞洲最先進的國家，是東西方兩種文明的總匯流。」其他的各個國家，只要能夠在世界上保護住一個國家的名譽的，沒有哪一個不相信他們擁有引以為自尊的強項。如果它們不是這樣，那麼這個國家必然會畏縮不前，不能夠存在於世界之上。那些比較遠的國家的例子，我不能一一列舉，請讓我用我們鄰近的國家來舉例。我曾經見過印度人，他們動不動就說：「英國的政治制度高尚美好、完美無瑕，具有宏大高遠的道德，比我們印度往昔的政治制度強多了！」以至於把英國人的一顰一笑、飲茶吃飯的姿勢，都看作是比自己要高貴優雅幾十倍。我曾經見過朝鮮人，他們動不動就說：「我們朝鮮今天更沒有什麼可以指望的了！只是希望日本和世界上的各個文明大國能夠扶植我們、幫助我們。」這些見識短淺的人只見到英國、俄國、德國、法國、美國、日本是那樣的強盛，就認為他們敢於說那些自尊的話語是靠國力的強盛；只看到印度和朝鮮國力是那樣的虛弱，就認為他們自我貶低是出於迫不得已的原因。這是犯了因果顛倒的錯誤之後才說出來的話。哪裡知道自尊就是致使這六個國家強盛的原因，而自我貶低就是使印度和朝鮮自取滅亡的原因呢？嗚呼！我看到這樣的情況，不能不再次為中國的情況而感到恐懼！以前中國尚且還有一兩種自高自大的習氣，等到打了幾次敗仗，直到今日，志氣已經被消磨殆盡。一聽說帝國主義列強商量著要瓜分我們的領土，就大聲哭喊；一聽說帝國主義列強商量著保全我們的國土，就高興得歡天喜地。君相

官吏，要看著列強的臉色去侍奉，先要領會他們的意思去辦事，就像是孝子在侍奉自己的父母一樣。士農工商，都仰仗著外國人的鼻息過活，趨炎附勢，為他們奔波勞碌，就像是站街的妓女在向情人獻媚。政府要員的想法是：「中國已經不足以依靠了！我只求傍上一個列強接受保護和援助，成為他們的殖民地上服務的官吏，能夠保持富貴到終年就行了。」民間百姓的想法是：「中國已經沒有什麼可以做的了！我只求能夠獲得一個強國的庇護，在他們的屋簷下苟存，成為一個能夠苟且度日、養家餬口的蟻民，以逃避喪亂，讓子孫後代能存活就行了。」而那些號稱是有志之士的人，也說今天的中國不能夠自力自救，除非有主持正義、親近中國的國家，能夠體恤我們、可憐我們、幫助我們！這是多麼令人悲痛啊！我們國家今天的資格，竟然如此可悲了嗎？我們國家將來的前途，竟然已經到了這樣的地步了嗎？這是多麼令人心痛啊！往昔我們還曾具有自高自大、唯我獨尊的氣概，自居為上國，藐視周邊的民族為野蠻人，睜眼看世界的人士暗暗地擔憂，認為閉關鎖國、盲目排外的荒謬思想，不僅僅對國家的外交有所損傷，更加會阻礙文明的輸入途徑。誰知道中國幾十年來還能夠命懸一線、苟延殘喘，還要依賴於有這股若明若暗、無規則無意識的妄自尊大的排外思想來維持著。誰知道真守舊雖然誤國，畢竟還有愛國的自尊；而偽維新誤國，國家將必然無藥可救。孟子說：「我沒聽說過一個國家幅員千里卻害怕別國的侵略。」這是什麼原因造成的結果呢？

國家本來沒有固定的國體，是藉由人民才組成國體。因此想要求得國家的自尊，首先一定要從國民人人自尊開始。伊尹說：「我是人民中的先知先覺者，我將用道讓人民覺悟，除了我還有誰能讓人民覺悟呢？」顏淵說：「舜是什麼人呢？我是什麼人呢？能成大事的人都和我們一樣。」孟子說：「天沒有打算讓天下獲得太平統治，如果想要讓天下獲

第十二節　論自尊

得太平統治，除了我還有誰呢？」像孟子這樣的人說這樣的話，以平常人的眼光來看，即使不以為他說的是狂話，也會以為這句話說過頭了。而聖賢之所以為聖賢，原因就在於這裡。英國將領伍爾夫將要出征加拿大，在出征前一夜拔出寶劍擊打桌面，在屋內闊步走來走去，自誇說自己的事業一定能夠成功。英國首相皮特見了，對人說：「我非常慶幸這一次為國家找到了一個合適的人。」奧地利首相梅特涅執掌奧地利政權五十年，經常感嘆說：「上天為國家降生非同一般的人才，孕育人才需要一百年，之後上天也要休息一百年。我一想到自己百年之後，就不禁為奧地利的前途擔憂啊。」皮特在 1757 年對一位侯爵說：「君侯！君侯！我相信只有我才能救得了這個國家。而除了我之外，沒有一個人能擔當此重任。」加里波第說：「我發誓要復興我的祖國義大利，使義大利重新回到古羅馬時代的輝煌。」加富爾因為政壇失意去務農的時候，他的朋友寄了一封信安慰他，加富爾回信戲答朋友說：「事情將如何發展還不知道，上天如果能讓您多活些年歲，您就等著看將來我加富爾有一天成為義大利的總理吧。」這幾個人，他們表現出的高姿態和世俗上那些經常說大話卻很少能夠成事的人，表現形式上看並沒有什麼不同，卻不知道這些發出豪言壯語的人在以後建立了豐功偉績，能夠把自己偉大的名字留在歷史上，都是因為他們有一個不願意自輕自賤、自暴自棄的念頭，他們拚搏不息、奮勇向前才最終成就了這樣的事業。哎呀！一個國家能夠在世界上立足，一定有它能夠立足的原因。歷覽古今中外的歷史，能夠促使國家立於不敗之地的原因，哪一個不是來自人民的自尊？哪一個不是來自人民中那些出類拔萃的優秀人士對自尊大義的不懈倡導？

我想要明確一下自尊之義，那麼請讓我先談一下自尊之道。

凡是自尊的人一定自愛。「在山泉水清，出山泉水濁。侍婢賣珠回，牽蘿補茅屋。摘花不插鬢，採柏動盈掬。天寒翠袖薄，日暮倚修竹。」

這是杜甫用絕代佳人來自況的詩。如果不是杜甫這樣的人而謬託於絕代佳人，是不能夠與此相稱的。諸葛亮在《出師表》中向後主劉禪表明心志，首先說：「臣本布衣，躬耕於南陽，苟全性命於亂世，不求聞達於諸侯。」接著說：「臣於成都負郭，有桑八百株，沒後子孫無憂饑寒。」諸葛亮並沒有像那些固執自戀的人，故意做憤世嫉俗之狀而自命清高。他那時候的自處之道，的確有別於特意地超脫於世俗者，而是把淡泊作為明志的媒介，把寧靜作為致遠的表記。浮華輕薄的人，謬託曠達，為自己不注意細節的行為找藉口，犧牲自己的名譽，為了達到自己的目的不擇手段，這離豪傑的距離實在是太遠了。為什麼呢？先是妄自菲薄，降低了做人的標準，那麼別人還能拿什麼來要求他有自尊呢？因此真正能夠自尊的人，有像潔白的冰雪一樣的志向和氣節，之後才能揮灑他慷慨磊落的閒雲野鶴的精神，才能有像挺勁有力的松柏一樣的道德操守，之後才能承載起那像千仞高峰一樣高聳挺立的氣概。自尊實在是使人增進自己品格的不二法門。

凡是自尊的人一定能夠自治。人類憑藉什麼比禽獸尊貴呢？因為人類有法律，但是禽獸卻沒有。文明人為什麼比野蠻人要尊貴呢？文明人能夠使法律深入人心，而野蠻人卻不能。十個人能夠自治，那麼這十個人在他們生活的鄉市成為一個最穩固團結的團體，而可以尊於整個鄉市。如果一百個人能夠自治，那麼這一百個人在他們的省郡成為一個最穩固團結的團體，就可以尊於整個省郡。如果一千個、一萬個人能夠自治，那麼這一千個、一萬個人在他們國家中就能成為一個最穩固團結的團體，就可以稱尊於全世界。在古代，斯巴達以不到一萬個人組成的國家，卻獨尊於希臘。而在當時，英國的人口還不到中國人口的十五分之一卻稱尊於五洲，為什麼呢？都是因為他們自治能力強，法律觀念重。對於人來說，單獨的一個人無法自尊，所以必須他所在的群體自尊，那

麼在這個群體之內的人才能與群體一起自尊起來。而如果彼此的自治力不足，那麼連群體都不能組成，又哪裡能有自尊呢？我們中國人的人格之所以一天天趨向於卑賤，病根就是來源於這裡。

凡是自尊的人一定自立。莊子說：「管理別人的人勞累，而喜歡被別人管理的人前途堪憂。」到了大同太平的極樂世界，一定沒有一個去管理別人的人，也沒有一個被別人管理的人。西方國家的政治，現在還沒有達到莊子所說的階段，而中國就差得更遠了。一個人不是管理別人，就是被別人管理。因此管理人民的國君才有了人民，被國君管理的人民才有了國君。父親管理兒子，兒子就被父親管理。丈夫管理妻子，妻子就被丈夫管理。在一個家庭中，主人管理僕人，僕人就被主人管理。一個店鋪之中，股東管理用人，用人就被股東管理。一個黨派之中，黨的領袖管理眾多信徒，眾多信徒被黨的領袖管理。綜合四億人統計一下，管理別人的人占了百分之一，被別人管理的人占了百分之九十九。而這些所謂管理別人的人，有時候又被別人管理。（比如妻子被丈夫管理，那麼丈夫有可能又被丈夫的父親管理。丈夫的父親，又可能又被他所從屬的店鋪的主人、所從屬的衙門的長官管理。而後面這些人又被一兩個民賊之類的人管理。像這樣，一級級推展下去，不可計數，不可思議。即使是恆河沙世界中長滿無數蓮花，每朵蓮花中都有一位佛陀，每位佛陀都有一張嘴，每張嘴都有一根舌頭，讓這些舌頭一起說，都不能說完。）像這樣，那麼這四億人中能夠保有自己人格的又有幾個呢？怎麼能不讓人觸目驚心呢？我說出這樣的言論，並不是說想要大家為了讓自己所尊敬、所親近的人具備人格，就六親不認、獨來獨往、我行我素，把這個當成具備現代國民意識的表現，我恰恰是為了讓大家能更好地組成集體而考慮的。只有在一個群體之中，每一個人都有自食其力的途徑，這之後相互之間靠感情來貫徹維繫，用法律來各自約束自己的行

為，那麼這個群體才會強大而有力。如果不這樣的話，一個群體雖然人數眾多，但是所依賴的卻不過一兩個人，那麼仍然只能說這個群體只有一兩個人，不能叫做群體。比如有兩戶人家，甲家的父母、妻子、兄弟，都能有自己從事的職業並且能自食其力，剩下的糧食和布匹都能夠物盡其材、物盡其用；而乙家卻全家老小的吃穿用度都指望一兩個人。那麼這兩個家庭哪個會繁榮，哪個會凋零，難道還需要問嗎？再比如有兩個軍隊。甲軍隊中計程車兵們都通曉兵法，不用等到上級解釋策略意圖，他們每個人的意見就已經和主帥保持了高度一致，等到主帥一下號令，那麼每個人就像是實現自己的策略意圖一樣勇往直前；乙軍隊卻只依靠一兩個勇敢強悍的首領，其他人則像木雞一樣呆滯，那麼這兩個軍隊哪個會打勝仗，哪個會打敗仗，難道還要問嗎？家庭與軍隊的治理要嚴格，這比社會上其他領域的治理更為重要。因此家庭成員和軍隊士兵的自立能力不可或缺也就不言而喻了。因此，凡是具有自尊思想，不想要玷汙了上天所賦予自己的人格的人，一定會把求取自立作為人生的第一要義。自立不只是表現在一個方面，其中最為重要的是，經濟上能夠自己勞動有所收穫來養活自己，學問上能夠自我學習以促進自我的不斷進步。力求能夠做到供養他人是最好的，即使做不到，也要能夠做到自己養活自己。如果做不到自己養活自己，即使想要不依賴別人，那又怎麼可能呢？總是依賴別人，卻不想被別人管治，那又怎麼可能呢？依賴別人而生存，並不是有志之士所盡力避諱的。但是要能夠做到我有需要依賴別人的地方，別人也有需要依賴我的地方，互相依靠才能使群體的形態更加穩固。如果一個群體中只有依賴別人的人，或者只有被別人依賴的人，那麼這個群體就不能夠成立，即使能夠成立也不能夠長久。英國人經常自誇說：「其他國家的學校，可以教育出很多博士、學士，但我們英國的學校，只是教育出獨立完整的『人』而已。」「人」是什麼呢？

第十二節　論自尊

人就是人格。探求英國人的教育特色，發現他們之所以能夠養成這樣的人格，只是因為學校教授學生職業技能，使他們能夠自己養活自己；又教授學生常識，使他們以後能夠謀取自我發展。而盎格魯-撒克遜人種，之所以能夠高瞻遠矚，遍布全世界，只管理別人卻不被別人管理，靠的都是這個原因。

　　凡是自尊的人一定能夠自我約束。《易經》說：「謙謙君子，卑以自牧。」（謙虛的君子，即使處於卑微的地位，也能夠以謙虛的態度進行自我約束，而不會因為地位卑下就在品德方面放鬆修養。）自尊與自我約束，難道是相對立的兩種表現嗎？是這樣，但是有說法。自尊，不是因為尊重自己的區區七尺之軀，是因為尊重自己作為國民的一個分子，人類的一個原子。因此，只要是國民的一個分子，人類的一個原子，都需要像尊重自己一樣尊重對方。也就是說，只有尊重自己的人才能尊重別人。如果站在深淵邊上，就認為自己很高，如果增加了很少的東西就認為自己擁有了很多，那麼這個高和多也就只有一點點罷了。殺死別人來保全自己的生命，滅亡別人來使自己存活，那麼自己的生命也會消亡！所以沾沾自喜、趾高氣揚的人，一定是一個氣量狹小的人；或者看到別人能力比自己強就心生嫉妒不給好臉色的人，一定是一個卑鄙下流的粗俗之人。小人和粗俗的人，他們離自尊之道，不是很遠嗎？我看西方人所謂的「gentleman」（這個詞語在中國語言中沒有確定的翻譯，俾斯麥曾經說這個詞語是英語中最有意味的字。如果要強行翻譯的話，那麼中國語言中的「君子」二字和它的意思基本接近），他們接人待物都有一種特別的溫良恭儉讓的美德。即使是對於婢女僕人，他們的禮節也會非常恭敬，如果他們要命令別人做什麼，一定會說「please」，（含有懇請的意思）；如果他們得到了什麼幫助，一定會說「thank you」（謝謝）。因此，尊重別人的人，別人也會一直尊重他；侮辱別人的人，別人也會一

直侮辱他。這是必然的道理。何況人和天、地並列為「三才」。我之所以能夠儲存作為人的高尚資格，不過等於是剛好完成了人應盡的義務，有什麼值得自我炫耀的呢？因此自己想要獲得人格獨立，首先要尊重別人的獨立人格，這是孔子所教導我們身體力行的；對貢獻比自己高的人和比自己差的人都瞧不起，這是六祖法師所訓誡我們不可為的。

　　凡是自尊的人一定有自我責任感。一個群體內的人很多，而在群體內能成為眾人崇拜的對象，這一定不是靠強力或者權謀得到的，一定是因為這個人在整個群體中獨自擔負著重大的責任，他在履行自己的責任時任勞任怨，那麼眾人接受並擁戴他，這是他不期望這樣卻這樣、沒有想要獲得回報卻獲得的結果。他主動承擔責任，不是想讓別人尊重他而以此為釣餌，實在是把承擔這樣的責任作為自己不能不去盡的職責。如果不這樣做的話，就是自我貶低、自我侮辱、自我放棄，是道義上的自我出賣，是精神上的自我戕害。因此，越是自尊的人越是具有自我責任感，越是具有自我責任感的人越是自尊。自尊的頂點，就像伊尹所說的「天民先覺」，像孟子所說的「捨我其誰」，像佛祖所說的「普度眾生，為一大事出世」。這難道是抹殺了眾人的能力，認為沒有別人能比得上自己嗎？只是面對自己的責任，他們就要這樣去盡責，至於他人能不能像自己一樣去盡責，就沒有時間考慮了。我也曾經見過老朽名士和輕薄少年的自尊。他們學習一些雞零狗碎的膚淺學問，就大言不慚地放出氣焰萬丈的言論。眼睛裡看不到其他人，那麼我們自己也不知道存在於哪裡了。嘴裡各種誇誇其談，但是肩膀上卻不能承擔半點責任。我以前曾經寫過一篇題為《呵旁觀者》的文章，裡面有一條描畫這類人的表現：

　　四曰笑罵派。此派者，謂之旁觀，寧謂之後觀。以其常立於人之背後，而以冷言熱語批評人者也。彼輩不唯自為旁觀者，又欲逼人使不得

第十二節　論自尊

不為旁觀者；既罵守舊，亦罵維新；既罵小人，亦罵君子；對老輩則罵其暮氣已深，對青年則罵其躁進喜事；事之成也，則曰「豎子成名」；事之敗也，則曰「吾早料及」。彼輩常自立於無可指摘之地，何也？不辦事故無可指摘，旁觀故無可指摘。己不辦事，而立於辦事者之後，引繩批根以嘲諷掊擊，此最巧黠之術，而使勇者所以短氣，怯者所以灰心也。豈直使人灰心短氣而已，而將成之事，彼輩必以笑罵沮之；已成之事，彼輩能以笑罵敗之。故彼輩者，世界之陰人也。夫排斥人未嘗不可，己有主義欲伸之，而排斥他人之主義，此西國政黨所不諱也。然彼笑罵派果有何主義乎？譬之孤舟遇風於大洋，彼輩罵風、罵波、罵大洋、罵孤舟，乃至遍罵同舟之人，若問此船當以何術可達彼岸乎，彼等瞠然無對也。何也？彼輩借旁觀以行笑罵，失旁觀之地位，則無笑罵也。

哎呀！自尊本來就是人類道德中最不應該缺少的道德。但是在今日的中國，這兩個字幾乎成了為人詬病的名詞，原因就是被上面說的那些偽自尊者牽累的。諺語說：「濟人利物非吾事，自有周公、孔聖人。」周公是什麼人呢？孔聖人是什麼人呢？都是和我們一樣長著圓圓的腦袋、方方的腳趾、一樣的五官、一樣的四肢的人啊。但是他們卻老是強調：「這是他們的責任，不是我的責任。」世界上不自愛的表現，有什麼能超過這些人啊！而不知道為什麼，那些偽自尊者竟然把上面的諺語奉為不二法門呢？

朱熹說過：「教學者如扶醉人，扶得東來西又倒。」我今天向大家闡述自尊的意義，怎麼能夠保證不會有人誤解它的真義，以至於驕縱傲慢之氣大漲，鄙薄他人之心陡增，以至於成為公德的負累、群體的蠹蟲呢？即使如此，我還是要概括地對自尊予以界說，給它下一個定義：「凡是不自愛、不自治、不自立、不自牧、不自任的人，絕對不能叫做自尊

的人。」這五種條件中缺少哪一個，仍然不管不顧地表現自尊的人，都是自尊主義的罪人。哎呀！不能因為怕噎著就不吃飯，不能因為喝熱湯的時候被燙過就心懷戒心，見了冷菜肉食也要吹一下。我深深地憂慮人人自尊就會有流弊，但我更憂慮人人不自尊。那樣的話，我們中國四億同胞，就會把當奴隸、做牛馬看成是命中注定的事。而這種自我侮辱、依賴他人的劣根性，今天在甲身上表現出來，明天就會在乙身上表現出來；今天在家人面前表現出來，明天就會在路人面前表現出來，就會在仇敵面前表現出來。哎呀！我每次接見從北京來的客人，問到我們中國人近來對外國人的表現，未嘗不傷心流淚！哎呀！面對國家如此局勢，我又怎麼能不發一言呢？

第十三節　論合群

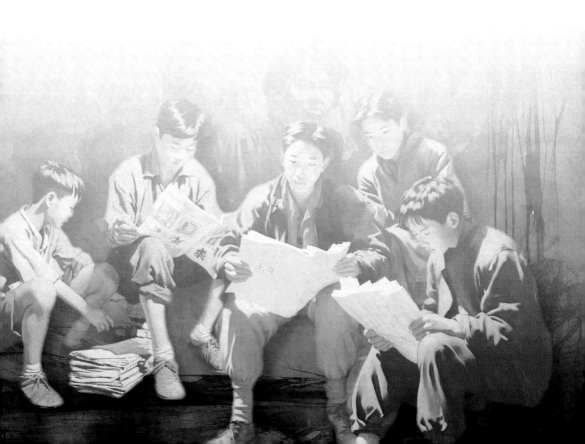

第十三節　論合群

　　自從地球上出現生物一直到今天，其間經過生殖繁衍，地上爬的、水裡游的、天上飛的、地上跑的、有知覺的、沒有知覺的、有感情的、沒有感情的、有靈魂的、沒有靈魂的……他們的種類和數量，何止京垓億兆。試問一下，如今倖存的還有多少呢？自從地球上剛開始有人類一直到今天，其間經過生存繁殖，黃種人、白種人、黑種人、棕種人、有種族的人、沒有種族的人、有部族的人、沒有部族的人、有國家的人、沒有國家的人，他們的種類、數量，何止京垓億兆。試問一下，如今倖存的還有多少呢？一樣的軀殼、一樣的血氣、一樣的類聚群分，而存活下來的不過億萬分之一，其他的都像樹葉一樣枯萎凋落、像雪花一樣漸然融化了。難道有別的原因嗎？這是自然淘汰的結果，低劣的不能不敗亡，而讓優秀者強勢勝出。優劣不只表現在一個方面，而能不能組成群體，實際上是其中最為根本的原因。

　　應該組成群體的道理，今天國內稍微有知識的人都能說得頭頭是道。但是問大家能不能舉出組成群體的實例呢？並沒有。不只是國民全體組成一個大群體辦不到，就連一部分人組成一個小群體也辦不到，不只是頑固愚鈍的人不能組成一個群體，即使那些號稱賢達有志的人也不能組成一個群體。哎呀！如果這種不能組成一個群體的惡性始終不能改變，那麼像小蟲子一樣生存的四億芸芸眾生，也不能逃脫敗亡的命運，一定會和以前那些最終消失在地球歷史上的生物是一樣的命運。這樣的現狀，我怎麼能夠不痛心呢？我怎麼能夠不恐懼呢？我推測中國人不能夠組成群體的原因，有四個方面：

　　第一是缺乏公共觀念。人們之所以不能組成群體，是因為單憑個人的力量是無法滿足自己的需要和慾望的，是因為單憑個人的力量是無法對抗自己的苦痛和急難的。因此，人們必須相互支援相互依靠，然後才能夠生存下來。像這樣的觀念，就叫做公共觀念。公共觀念，不用學習

就能夠知道，不用思考就能夠產生。而生物進化界物種的優劣，就要根據具備這種觀念程度的強弱來區分。既然說這種公共觀念不用學習就能夠知道，不用思考就能夠產生，那麼這中間又有強弱程度的差別，是為什麼呢？這是因為公共觀念和私人觀念之間往往不能沒有矛盾。而眼前的小的私人利益，往往是將來的大的公共利益的蟊賊。因此真正具有公共觀念的人，常常不惜犧牲自己私人利益的一部分，來擁護公共利益。公共觀念更高的人，甚至有可能會犧牲自己現在全部的私人利益，來擁護未來的公共利益。這樣做不是違揹人類的本性，因為他們深深地知道自己處在這樣一個物競天擇、適者生存的世界，想要靠人的力量戰勝上天的自然規則，除了捨棄私人利益維護公共利益這條路之外沒有別的辦法。但是那些愚昧的人卻不懂得這個道理，採取完全相反的做法，只知道不顧一切地去追求私人利益，卻不知道這樣會危害公共利益。這就是楊朱的哲學之所以能夠在天地間廣為流傳、邊沁的功利主義之所以被當時的人詬病的原因。這是不能組成群體的第一個病因。

第二是對外界的界定不清楚。組成一個群體，一定是為了應對外界。如果對於外界沒有競爭的需求，那麼群體的精神與形式都沒有可以附著的地方。這是人類正常的感情，不容諱言。因此，群體實際上是把「為我」和「兼愛」這兩種相對立的性質加以和合而結構在一起。一個人產生自我的概念並且自私，不一定會對群體造成傷害。即使如此，一個人和另一個人交往，那麼「內」指自己，「外」指他人，這裡產生的「我」的觀念是從個體出發。一個群體與另一個群體交往，那麼「內」指自己所在的群體，「外」指所交往的群體，這裡產生的「我」的觀念是從群體出發。同樣都是「我」，但是卻有大我和小我的差別。有「我」，就一定會有我的朋友和我的敵人。既然是群體，那麼群體中都是我的朋友。因此組成群體的國民，當認識到群體外有公共的敵人出現的時候，一定會

先放棄群體內有個人的敵人的概念。在過去，古希臘城邦林立，互相之間經常發生戰爭，但是一遇到波斯人前來襲擊，那麼古希臘的各個城邦之間就會先停止內部戰爭，相互之間歃血為盟，這是因為他們認識到什麼是群體，什麼是群體的敵人。在過去，英國的保守黨和自由黨這兩黨之間經常爆發互相傾軋互相攻擊的觸痛，幾乎一年到頭都沒有安靜的時候。等到克里米亞戰爭爆發，即使是反對黨也全力支援政府。這是因為他們知道什麼是群體，什麼是群體的敵人。在過去，日本的自由黨和進步黨這兩黨之間，政治綱領不同，經常發生抗衡和對峙的情況，但是遇到藩閥內閣要解散議會，這兩個政黨便立刻互相幫助、互相提攜，結成一個政黨來對抗藩閥內閣，這是因為他們知道什麼是群體，什麼是群體的敵人。因此凡是想要組成一個群體的人，一定先要明白內外之別，也就是與我們的群體競爭的公共敵人在哪裡。現在那些迫不及待地宣揚要組成群體的有志之士，難道不是為了愛國嗎？難道不是為了利民嗎？既然是為了愛國，那麼環繞在我們周圍虎視眈眈、想要欺凌我們的國家，就是我們國家的仇敵！我們的公共敵人！除此之外就不存在其他的敵人。既然是為了利民，那麼那些箝制我們、剋扣剝削我們的人，就是人民的蟊賊！就是我們的公共敵人！除此之外就不存在其他的敵人。如果一個群體內部互相為敵，那麼這個群體就會被外敵所摧毀、所陷落而滅亡了。然而有志之士看不到這一點，往往捨棄公敵、大敵，不聞不問，只是在本群體內部因為一點小小的意見不同而發生爭執。這沒有別的原因，就是因為只知道「小我」卻不知道「大我」，用對付外敵的手段開對付群體內部的同胞，這就會使鷸蚌相爭，而使得坐收漁利的漁人在他們背後竊笑。這是不能組成群體的第二個病因。

第三是沒有規則。一個群體能夠成立，群體的成員少的要有兩三個人，多的要有千百兆人，沒有不依靠法律來維持的。法律或者是由命令

產生，或者是由契約產生。從學理上說，由契約產生的法律，叫做正義，叫做善良；由命令產生的法律，叫做不正義，叫做不善良。從事情發展的形勢上說能有正義而且善良的法律最好，如果不能，那麼有不正義、不善良的法律，也好過沒有法律。這是社會學家和政治學家所認同的。如今有志之士號召組成群體，難道不是因為有著不正義不善良的法律的弱國病民而確定要改革的嗎？但是看他們的實際行為，反而陷入沒有法律約束的境地，這樣一來，還有什麼不被他們以革新的藉口剷除的呢！不光如此，他們這樣做，還會使群體沒有了團結人心的平台，已經加入群體的人觀望著悻然離去，想加入群體的人裹足不前，旁觀的人把這引以為大戒，那麼群體的力量還怎麼能得到擴張呢？改革的目標又哪一天才能實現呢？我看那些文明國家的國民善於組織群體的，小到一個地區一個市鎮的法團，大到一個國家的議會，沒有不實行少數服從多數的法律的，從而使所有事情都能夠透過表決來獲得決斷；而我們國內的群體組織，卻往往是憑一兩個人的意見對事情進行武斷的決定、粗暴的反對。這是中國人沒有規則的第一個表現。善於組成群體的，一定會先委任一個首長，讓他代表整個群體，執行事務，授以全權，聽從他的指揮。而如今組成群體的人，知道有自由，卻不知道有制裁，這是中國人不守規則的第二個表現。問他們這樣做的緣故，他們則說：「讓少數服從多數，就是讓少數成為多數的奴隸。讓黨員服從於代表人，就是讓黨員成為代表人的奴隸。」哎！這怎麼能是奴隸呢？人不應該成為別人的奴隸，但是不可以不成為本群體的奴隸。不成為本群體的奴隸，就一定會成為敵對群體的奴隸。服從於多數，服從於職權（即代表人），正是為了保護群體而使他不至於名存實亡。如果不這樣做的話，人人對抗，不肯相互退讓一步；人人孤立，不能夠統一，那麼勢必大家競相表現野蠻的自由，與沒有組成群體之前的情形相同。即使沒有公敵出現，群體也不

能夠自立，更何況每天還有反對者躲在其後虎視眈眈啊。這是不能組成群體的第三個病因。

　　第四是相互嫉妒。我曾經讀過曾國藩誡子書中的《忮求》一詩，感到非常的震撼。他在這首詩中說：「善莫大於恕，德莫凶於妒。妒者妾婦行，瑣瑣奚比數。己拙忌人能，己塞忌人遇。己若無事功，忌人得成務。己若無黨援，忌人得多助。勢位苟相敵，畏逼又相惡。己無好聞望，忌人文名著。己無賢子孫，忌人後嗣裕。爭名日夜奔，爭利東西鶩。但期一身榮，不惜他人汙。聞災或欣幸，聞禍或悅豫。問渠何以然？不自知其故。」哎呀！這雖然是老生常談，但是對於今天誤解邊沁的功利主義學說的人，實在可以看成是當頭一棒的話。我們試著深夜自省，能夠全部避免曾國藩所告誡的這些話嗎？我們中國人的品質如此惡劣，是因為累積了數千年，受到種性的遺傳，受到社會習慣的傳染，幾乎深深扎根於每一個人的頭腦中而不能自拔。以這樣的國民性想要組成群體，這和磨磚頭做鏡子、蒸沙子來做飯有什麼不同呢？如果宗旨不相同，那麼可以在言論上批評；如果地位不相同，那麼可以分工去盡自己的所能；如果宗旨相同、地位相同、那麼就一起齊心協力，去完成偉大的事業，這是最好的事情了！所謂齊心協力，不是一定要強行將甲的事業合併給乙。同歸而殊途，一致而百慮，目的既然指向共同的一處，那麼成功了，以後終究會有在一堂之中握手的一天。即使不這樣，或者是甲失敗了而乙成功了，或者是乙失敗了而甲成功了，但是目的終歸是實現了。事情如果能夠成功，何必一定要是我辦成的呢？仁人君子的用心，難道不應該是這樣嗎？就算還沒有達到這樣的覺悟，只想著獲得一時的勝利，好自己專享成功，那麼也應該光明磊落，用自己的聰明才智去競爭，才能自立於物競天擇的自然界中。如果自己真的優秀，即使成千上萬的人與我競爭，又哪裡需要憂患自己不能取勝呢？如果自己真的

低劣，即使沒有一個人與我競爭，我又靠什麼才能保證立於不敗之地呢？世界上可以成就的事業多了，難道一定要排擠掉其他人，才能容下自己一個人的席位嗎？哎呀！想想吧！想想吧！現在的中國，在外遭受帝國主義列強的侵略，在內遭受腐朽統治的壓迫，但我們的同胞多半還在酣夢之中，中國的前途卻已經進入地獄之中。我個人的力量能做到的，就去拯救；我個人的力量做不到的，就跟別人齊心協力去拯救。我的力量起不了作用，就希望他人拯救成功，怎麼能夠摧殘拯救的萌芽而替一國的仇敵誓死效力呢？那些愚鈍而沒有良心的人，我不指望他們了，也不指責他們了！但是我怎麼能不鄭重地告知那些號稱是賢德智慧的人呢？這是中國人不能組成群體的第四個原因。

以上只是說了個大概。如果想詳細論述，那麼像傲慢、執拗、放蕩、迂愚，嗜利、寡情，都足以成為組成群體的大障礙啊。只要有一個沒有克服，群體就不能夠組成。我聽說過孟德斯鳩是如何談論政治的，他說：「專制國家的元氣在於威力，立憲國家的元氣在於名譽，共和國家的元氣在於道德。」道德，不管幹什麼都離不開它。但是在以前的中國，一人為剛，萬夫為柔，國家之所以能夠成為一個大的群體，是靠強制而不是靠公意，那麼稍微腐敗一點、稍微渙散一點，也還能維持住架子直到今日，當下的君子，已經知道種種現象持續下去，不足以戰勝自然界優勝劣汰的規律，就要另尋出路來改革社會現狀；如果沒有完全的道德，又怎麼能行呢？我聽說那些頑固的人經常聒噪著發表自己的言論：「今天的中國，一定不可以提倡共和，一定不可以提倡議院，一定不可以提倡自治。因為提倡這些，只能使國內形勢紛繁複雜，使國民之間相互傾軋殘殺，最終使我們中華民族毀滅。不如還是繼續幾千年的封建專制統治，還可以避免發生滔天大禍。」我實在是厭惡這樣的言論。即使如此，我也為這樣的言論而感到悲哀，為這樣的言論而感到慚愧！哎呀！

第十三節　論合群

我們中國的同胞們還不能自省、不能自戒嗎？他們的觀點不幸言中，這是小事，而因為我們的道德不達標，以至於自由、平等、權利、獨立、進取等最美好、最善良、最高尚的主義，將永遠被天下萬世所詬病。天下萬世相互之間談論此事時，談虎色變地說：「在二十世紀初，中國所謂有新思想、新志向、新學術的人，那樣那樣。滅亡中國的罪過，都是他們那些人犯下的！」哎呀！如果這樣的話，我們這輩人即使死一萬次，又怎麼能贖清自己的罪過呢！

第十四節　論生利分利

第十四節　論生利分利

　　我們中國是一個貧窮國家嗎？《大學》有言：「有人此有土，有土此有財。」從沒聽說過一個有數百萬里的土地、數億人的國家擔心貧窮的。說中國是一個富裕國家嗎？考察官府的情況，他們用盡一切辦法蒐羅卻無從得到財富；在街道里巷走走，人們都是面容憔悴，沒有錢財養活自己。雖然對這個問題還有人辯解，但也不能隱瞞中國貧窮的現實。貧窮的原因不止一個，請允許我先專門討論一下民事。

　　《大學》說：「生之者眾，食之者寡。」這句話說得太對了。後代的經濟學家所說的增加財富之道，全都包含在這裡面。一個國家一年的生產總額，是這個國家的人民生產的數量之和。綜合一國的人民，不論是勞動的還是不勞動的，勞動的人或者從事生產，創造財富，或者不從事具體的生產活動，這些人平等地獲得土地的生產和財富。一個國家的生產總值，只有這麼多。在這種情況下，只有社會需要供養的不勞動的人越少，社會才能拿出更多的錢提供給參加生產勞動的人。如果社會上有更多參加生產勞動的人，那麼國家的財富才能一年年增加，越來越多。反之，社會必定負擔過重，心力交瘁。

　　經濟學家說財富的來源有三個：土地、資本和勞動力。這三者要相互配合才能實現財富的增長。比如說同一塊土地，在野蠻民族那裡就是沒用的田地，而在文明民族那裡就成為珍奇少見的貨品。這是為什麼呢？因為文明人會利用資本和勞動力來擴充土地的價值，這點是野蠻人做不到的。那麼什麼叫利用資本和勞動力呢？就是使用這些要素並希望它們能夠產生剩餘價值。什麼叫產生剩餘價值？就是用自己的力量去種田、去製造，在物材之上進行加工，形成器具，那麼它的價值就會增長，製造出來的東西如果經過長久的時間依然儲存著，就可以轉賣給他人。現在透過勞動生產了器物，以後透過這些器物又轉化為勞動，這樣勞動就能產生出剩餘價值。我現在花錢來治辦物材、僱傭勞動力，物材

從自然物變成了人工加工的物品，透過僱傭勞動力而創造出加工貨物，這樣的貨物的價值必定會比之前投入的資金多，那麼我的財富不但沒有虧損，反而在盈利，這樣就是資本產生了剩餘價值。生產剩餘價值每多一次，那麼價值就會不斷增長。為什麼？生產剩餘價值的行為不是重複，而是每一次都在一定基礎上附加，因此可以盈利，那麼也就可以變得更加富裕。人的財富能夠如此增加，國家也同樣如此。

　　每年計算一個國家的資本和勞動力，它們的數量是確定的。今年把資本和勞動力投入能夠盈利的地方，第二年生產效率就會增加一些，第三年則又增加一些，每年都在增長，就能達到極富。如果今年把資本和勞動力投入不能盈利的地方，第二年的生產效率就會降低，第三年則更低，年年遞減則就會導致貧窮。所以今年同一資本、同一勞動力投入盈利的地方和虧本的地方，其導致的後果差別是很大的。第二年生產總值的比例就會變成 1：4，第三年比例擴大為 1：16，到了第四年比例就會變成 1：64。這是多麼讓人驚訝的結果啊！那麼依靠什麼確定財富的增減率呢？這件事就資本來說比較容易，對勞動力而言就比較難以辨明。一年的生產總量，它的用途不外乎兩種：其中只是使用而不能有所生利的，稱之為消費；另外一些斥資則是為了進一步生利的部分，稱之為母財（也就是資本）。比如說有一個人，今年以一千元的資本，財富增加比例為百分之五十，而他一年的消費剛好五百元，那就是說他的消費剛好抵消了他的收入，第二年還是有一千元作為資本。如果第二年獲得的總資金還是一千五百元，那就代表他的財產既沒有減少也沒有增加。如果遇到了有利的時機，增加的財富多於平常的數量，那麼他的資本就會增加。（然而如果遇上了不利的情況，收入不及往年之多，那麼他的資本就會減少。所以說群治要以進步為期望，不進不退就需要擔憂，而倒退就代表出現了問題，中止雖然是不進不退，但情況也是岌

第十四節　論生利分利

岌可危。）如果這個人一年的消費只有三百元，那麼第二年他就能把盈利和資本合在一起，資本就變成一千二百元，最後獲得的總資金就是一千八百元。第三年把盈利（去掉消費的三百元）再與資本相合，資本就變成了一千五百元，當年獲得的總資金就是兩千兩百多元。在相反的情況下，如果每年消費七百元，那麼今年的收入就不足以抵消消費，那麼本金就會減少，第二年的資本就僅剩下八百元，總獲得的資金就是一千二百元。第三年本金再次減少，剩餘僅五百元，而獲得的總資金僅剩七百多元。如果資本逐漸減少，那麼資本所產生的盈利也就慢慢沒有了，不到三個週期，一千元就已經蕩然無存了，這是最容易見到的情況了。這樣拿著資本進行籌算的事情，士人君子每每不願意談論，實際上這跟治國之事是一脈相通的。一個國家的產業，如果依照前一種情況執行下去，國家沒有不繁榮富強的。但是如果按照後一種情況，那麼國家沒有不衰敗的。一個國家的浪費和個人的浪費雖然情況不同，但道理都是一樣的。國家的浪費有兩種情況：一，國家的國民，人人都消費多於收入，那麼總體到國家而言，國家的總消費也就多於總收入。如果這樣的話，這個國家不出幾年就要滅亡了。雖然道理如此，但不會有哪個國家的全部國民人人都浪費。（羅馬的滅亡之路與此相近，所以史學家們說羅馬的滅亡是因為自身而不是因為日耳曼人的攻打。）有浪費的國民，就一定存在善於生產財富的國民進行補救。國家之所以能夠維持下來而不衰敗，靠的就是這個。二，國家的人民，雖然有浪費之人，也有善於生產之人，然而如果生產之人少於浪費之人，浪費之人每人所消費的數量又多於生產之人每人生產的數量，截長補短統計下來，這個國家的總消費還是多於總收入。當今孱弱的國家比比皆是，都是因為這種情況。國家總消費多於總收入，那就不得不拿出國家的總資本來消耗。總資本又能有多少呢？也就負擔不起年年的消耗了。這就是資本增減的比

率。至於勞動力的增減，情況跟資本相似。資本的使用，大體上治理物材占一半，分發糧食占一半。所謂的分發糧食，就是供養勞動力。只有資本多了，國家的各行各業才能興旺，行業興旺，才能供養民眾，勞動者才能養活自己，才有力氣幹活。勞動者有力氣加工物材，就又能生產資本，不斷增進資本，他們的能力才能得到使用。如果資本逐漸被消耗而沒有剩餘，那麼民眾即使有力氣也無處使用，力氣也就逐漸減小了。（生物學上有一個例子：人如果長時間不適用某一種能力，那種能力就會退化甚至消失。）亞當·斯密曾說：「我們英國今天的國民，比從前人都要勤勞，因為現在國家的錢財，拿來贍養勞動者的部分，比三百年前要多。三百年前的國民，勞動卻得不到回報，所以往往懶惰不幹活。有句話這麼說的：如果辛苦勞動而沒有收穫，還不如整天玩玩鬧鬧。大概那些工商業比較發達的地區，那裡的人都能夠得到資本的僱傭，所以他們能夠堅持去勞動，喝酒賭博這些事情也就漸漸消失了。如果把這個地方設為都市，不透過資本僱傭而是消費來養活民眾，那裡的人一定都懶惰偷生。」（嚴復譯《原富》乙部第三篇）所以資本的增減與勞動力的增減是成比例的。況且如果把供養勞動者的財富拿來供養那些消費者，即使勞動者不變懶惰，也無法養活自己，不是被餓死，就要出去流亡，不能娶妻，也沒法養活孩子，勞動力的損失是不能彌補的，顯而易見這樣下去勞動力就會銳減。資本被消耗，勞動力減少，創造財富要素中三個已經失去了兩個，即使有土地，那麼要藉助什麼才能發展各種產業呢？一個國家有廣闊土地、眾多民眾卻不能免於貧困，原因就在於此。

引申來說，國家的興衰就要靠總資本和總勞動力才能夠產生剩餘價值。產生剩餘價值，就是資本的再生，也就是《大學》所說的「生之者」，經濟學家把這個叫做「生利」。不能產生剩餘價值，那麼資本就被消耗，更不能再生，也就是《大學》所說的「食之者」，經濟學家把這個

第十四節　論生利分利

叫做「分利」。我接下來將要討論生利和分利的種別。我聽經濟學家說，生產剩餘價值的人有兩種：一種是直接生產利益，就像是農業和工業一類的；二是間接生產利益，就像商人、軍人、政治家、教育家之類的職業。而生產剩餘價值的能力有兩種：一種是體力，一種是心力。心力又分為兩種：一種是智力，一種是德力。如果以生產利益的事業種類分，則可以分為六種：

第一，發現和發明。（發現，就是找到新的天然物或者發展某種物體的新用處，就像哥倫布發現了新大陸，又像是兩三百年前人們發現了菸草中有一種特質可以供人使用。而發明，就是用新方法使用天然物，於是能擴大它的用處，但這種新方法是以前人們不知道的，就像是最近發現的無線電報之類的技術。）

第二，先占。（先占有的人能夠採摘收穫沒有主權土地上的物產，就像是伐木、狩獵、捕魚、採礦等。）

第三，對生貨施加勞動。（生貨就是說沒有經過加工製造的東西，比如農業、森林業、畜牧業等。各種製造品的材料都是從這種勞動中形成的。）

第四，對熟貨施加勞動。（就像把小麥穀子做成麵包，把木材做成家具，把土做成陶器，把金屬做成機械，把棉和絲做成布匹，其餘各種關於製造的行業都屬於這一種。）

第五，用於交通的勞動。（改變貨物的位置，透過交通運輸來方便人民生活，大多數商業就屬於這一類。）

第六，用於保護助長經濟的勞動。（像官吏、軍人、醫生等職業都屬於保護生產利益的人的行業，雖然不能直接生產利益，但他們的職業就像是保險公司一樣，所以不是單純的消費者。像教育家、文學家之所以是助長經濟的人，因為雖然不能直接生產利益，但透過這些人能夠使人

獲得知識、提高他們的道德水平，對於生產利益有很大幫助，所以也不是單純的消費者。）

以上這些都是生產利益的事業。其餘不屬於上述行業的，都屬於分利的人。亞當‧斯密說：「人透過更多的僱傭勞動而變得富有，而過多地養活那些阿諛受使喚的人就會變窮。為什麼呢？那些受使喚的人的能力，沒處可以施加，所以他們的勞動不能轉化為產品，事情做完了，勞動也就消失了，不能夠產生什麼價值。」亞當‧斯密把這個原理推到極致，就認為分利的人不僅只有那些受使喚的下等人，從王侯國君，到執法的官吏、士兵軍人，都屬於這一類。所以他又說：「高貴的人就像官吏、老師、醫生、巫師等做文章的人，地位低的像倡優、侏儒、運輸者、畜牧者，他們的勞動雖然貴賤不同，輕重不同，但是都把自己的力量運用於不能產生利益的活動之上，勞動結束後當即就消失，都屬於分利的人導致貧困的那一類。」亞當‧斯密的這種言論，後人多有辨析論述，我現在不具體討論，也不對他們一一辨析了。我想透過中國的分利者的種類進行討論。

分利的人大概有兩種：一種是不勞動而分利的人，一種是勞動卻仍分利的人。

第一，不勞動而分利的人：

（一）乞丐。這些人不年邁，不幼小，也沒有殘廢沒有疾病，有堂堂七尺的身軀，卻不能養活自己，在路邊行乞，他們不是生性放蕩就是太懶惰了。人們憐憫他們使他們活了下來，但他們就像一群蝨子一樣寄生在別人身上。所以這種人不值得憐憫反而應該遭人痛恨。但如果因為政治腐敗，或者遭受了天災或者戰爭之後出現這樣的人，那就另當別論了。

（二）盜竊。小偷也是要使用自己的體力和心力的，然而不能把他們的行為當勞動進行討論。因為他們所使用的力，不能跟其他人的利益共

存。所以這種人是分利之人，是最顯而易見的，不用贅述。

（三）神棍騙子。神棍騙子其實也屬於盜竊的一種。只不過他們的技巧比較精細，比較難以破解，所以他們產生的毒害也比較深，而騙的財富也就更多。神棍騙子種類很多，不能夠一一舉例，就像聚眾賭博、巫師巫術、風水先生、星相占卜等，都屬於這一類。不是醫生而冒充醫生來賺錢的，也屬於這一類。

（四）僧道。歐洲教會裡面的神父、牧師這樣的人，有識之士就知道這是國家最大的蛀蟲。前面所引述的亞當·斯密的言論，多半針對那些人所說。到近代有多次革命，奪取了他們的特權，與民眾平等，然後歐洲社會才得以平穩。雖然如此，歐洲教會雖然沒有什麼實在的用處，但還以覺醒民眾作為口號。中國的佛教道教，名實都無所取。

（五）紈褲子弟。西方人教育兒子，教育他們讓他們成長，教他們學習知識，使他們能夠有本領養活自己，這就是做父母的責任。等到他們能夠自己勞動養活自己的時候，就會讓他們離開家自己生活，未來是否能夠繼承父母的遺產，是不一定的。所以這些人家的子女，都沒有依賴性，不敢仗著家裡的錢財來自己享福。中國的家庭就不是這樣，家裡有幾畝薄田，他們的子女就驕奢淫逸，沒有一個勞動的，而那些豪商高官家的孩子就更不用說了。中國又把家人一起住不分家當作一種美德，虛偽地互相模仿，往往一家人能有幾十近百口。如果家裡有萬貫家財，那麼這幾十口人的妻子兒女，都一副囂張的模樣：我家可是家財萬貫的。他們可曾想過，這萬貫家財分給這幾十近百口人，每人又能分到多少呢？而這幾十近百口人，都以萬貫家財自我標榜，而對於家中的生計產業都不管不顧。我看所謂以前的名門望族，基本都是這樣的。我們現在不必論述以前的名門望族，就是尋常百姓家，大概一家之中能夠進行生產的也就只有一兩個人，而需要吃喝的大概有十幾個人。如果以一個

人的資本和勞動來供養自己，即使是中下等的才能也基本能夠供養而不至於養活不起。而以一個人的資本勞動供養十幾個人，即使能力高超也不能把事情做得很完美，所以就不能把錢拿來投資，只能消耗資本來消費，最後就淪於貧困。中國國民的總資產，之所以不能拿出更多來進行資本投資，其中一個很大的原因可能就在於家族制度的不合適。所以俗語說：「富不過三代。」如果能夠好好地利用自己的財富，就算是十代、百代也可以繼續富有。而我們中國都富不過三代，這是為什麼呢？創造財富的人只有一個，可他要養活一百個人。就像是一個人勞動了一天，卻要消費一百天，即使有巨大的資產，也遲早要吃光，哪還能留到後世呢？西方國家的法律，之所以是保護富人的，是因為他們為國家累積了資本。累積得越久，數目就越大，把資本用來發展產業，別人和自己都能獲得財富，而國家的收入也在不斷增加，這就是那些新貴舊富之所以受人尊重的原因。中國的貧窮代代相傳，可沒聽過富有也能幾代不衰的，這就是資本消耗的表現，而責任要歸咎於那些紈褲子弟。紈褲子弟真的是國家的一大蛀蟲。雖然如此，我們追本溯源，責任不光是紈褲子弟的問題，也是他們的父輩的問題，這是自作自受。（自己獲得的財富卻要分給子弟後代，所以說他們自作自受。）

（六）浪子。浪子中紈褲子弟占了一大半，也有不是紈褲子弟但依舊是浪子的人。這種人還不至於去當乞丐，也不至於淪為盜賊，他們的日常生活不過是喝酒賞花、鬥雞遛狗、跑馬看戲、賭博踢球、吸鴉片、嫖娼妓，除此之外整天無所事事，穿好衣服，吃美味。這種人的最後結局，不是成為乞丐，就一定變成強盜、騙子。

（七）兵勇或者試圖從武的人。經濟學家論軍人，有的認為他們是生利的人，有的認為他們是分利的人。我說當今世界上文明國家的軍人，絕不能說他們是分利之人，為什麼呢？如果沒有國防，那麼國難就

第十四節　論生利分利

會頻繁發生，人民不能安心從事自己的行業，所以軍人實際上是生產之人的保障。即使說他們是分利的人，也當然應該屬於那種勞動而分利的人的一種。中國則不是這種情況。中國的兵勇，實際上是不勞動而分利的人。中國的兵勇實際上吸收了浪子、騙子、強盜和乞丐的特點並且兼而有之的。兵勇既然都是分利的人，那麼想要從武的人，就像武童、武生、武舉、武進士這些人，更不用說是分利的人了。

（八）一大半的官吏。中國的官吏，都是分利的人。然而其中勞動而分利的人是其中的一小半，剩下一大半都是不勞動而分利的人。不勞動而分利的，京城的官員中，除了軍機大臣、章京以及各部主稿司員之外，其餘的官吏都是這類。地方官員中，凡是候補人員，以及道班、同通班、佐雜班等空缺職位的大半都是如此。這類人的性質地位，和下篇的第三類人相似。至於那些勞動而分利的人，及其分利的理由，我下篇再細講。

（九）攀附於官員而受到供養的人。這等人包括很多種，官員的親屬、幕僚、官府的差役、使喚雜役、訟棍等人，他們的性質大概差不多，我不能都提及，只把這些人都統一在這一名目之下。這類人，大多強壯而狡猾者就像豺狼虎豹，軟弱愚笨者就像是蝗蟲一類，都是有害的種類。一個州縣的衙門，他們養活這樣的人動輒數百，其他的府衙情況也可以推斷出來。統計全國以此為生計的人，大概會有一百多萬人，單單這個階層的人數就相當於一個大國人數了。

（十）土豪鄉紳。土豪鄉紳大概都是紈褲子弟、讀書人、官吏，或者攀附於官吏的人這四類人的變相而已。雖然如此，也有不屬於這四類的人，而不得不把他們稱之為土豪鄉紳，即使本屬於這四類人，既然已經變相，就應該另稱為一類。所以不得不另立一種名目來概括這些人，而這種人實際上是分利的人中最強而有力的人。

（十一）大半的婦女。有人說婦女應該全部屬於分利的人，這是沒有道理的。婦女生養子女，這是人類的第一個義務，不需要討論，那麼她們在家操勞，維持生計，這也和經濟學上的分擔勞動相一致。如果沒有婦女，那麼男子就不得不兼顧家裡的事情，不能專心於自己的行業，獲得的財富就會減少。所以把普通婦女全都冠以分利之名是不合適的。雖然如此，中國婦女中分利的人占了十分之六七，而不分利的人只占十分之三四。為什麼這麼說呢？凡是人都應該儘量發揮自己的才能。婦女的能力雖然有不如男子的地方，但也有強於男子的地方。如果能使她們充分發揮自己的才能，那麼人民的經濟一定能夠獲得巨大的增長。觀察西方國家的教師、商店會計，僱傭婦女的占一大半，我們就可以知道原因了。大概綜觀一國的婦女，從事於家裡的生活生計的占十分之六（養育兒女、做家務就是家庭內部的生計），從事於家外的生產勞動的占十分之四。（西方國家成年未婚的女子也都有自己的工作能夠供養自己，也就是從事於家庭以外的生產勞動。）而中國的婦女，只有前面的情況而沒有後面的情況，於是分利的人已經占十分之四了，而所謂的家裡的生計，她們的能力又不能得到充分利用，不讀書，不識字，不會會計的計算，也不知道教育的方法，蓮步妖嬈，不能幹活：這些都是她們不適合生利的原因。所以通論一個國家的總體比例，分利的人占十分之六七，不分利的人占十分之三四。

（十二）殘廢疾病。殘廢疾病之人分利，這是不言自明的。雖然如此，如果在文明國家，就會有聾啞學校。他們即使有殘疾，也往往能學會一些手藝，能夠養活自己，所以他們分利並不多。中國如果遇到這種情況，那就沒有別的出路，就都是分利而不生產的人，這並不是因為他們願意如此，而是因為天然的缺陷、政府的失職，使他們不得不分利。

（十三）罪人。一個人犯罪而遭刑罰，必定是他損害了群體的利益，

第十四節　論生利分利

這是毫無疑問的。所以罪人十有八九屬於分利的人。（但以現在的文明程度，法律還並不完善，那麼犯罪者未必真的有罪，也不一定就是損害了群體利益。）雖然如此，這個人在犯罪之後，為了治安上的考慮，不得不把他投進監牢以示懲戒。身在監獄，除了受到欺凌，並不能做其他事情，這就讓他又一次成為分利之人。坐牢十年，那就是分利十年，有一百人坐牢，就有一百人分利，每天消耗國家的資本才能養活他們，比蛀蟲或許更嚴重。所以各個文明國家懲罰那些囚犯，不是對他們虐待刑罰，而是讓他們去做苦役（古代的輸司空、輸城旦、輸鬼薪就是這個意思），實在是有道理的。中國的監獄塞滿了犯人，這些人自己受苦，還不能自給，就不得不依靠官府或者親人提供的食物過活，是分利人中的一大部分。

兒童不勞動，為什麼不分利呢？回答是：他們還沒到能夠生利的年齡，應該把他們的力量儲備起來，日後就能生利。兒童實在是一個國家真正的資本。（經濟學家說，人的智慧能力都是生產力的一種，是一種無形的資本。所以凡是兒童都屬於國家無形的資本。）老人不勞動，為什麼不分利呢？回答是：他們已經過了生利的年齡，他們在這之前所創造的財富必然有一些儲備下來，他們現在所用的財富就是當時自己儲備的，不是分別人的財富。《禮記》有言：「十六以下，上所長也；六十以上，上所養也。」實在是因為他們在人群中的地位而決定的。如果少年時代，荒廢學業，不考慮將來報效國家，等長大了一事無成，像這樣的人雖然還沒成年，但也不得不算在分利之人中。又如一個人在壯年時代遊手好閒，不做正事，沒有對社會貢獻自己的力量，等到老了幹不動了，就全依靠公家來贍養，那麼這種人雖然已經老了，也應該算在分利人之中。我們中國像這樣的老人和兒童大概有十分之六七，所以中國屬於分利人的老人和兒童，也有十分之六七。

地主往往自己不勞動，而經濟學家不說他們是分利之人（也有說他們分利的），為什麼呢？他們之前之所以能夠得到土地，也不是不勞而獲的，現在所享有的財富，就是從前勞動儲備下來的，只是還沒有用完而已。（跟老人不分利的道理相同。）如果是藉助父輩的產業，這個人才得到了土地所有權的話，既不是透過自己的勞動獲得土地，也沒有在土地上進行勞動，只透過租稅來養活自己，那就不能不說他們是分利的人。所以我們中國分利的地主占十分之六七（其他國家都是這樣）。然而這些人都可以稱之為紈褲子弟，所以這裡不另立名目。

以上就把「不勞動而分利的人」說完了。

第二，勞動而分利的人。

（一）奴婢。奴婢的勞動，比平常人要多幾倍，雖然這樣，他們的勞動只是為了給主人解悶，供主人差遣，勞動的使用並沒有創造財富，所以說他們分利。這種是分利人中最常見的。

（二）優妓。優妓中固然有很多貧窮受苦之人，但她們的勞動也不能創造財富，而且能牽絆住別人，讓那些人也成為分利的人，所以分利的毒害比較深。

以上兩種，他們分利未必是出於自己的意願，而是有原因逼迫他們不得不如此。所以分利的責任並不在本人，而是在逼迫他們的人。凡是有人迫使而變成分利的人，都屬於這一類。（府衙裡的差役和奴婢是一類的，但他們是自願當差役的，沒有人逼迫他們，所以這個分利的責任必須自己承擔，所以他們是不勞動而分利的人。）

（三）讀書人。國家的四民是士農工商，而讀書人居首。據亞當‧斯密說，即使是西方的讀書人，他們也被認為是分利的人。我平心而論，則西方國家的讀書人，只有十分之一二是分利的人，生利的占十分之七八。為什麼呢？他們學成之後，不是當醫生、當法官、當律師，就是

去傳教、當教師；如果學的是工商業，那就是直接的生利者，就更不用說了。所以亞當·斯密的說法，加在那些人身上，我不敢完全認同，但在我們中國就不同了。中國讀書人的現象，有兩個奇特的地方：一是無所謂畢業不畢業，二是就算那些畢業了的人，也不知道自己所學的東西有什麼用處。那些窮困潦倒的人，就在破茅屋裡天天背誦練習八股文，一直到老；那些飛黃騰達的人，就忘乎所以，橫行霸道，成為家鄉的蠹蟲。那麼讀書人有沒有教別人知識呢？我看讀書人越多，國家就越愚鈍。讀書人有沒有教人道德呢？我看讀書人越多，社會風俗就越多偷盜之事。四體不勤，五穀不分，膽小怕事，寡廉鮮恥還好吃懶做，讀書人實在是一種寄生蟲啊，對人民來說是蠹蟲，對國家來說是蟊子。（像考據家，像詞章家，像最近的輕浮的時勢家都是分利很多的人。那些人或以為自己雖然對社會無益，但也無害，卻不知道他們所提倡的奇談怪論，消耗了後輩的智力，腐敗了國民的道德，危害極深。有書講到：就算無益無害，但也消耗了國家的財富，那還能說是無害嗎？但像那些講明道學幫助建立國民道德來培養國家元氣的人，不在這一類。但可惜中國的讀書界，這樣的人兆之中也不見得有一兩個。）

（四）教師。讀書人中當了教師的，好像並不是分利的人。雖然這樣，他們所教出來的如果是對社會有益的人，那就可以說是生利。但所教出來的是一群蠹蟲，就只能說是分利。現在的讀書人，都是之前的教師教出來的；以後的讀書人，則是現在的教師教出來的。如果教出來的都是蠹蟲，能不說他們是分利之人嗎？

（五）一小半的官吏。亞當·斯密說官吏是分利的人，後人詳細地糾正了他。但是，像中國的官吏，不管是勞動還是不勞動，都不能不稱之為分利。官吏中的勞動的人，像京官中的軍機大臣、軍機章京、各部的掌印主稿司員，地方官中的督撫，到實缺的提鎮、司道、府廳州縣，各

個要局的委員，以及出使大臣、領事等，都是這一類。但這些人的數量也不到十分之一二。這些人自稱對國家大事鞠躬盡瘁、辛苦工作，那麼他們的勞動歸於何處呢？在於腳上穿靴手拿笏板地上書開會，他們有絲毫關心國民的利益嗎？並沒有。英國人邊沁曾說：「政府是有害的機關。然而之所以設立政府，是因為透過這種小的危害來治理大的危害。」日本人西村茂樹引申了這個意思說：「政府危害民眾的事情比較少，但能夠制止其他更大的危害，就稱之為好政府，如果危害民眾多，而又不能制止更大的危害，就只能稱之為壞政府。」如果是這樣的話，官吏是分利的民賊，這個事實昭然若揭，不容辯白，只看他們所分利的比例是多少而已。如果他們能夠遵守職責為人民抵禦其他的大災難，那麼這中間所生利的數量，還能抵消他們分利的數量並且有富餘。所以文明國的官吏，不是分利的人。國民的大災難有哪些呢？水旱等天災、流行傳染病、地方豪強的欺凌、案件中的冤屈、盜賊橫行等，更嚴重的還有外國列強的掠奪、喪失主權、割地賠款等，像這樣的事情就不能不依靠政府來解決問題。政府如果能夠解決這些問題，那麼國民把血汗錢的十分之一二貢獻出來養活政府，也就像是營業者要買保險一樣，是不能吝嗇的。像中國有這樣的嗎？人民有災不能體恤，有冤不能伸，災民遍地也不能救，強盜滿山也管不了。假如遇上打仗，一遇到戰敗，就割地賠款賠償列強；假如畏敵如虎，就只能對別人阿諛奉承，對自己的人民則搜刮民脂民膏來保全自己。按前面的說法，有官吏就像是沒有官吏，按後面的說法，則是有官吏不如沒有。做官而不能為民眾抵禦憂患，本來就已經有害了，更何況因為官吏的原因，民眾的憂患更加加深了呢？別的種類的分利的人如果分一份的財富，這樣的人就要分兩份。（勞動而分利的官員，他們的責任比不勞動而分利的更多。）所以中國的官吏，實在是最大的分利者，而其他的分利者大概都是由這類人產生的。

第十四節　論生利分利

（六）商業中的分利者。既然有自己的職業就不能說他們是分利的人，但也需要詳細辨析。我認為現在中國從事商業的人，不分利的只有十分之六七，而分利的還有十分之二三，就像那些投機倒把，也就是俗話說的買空賣空的人，他們的手段類似於賭博，主要的企圖在於騙錢，這些人一定是分利的人。至於那些開酒樓劇院的，把其他人引導到分利的道路上，即使這些酒樓老闆都很兢兢業業，也不能不說他們是分利的人。又像是販賣分利的事物，像鴉片、香菸、酒以及一切有害衛生的東西，脂粉、首飾等一切女人用來美容的東西，香燭、爆竹等一切與祭祀神鬼有關的東西，古董、書畫等讓文人拿來賞玩的東西，印刷八股、小說、考據、詞章等沒用的書籍，甚至一切文人墨客特別精緻的對象（我八年前曾和一個人去北京琉璃廠，那裡商店中不屬於分利的不到十分之一），凡是從事於上述行業的，都是分利之人。雖然這樣，但責任不在於從事這個行業的人，而在於消費者。為什麼呢？如果沒有人喜歡這些東西、使用這些東西，那麼這些東西就不會流通在市場裡，這樣的行業也就不再存在了。所以這其實是分利的結果，而不是分利的原因。

（七）農業、工業中的分利者。農業、工業也有分利者嗎？有的。比如那些種植罌粟、煙葉的農民，製造各種有害無益的產品的工業者，都是分利的人。然而考察他們的責任，就和前面所論的商業相同，不能說是直接分利。（例如種罌粟是分利的行為，這是人人皆知的，然而因為很多人都吸食罌粟，又像是生利而不是分利。雖然這樣，種植罌粟的人越多，吸食者就越多，正是這個行業轉為分利的原因。）又例如分工不細，做成的東西也不好用，那麼工作雖然辛苦也是分利。（就像製作針的人，以一個人的能力，每天都做這一件事，做一天也不一定能磨成一根針；如果把這個工作分成幾個部分，每人專門負責一個部分，做針需要十八個步驟，就讓十八個人分別做一個步驟，那麼一天就可以得到八萬

六千根針，每人每天四千八百根。讓一個人做針，一天做一根，相當於浪費了四千六百七十九根，這樣勞動都被浪費了，所以說分利。）沒有器械，做事情就會笨拙花時間，工作辛苦也是分利。（如果一段路程，走鐵路三天可以到達，沒有鐵路就需要二十天，那就是讓人浪費十七天時間在路途中，把力氣浪費掉，所以叫做分利。又如，如果有鐵路，即使十噸的貨物也不需要人力馬拉，幾天就能到達千里之外，如果沒有鐵路只能靠車輛，那需要十輛車走半個月，馬力、人力都被浪費，這就是分利。如果連車都沒有，那就需要幾十個人背著走一個月，浪費的人力就更多，就更加是分利。又像如果沒有開礦的機器專靠人力來做，如果有機器就只需要幾個人就夠了。推而廣之，大凡工作幾乎都是這樣。人的數量是一定的，人力也是有限的，把人力用在此處，那麼別處就沒有人力可用，如果一人一天可以做成的東西現在需要一百個人一百天才能做成，那麼這九十九個人的九十九天都是浪費的，所以叫做分利。）這種情況如果推演到機制，那麼現在文明極為發達的國家的工藝，或許在後人看來，也是屬於浪費勞動力的吧？所以用分利來指責我們僱傭勞工是不對的，雖然這樣，現在中國的工人與歐美的工人進行比較，不可不稱為分利。像這樣的情況，不是國民的責任，而是國家機關的責任；不是一個人的責任，而是團體的責任。

　　以上我把「勞動而仍分利的人」說完了。

　　我現在想以中國國民的數量做一個大約的計算，來看生利分利之間的比較。（中國沒有統計，即使能夠巧算也得不出真的結果。不過，我現在就根據自己的看法猜想一下，所舉的數目也只少不多。）

　　大約四億人中，分利者有兩億一千萬多人，其餘的是生利者。

第十四節　論生利分利

婦女約為兩億人（分利者約占十分之六七）…………約一億三千萬

老幼者約八千萬（分利者約占十分之六七） ……四千五百萬

中國四億人 ── 男子約為兩億人 ── 成年男性約一億兩千萬：

官吏約三十多萬 ……………………… 三十多萬
讀書人約三百萬 ……………………… 三百萬
士兵和參加武舉考試的人約四百萬 ……… 四百萬
僧道約三十萬 ………………………… 三十萬
紈袴子弟、土豪鄉紳共約五百萬 ……… 五百萬
盜賊、騙子共約五百萬 ……………… 五百萬
乞丐約三百萬 ………………………… 三百萬
奴婢、娼優約五十萬 ………………… 五十萬
罪囚約四十萬 ………………………… 四十萬
殘疾人約二十萬 ……………………… 二十萬
農業、工業、商業之分利者約三百萬 …… 三百萬
因為愚鈍笨拙、遲到曠工而分利者不計，其餘不便於歸入此類者約一百萬 ………………… 一百萬

把中國人分為五大族，考察人民的行業而比較如下：

（一）漢族。大概分利的人有十分之五多一些，生利者有十分之四多一些。

（二）滿洲族。在關外的滿洲族人，生利分利的比例與漢族相等。在關內的滿洲族，都是分利者，沒有生利者。（因為本朝有限制規定，滿洲人不能從事工商業，所以在關內的滿洲人不是做官就是當兵，不是讀書人就是紈袴子弟，否則就是攀附於官員，終究沒有可以生利的途徑。）

（三）苗族。大約分利者占十分之二，生利者占十分之八。

（四）回族。大約分利者占十分之三，生利者占十分之七。

166

（五）蒙古族。大約分利者占十分之四，生利者占十分之六。

　　大概分利之人，多出於上層社會、中層社會，而下層社會的人民中分利之人很少。只有坐擁強權的人才能靠別人所創造的財富生活並分享別人的財富。以上所舉分利的各種情況，除了乞丐、奴婢、罪犯、殘疾等幾種之外，其餘大都是一個人分幾個人的財富。我曾經計算過，至少三四個人所賺的錢才能補償一個人的消耗。我中國四億人，分利者有兩億多，而這兩億人也不是剩下的兩億人辛苦工作能養活得起的，至少要兩倍、四倍於他們所賺的錢。嗚呼！像這樣，人民怎麼可能不窮困呢！所幸我們國家地大物博，小民的生產力多而強，還可以勉強彌補虧空，把國家維持到現在。否則，國家早就滅亡了。然而這個優勢可以長久地依靠嗎？那些生利的兩億人，如果能自己生產，只需養活自己，那生活就會很富裕，但是現在每人都有比正常情況多三四倍的負擔，即使有很強的能力，哪能負擔得起呢？窮困、潦倒，最後不能賺錢，就不得不變成乞丐、強盜、騙子，最後走上犯罪道路了，於是分利者逐漸變多，生利者漸漸變少。分利者更多，那麼剩下的生利者的負擔就越來越重，最後越來越多的生利者不堪重負變成了分利者。像這樣惡性循環下去，它的弊端就足以使一群人當中分利者占十分之七八，生利者只占十分之二三，高麗就是一個例子。到了八九個人分一兩個人所得來的財富，那麼分利者也不能享福了。涸轍之魚，只能相濡以沫，死亡只是時間的問題。以中國國民勤儉節約的精神，我相信我們大概不會淪落到高麗的情況。雖然如此，中國所處的地位，也和高麗不同。我們是五洲第一大國，經常有別的國家對我們虎視眈眈，我們國家的資本日益減少，就一定會有外國的資本進入中國，他們利用中國的土地和勞動力，用他們的資本獲取剩餘價值，他們的資本在不斷增加，那是屬於外國的，而不是我們的。因此，外國資本每多一點，中國資本就會更少一點，我們的總

第十四節　論生利分利

資本每年有減無增，情況將會怎樣發展就很明瞭了。直到資本無處可以投資，國家就變得民不聊生，印度就是這樣的情況。曾經印度的土地也不比我們小，他們的人口也不比我們少，可是現在竟落到這種地步！我每每想到這個，就忍不住汗流浹背，眼淚汸汸。我們國家那些還在高堂上嬉笑玩鬧的人，他們可曾想過這些呢？

我們現在以不到兩億的人口，除了養活自己，還養活了另外消費三四倍的兩億人口，他們的力量還能勉強支撐，由此可見，中國國民的生產力，如果只養活自己，能夠超出需求的四五倍。如果沒有那兩億多分利者來消耗財富，那麼兩億人的生利者創造的財富，必然是現在的四五倍。如果讓那兩億人的分利者成為生利者，那麼全國的總資產一定比現在多八倍乃至十倍。我們中國土地第一、勞動力第一，三個生產要素中占了兩個優勢，唯獨缺少的就是資本。如果我們有這八倍十倍的資本，與世界上任何一個國家競爭商業，誰又能贏過我們呢？這還是在我們分工不細、機械不完備的情況下推測的；如果我們分工精細、機械完備，那麼財富的增長率，還算得過來嗎？國家富強了，而人民還很貧弱，這樣的事情我還沒聽說過呢。如果像這樣，那麼二十世紀世界的經濟競爭，我們國家一定無人能敵。但是，餓人說食，終不能飽，我應該拿天下蒼生怎麼辦呢？我應該拿天下蒼生怎麼辦呢？

其他省份的情況我不了解，我現在只說廣東省的情況。我們廣東省前總督張之洞把賭博改成稅收，李鴻章把小攤雜賭改成稅收之後，經濟日益侷促。鄉里的人民都說：「我與其每天在田地裡幹活賺一百錢，還不如去僱人開賭場能賺幾百錢，或者找人唱曲，賺得更多。」於是安徽省一大半人都做這些事情，小販、農民、手藝人等漸漸少了。普通小民怎麼會知道，轉行以為是能夠獲利，而不知一省的總勞力，漸漸被虛耗，一省的總資本也逐漸被消耗，不知道哪一天，一金就只能換幾斗米

了（這是最近的報導）！那些曾經把分利當作財富的，到底是什麼財富呢？廣東省近來的困窘，原因不止一個，然而官員開賭場進行分利，以此消耗有限的資本和勞動力，實在是最重要的原因。所以廣東省的盜賊很多，雖然也是因為風俗的緣故，但難道不也是因為生利者不堪重負，被迫為盜嗎？如果按這種惡性循環進行下去，十年之後，廣東省的生利者人數就不到十分之二三了，分利者一定多於十分之七八。這就是循環的例子。現在廣東在全國以富有而聞名，但弊端還這麼嚴重，可想而知其他省份的情況了呀！

讀者不要以為我說的這些都是隨隨便便的。當今是經濟競爭的世界，一個國家的榮辱沉浮，都與此相關。難道各位看不到八國聯軍入京之後，沒有要我一寸土地，但卻努力在擴張經濟事務的範圍嗎？難道只有占了我們的宮殿，住了我們的房屋，擄走我們的孩子，國家才算滅亡嗎？他們現在是在剝我們的皮、吸我們的血，最後讓我們枯瘦而死，他們想要的都已經得到了。那我們應該如何應對這種狀況？政府當然要造成自己的作用，但這並不是單靠政府或者那幾個人的能力就能拯救的，現在最要緊的事情，就是必須讓國家的生利者多起來，分利者減少。而轉變的次序，就是先讓每個人自己不要變成分利者，闡明其中的道理，然後勸勉全國的分利者以分利為恥。然後再開展新的政策，使從前的分利者可以有工作，有改正自我的道路，變成生利者。天下的事沒有中立，不進就是退，這兩者是相互消長的。如果真的能改變，我們國家的弊端就會全部消失嗎？改革的事情，是一步步來的，想要變成甲，就要先變乙，變了乙，還要變丙，說到政策上來，那麼我要跟誰一起討論、一起實行呢？嗚呼，我竟無言。

第十五節　論毅力

第十五節　論毅力

曾子說：「士不可以不弘毅，任重而道遠。仁以為己任，不亦重乎？死而後已，不亦遠乎？」這句話說得太好了！這句話說得太好了！

想要學做人，必須能夠堅信堅守這個道理，並且身體力行，否則即使有再高的志向和理想，即使有高超的才能，也最終無所成就。

人們的生活，常常與自然相競爭，是不斷競爭的過程。自然造物，往往與人類的意願相違背，所以自然的反抗能力也非常巨大。但人類有進步向上的天性，不滿足於當時當地的現狀，所以人的一生，就像幾十年的逆水行舟一樣，沒有一天能夠休息的。況且也不光是個人如此，大到一個民族，甚至更大的全世界，也都是在這條道路上孜孜以求的。他們的希望越遠，志向越大，所遇到的困難阻撓就越多。就像在小河裡航船與在大江大河甚至海上航船所遇到的困難不同，艱難的程度也與奮鬥的境界的廣度相關。道理就是這樣，不需要奇怪。

古今天下的事情，成敗不定。那麼憑什麼成功，又因何失敗呢？有毅力的人能成功，沒毅力的就會失敗。大概人生的路，十分之六七都是逆境，順境則很少，並且順境和逆境是相互交叉出現的，無論大小事情，必然會出現幾次乃至幾十次的阻力。阻力有大有小，都是無法逃避的。如果一個人意志薄弱，剛開始總說「我想幹什麼，我想幹什麼」，好像以為天下的事情都特別容易，等他一步步開始做的時候，阻礙還沒出現就已經喪失意志了。不太弱的人可能憑藉著一時的氣力，剛跨過第一關，再遇到挫折就要打退堂鼓了。稍微強一點的人遇到三四次挫折就會退縮。更強的可能五六次。要做的事情越大，遇到的困難就越多，要想不退縮也就越難，不是意志很強的人，很難把事情很好地做完。如果遇到了挫折不退縮，那麼，小的挫折過去就會出現小的順境，大逆境後必然有大順境。那些最難的盤根錯節的事情解決了，剩下的事情就會迎刃而解。旁觀者只羨慕他們能夠成功，以為他們只是靠運氣，是上天的寵

兒，又認為自己運氣不好，所以才做得不如別人。殊不知人在做事情時遇到的困難和幸運都是相同的，但是否能夠征服困難利用自己的幸運，每個人的處理結果是不同的。更比如划舟這樣的事情，如果要划舟幾個月行幾千里的路程，這期間風向有順有逆，相互交替，一個人能夠堅持忍耐，逆風而行，逆風過去之後就能夠從容順風而行了。我要是划一天就受阻折返，或者兩三天而返，五六天而返，那麼目的地就永遠無法到達。孔子說：「譬如為山，未成一簣，止吾止也；譬如平地，雖復一簣，進吾進也。」孟子說：「有為者譬若掘井，掘井九仞而不及泉，猶為棄井也。」成敗的道理，就看能不能堅持了。

人不能沒有希望，然而希望和失望是相輔相成的。只有失望的話，可能信念就會死去。培養自己的希望不讓它消失，靠的就是毅力。所以志氣、才能都不足以依靠，唯一可以依靠的就是毅力了。摩西是西方古代的第一偉人，他當初憐憫猶太人在埃及做奴隸，這是他的志氣勝於常人；摩西帶猶太人出埃及，最初埃及人不答應，經過十幾年才得以動身。他們動身之後，埃及人不斷阻撓他們，經過十幾次戰爭才離開了埃及。出了埃及之後，不能夠到達目的地，又在沙漠裡徬徨了四十年。但凡摩西的毅力有一點不足，可能在最初埃及人不允許他們走的時候就灰心了，或者在過程中見到埃及人阻撓就灰心了，或者在最終階段看到前往迦南目的地的路途艱險也就灰心了，這些情況只要發生一個，摩西也必定會走向失敗。曾經的哥倫布是新大陸的發現者。他相信大海的西邊一定有大陸存在，這是他見識過人。但在他年輕時，妻子和孩子都離他而去，錢財也沒有了，只能窮困潦倒地在大街上乞討，然後他遊說有權有錢的人，那些人笑話他，他又去葡萄牙的政府請命，政府也拒絕了他。當他奉西班牙王室之命出海向西航行，六十天了都沒見到大陸，同行的人想失望而歸，於是阻撓哥倫布不下幾十次，到最後甚至共謀想要

第十五節　論毅力

謀殺他，如果哥倫布毅力不足，那麼當初會因窮困而沮喪，然後會因沒有人理解而沮喪，後來因為艱難險阻而沮喪，最終因為危險災禍而放棄，那麼哥倫布最終就不會發現新大陸。曾經的巴律西是法國最著名的美術家，他認為法國的陶器太過於粗拙，想要改良，於是自己造窯試驗了幾年，家裡的錢財全部花光，後來又造了一個窯，又失敗了，最後沒有錢再造，就只能收集了三百多件土器再不斷試驗。日日夜夜不休息，卻始終沒有做成功，就這樣進行了將近十年。最後他第四次進行實驗，不管是磚石的製造還是窯竈的製作，全都親力親為。七八個月之後，才把窯做好，又用土做陶器，進行燒製。白天黑夜都坐在很熱的窯裡，等待著燒製成功，他的妻子每天給他送飯，看著很不忍心。到了第二天，太陽落山了，土質還是不變軟，但他還不離開，以致最後蓬頭垢面，憔悴得沒有人形了。像這樣過了一個星期，他都沒闔眼，但還是沒有成功。從此以後，不斷調製新的材料，在那裡坐守十天二十天對他都已經成為平常之事。最後一次的時候，所有的條件都已經完備，燒製快要結束的時候，柴火突然燒光，但此時火還不能熄滅，巴律西茫然若失，感覺自己的努力都要白費，於是把園子裡的籬笆都拔出來當作柴火，但還不夠，就把家裡的桌椅板凳全都砸碎投進了火爐，柴火不夠，又把木架砸碎，還不夠，把床摧毀了，依舊不夠，最後把門也砸了……他的妻子以為他瘋了，於是在家裡大聲呼叫並找來鄰居幫忙。沒過多久，他燒製的陶器陶質受熱變軟，顏色變得柔和，變成了一個很好的器皿。到那時候，巴律西因為製陶而過著貧困生活已經有十八年。如果巴律西毅力不足，他必定是一個失敗的人。又如架設海底電纜的維爾德，他曾經擁有百萬巨資，一心一意想做成這個事業，想要讓美國和英國之間跨越海洋連通電信。當時他請求英國政府資助，哀求了很多次才得到允許，而美國議院則反對聲強烈，對他的贊助僅以一票之通過，可以說是十分困難

的。當他剛開始鋪設電纜的時候，第一次鋪到五百里就失敗了，第二次是二百里，因為電流不通而失敗，第三次即將成功的時候，因為所乘的軍艦傾斜不能轉回，電纜也中斷了。第四次開動了兩艘軍艦，一個向愛爾蘭出發，另一個向荷蘭出發，中間只相距了三里，但線還是斷了。第五次嘗試，兩艘軍艦距離八十里電流才通，又突然失敗了，監督工程的人都已經絕望了，資本家也都後悔投資這個專案。第六次到了海上七百里一個叫利鞠的地方，電信才通上，本來以為已經成功了，然而電流又突然停止了，所以再次失敗。第七次又購買了新的線架設到距離荷蘭六百里的地方，將要成功的時候線又一次斷了。這個事業已經進行了一年多，而維爾德一家的財產已經花光了，他又一次頗費口舌，勞累不堪，遊說英美的富有者，另創辦了一家公司才最終取得成功，使全世界都得到實惠。如果維爾德毅力不足，嘗試一次、兩次、三次，最終也會失敗的。著名的迪斯雷利，四次競選議員也沒有成功，最後成為英國名相。加里波第曾經五次革命起義都失敗了，但最終建立新的義大利。史蒂芬·孫製作機器，十五年才做成。瓦特發明蒸汽機也花了三十年。孟德斯鳩的萬法精理也花了二十五年。亞當·斯密的《原富》，十年寫成。達爾文的《種源論》，十六年寫成。吉朋的《羅馬衰亡史》，二十年寫成。倭斯達的《大辭典》，三十六年寫成。馬達加斯加的傳教士，十年才能收到一個信徒。吉德材在緬甸傳教，拿利林在中國傳教，一個用了五年，另一個用了七年，才得到一個信徒。由此看來，世界上無論古今，也無論事業的大小，那些能夠有卓越成就，在當世彰顯並傳於後世的人，沒有一個不是堅韌不拔，具有強大毅力的。而且不光西方國家是這樣，如果徵引中國古代歷史，情況也是如此。勾踐在會稽山上，田單在即墨，漢高祖在滎陽、成皋等，原本都是失敗的跡象，而他們之所以最後成功了，就在於具有非凡的毅力。張騫出使西域，幾次都差點喪

命，往往幾天甚至十幾天吃不上飯，前後歷經十三年，而最終能夠在國外宣揚漢代的國威。如果張騫毅力不足，那也會變成失敗的人。劉備最初在徐州失敗，後來在豫州、荊州又失敗，已經到了垂暮之年，才得以在益州穩定大業。如果沒有毅力，劉備也是失敗的人。玄奘以唐朝國師的身分，翻閱蔥嶺去印度取經，路途上有猛獸，受到疾病和饑渴的折磨，語言不通也很難交流，這樣經過了十七年，最後才取得真經，回到國內宣揚佛法。玄奘如果沒有毅力，也是失敗之人。而且我們不需要徵引很遠，就看這幾十年來像曾國藩這樣的人，當時剛興起的時候也是殫心竭力，軍餉也沒有籌措充足（《與李小泉書》說：「我在衡陽的時候極力發動募捐，總是沒有起色，收到的錢財不夠萬元。各鄉的紳士前來殷勤資助，奈何鄉里物資並不多，想要放手幹一番事業，然而卻屢屢遇到困難。」又《復駱中丞書》說：「捐輸這件事已經託付給很多人，印發的宣傳冊也不少了，據說到了年尾某處一千，某處五百的。做事情就像水中撈月，就算已經完成一半，一經動搖也就全盤皆輸。」……因為當時鄉紳辦團只靠捐贈的錢財而不會把自己的財富拿出來），兵勇調和困難（曾國藩當初在衡陽辦團時，標兵突然闖入他的府宅，曾國藩勉強得以活命。他文集中的書札卷二《與王璞山書》《上吳甄甫制軍書》各篇都講述了自己這段經歷，所以這裡不多錄），副帥將領等難以駕馭（《復駱中丞書》說：「王璞山本來應該是我應該器重依靠的人，但是今年他在各個地方自我誇耀，而很多人也附和稱讚他的賢才，我還沒跟他共赴患難，現在就已經不願意聽我節制了。原本的同道中人、好朋友卻現在有了矛盾。」……當時用人的困難可見一斑）。衡陽水師已經訓練多年，剛一出戰就在靖港戰敗，曾國藩當時就想自殺，後來仔細想想才放棄這個念頭。直到咸豐十年，任江督，駐紮在祁門，蘇、常等地剛剛陷落，徽州也緊跟其後，周圍八百里都是敵人的地盤。有人勸他移師江西確保糧草

供給，或者遷到蕪江干保持糧路暢通。曾國藩說：「我離開這裡那就必死無疑。」到了同治元年，合圍金陵的時候，突然暴發傳染病，上自蕪湖，下到上海，士兵們都染上疾病。楊嶽斌、曾國荃、鮑超等將領都臥床不起，廚房裡沒人做飯，城牆上沒人看守，他苦守四十六天，最後才解除困境。事後曾國藩自己說這幾個月真的讓他肝膽俱焚。看他在《與邵位西書》中說：「軍事的事情一定要有權力、要有氣勢才能獲得成功。我現在處於無權無勢的地位，常常有爭權奪勢的感覺。年年依附別人，很少有人追隨我。」在《與劉霞仙書》中說：「荊軻和萇弘，他們都是有一片赤膽忠心的，但是往往不被人理解甚至是誤解。古今都如此，我怎能逃脫？屈原之所以自沉汨羅江，就在於他有良知。」在《復郭筠仙書》中說：「我曾經在湖南、江西，幾乎全國都不能容我。六七年間，我都不想聽聞天下的事情，然而自己想要做成的事情關乎天下，連性命都可以不顧，誰還在意毀譽名聲呢？所以我拙進巧退，以忠義來說服別人，才能苟且保全自己。」大概當時所處的困境，比上述這些還嚴重。當事業完成之後，統治者以為他有得天獨厚的運氣，卻不知道他當初所遇到的艱難險阻。他正是經過百折不撓的努力才有了今天。如果曾國藩的毅力有一點不堅定，最後也會失敗的。嗚呼！統觀古今中外的十幾個君子，那麼我們現在這些想要有所成就的人，可以思考一下了。拿破崙說：「兵家的成敗，關鍵在於最後的十五分鐘。因為我困頓的時候敵人也處於困頓之中。我計程車兵疲累的時候，敵人計程車兵也很疲累。那我趁別人困頓疲累的時候一鼓作氣去攻打他們，那勝利就一定屬於我。」這是說成功的辦法並不特別難。古語說：「行百里者半九十。」這說的是成功也並不那麼容易。是難是易，你們自己選擇吧。但是成敗的定論，也不能以那些俗人的看法而定。因為一個人志向越大，成就也越大，這個成就來得也就越晚。一個人立志拯救一個國家，國家的進步往往幾十、幾百年才

第十五節　論毅力

能完成；立志拯救天下，天下的進步需要近百上千年。而我們人類的生命，就算是聖賢或者豪傑，也只能活幾十歲，如果做任何事都要看到結果，那麼還怎麼擔負重任呢？所以應該明白馬丁·路德當然是成功的，而拉的馬、列多黎、格蘭瑪（這三個人為宗教革命而死。格蘭瑪被綁在柱子上燒死了）也都是成功的。哥倫布是成功的，而伋頓曲（他在夏威夷的時候被當地土著人殺害）也是成功的。狄渥是成功的，噶蘇士也是成功的。加富爾是成功的，馬志尼也是成功的。大久保木戶是成功的，吉田松陰、田東湖也是成功的。曾國藩是成功的，江忠源、羅澤南、李續賓也是成功的。成敗的判定要看他們的精神，而不是事情的形式。不然，孔子的七十二弟子沒有用處、在路上老死，耶穌在十字架上受難，難道都能說是失敗的嗎？所以真正有毅力的人，心中懷有長久的希望，而不計較眼前的得失。不是不求成功，而是知道這成功不是一朝一夕的事情，所以不求了。不求成功，又哪有失敗的道理呢？目光短淺的人只看到他們生命結束或者被殺害，就妄自議論說：「他最終失敗了。」他們怎能會知道天下的大事往往現在失敗、日後成功，在我這裡失敗、後人一定能夠成功這個道理呢？既然已經有現在努力得到的原因，那麼成功的結果也就指日可待。天下只有那些不做事情的人是一定會失敗的，而真正做事的人一定立於不敗之地。所以我說毅力有兩種：一種在乎成敗，於是做事就全力以赴，這叫做剛毅。第二種是不在乎眼前的成敗，把自己該做的努力做到最好，把生命獻給這項事業，這叫做沉毅。

像這樣的情況，不僅在於個人，對於一個民族也是如此。偉大的民族，它的行動一定是有遠大的目的，不斷地向目標前進，經歷幾十年甚至幾百年都不間斷。我們看看英國。克倫威爾以後，把對外通商建立殖民地作為國家的大政方針，之後的幾百年也不更改，直到世界上每個地方都遍布著英國的殖民地。五大洲，甚至不同時區的地方全都有英國國

旗，就這樣還覺得不滿足，殖民大臣到世界各地宣講進一步擴大的辦法。那麼俄國呢？俄國從彼得大帝之後，把向東侵略作為國家政策，之後幾百年不改變，擴張到近東時歐亞各國多番阻撓，擴張到遠東時歐洲、亞洲、美洲都來阻礙，但擴張的腳步依然沒有停止。俄國最近已經把自己的勢力擴張到滿洲了，又出現了達達尼爾事件（最近的國際問題，俄國蔑視《柏林條約》，讓自己的船隻從土耳其達達尼爾海峽出黑海）。統計全球的幾十個國家，有朝氣、有未來的，不過十幾個，考察他們的特點，都是因為他們的國民具有強大的毅力。當然也存在幾個一時起意學習強國的國家，但都是曇花一現很快就歸於衰敗，現在的南美洲就是例子。孟子說：「禍福無不自己求之者。」上天對待下面的民眾，不會有什麼私心。嗚呼！國民！我們的國民應該明白了！

　　我發現中國國民性的缺點不下幾百個，而最大的缺點就是缺乏毅力。那些老輩有權力的人，人們認為他們「守舊」。那麼守舊有什麼壞處呢？英國的保守黨在歷史上赫赫有名，功績卓著（現在的內閣還是保守黨）。那麼保守黨就應該堅定地保守下去，甚至以身殉之。為什麼戊戌變法一頒布，全國的保守黨三天就全不見了？義和團的起義，我雖然覺得他們很愚笨，但也驚訝他們的勇敢，認為他們的排外鬥爭應該可以成功，為什麼經歷了幾個月，一個區區外國使館也沒有攻下？為什麼八國聯軍一到，出現的只有順民旗，又不見義和團了呢？剩下的只有二毛子，而不見義和團了呢？各省鬧教會的案件本來就是野蠻的行為。但是我聽說三十年前，日本民間也有很多暴動濫殺外國人的事情，等雙方進行交涉的時候，領頭起事的人就會在外國官員面前自殺，不讓自己的義憤連累親人。而中國做類似事情的人都是一呼百應，但遇事就作鳥獸散，不顧大局，更連累自己的國家。至於那些進步人士，稍微了解外國的人，把維新當作口號進行標榜。維新難道不是好事嗎？既然是新的東

179

第十五節　論毅力

西，就應該不惜生命保護，為什麼看到金錢、聲色、官職的誘惑就動搖立場，不再堅持？有人說，是因為這些人心術不正。那些人當初或許也看到舊東西有些值得堅守，但是新的東西又不能不支援，都是想看朝廷的態勢換取自己仕途的發展，博取虛名保證自己的衣食而已。我說這樣的人固然不少，但我還不敢以這種惡意惡名來概括天下計程車人。總體說，就是意志不堅定，知道道理卻不能堅守，能夠開始卻不能善終，這樣的情況很多。那些守舊的人不值得說，至於那些號稱維新的人，有人說只要有這些人存在，就能夠得到安慰了。嗚呼！我認為這是不對的。天下事如果只是不知道，那還有希望，如果知道怎麼辦卻不做，就徹底無望了。知道卻無法實行還有希望，行動了卻不能盡全力、不能最終堅持的人最沒希望。所以我們有億萬個聰明卻軟弱的人，倒不如有一兩個真誠、樸實、沉毅之人。現在天下志士很多，但大多數都屬於前一類人，所以我特別為國家的未來擔憂。可悲啊！一國之中朝野上下，全是想要偷閒娛樂的人，沒有人考慮未來，少年都弱不禁風，面帶老氣，國家政策沒有能維持三年的，也沒有比較成規模的團體。嗚呼！國家如果像這樣，哪能不亡國呢？亡國之日不遠了！

　我並不責備守舊的人，我也不責備偽維新的人，我想嚴肅地告訴我們這些真正有志向改變國家的人：大家不要仗恃自己的一腔豪氣，也不要光發高談闊論，以為我知道道理、我提倡這些道理就足夠了。西方哲學家說：「知道責任是大丈夫的開始，而履行責任才是大丈夫的最終目的。」我們這些人不僅要認定我們的責任，更要終身為這個責任而奮鬥。我們認定責任的那一天，我們就不再屬於自己，而是屬於我們的國家，今後不能不勤勉不倦地工作。然而天下大事都是有順有逆，我們也一樣！應該知道天下不存在一帆風順的事，如果你害怕遇到困難，那你不如不做，乾脆放棄責任與平民百姓為伍。如果不願意這樣，那麼今後遇

到的種種煩惱和困難，就當作磨練心智、鍛鍊能力的機會吧，那麼事事處處都可以供我學習了。我有什麼好埋怨的？有什麼好怕的？我的願望沒有盡頭，學習沒有盡頭，知識沒有盡頭，行動沒有盡頭。《論語》中說：「望其壙，睪如也，宰如也……君子息焉，小人伏焉。」毅力達到了，聖賢境界也就達到了。

第十六節　論義務思想

第十六節　論義務思想

權利和義務都是對等的，人人生而有權利，人人生而有義務。在野蠻的年代，有權利的人沒義務，有義務的人沒權利，這是不公平的。不公平就不可以長久，所以世界漸漸文明，就不會出現無權利的義務以及無義務的權利。只有取消無權利的義務，人們才能夠努力工作無所懼怕，只有取消了無義務的權利，那麼自安閒適的人也就不必高興。

那些不公平的權利和義務不會久存，為什麼呢？這是物競天擇的道理決定的。權利為什麼會出現？因為勝利而被上天選擇。勝利從何而來？因為競爭而變得優秀。優勝是什麼意思？就是說他所盡義務的分量要比常人多。有人提出異議說：世界優勝劣汰的進化不是光當今世界才有。你前面所說的有權利無義務、有義務無權利的人，不也是優勝劣汰的結果嗎？那些還沒對人民盡什麼義務，卻擁有優勝的資格、可以藐視一切的人，歷史上比比皆是，而你現在以盡義務作為優勝的原因，不是很迂腐嗎？我回答說：不是這樣的。凡是天下公平、不公平的權利，在他最初得到的時候，一定是因為他盡了特別的義務，所以得到了這樣的補償。就像世襲的君權，現在感覺是不公平的，但最初是什麼情況呢？人民當初結成群體，散漫無力，這個時候，出現一個身體強壯，能夠為群眾抵擋住猛獸的人，能夠與敵人作戰保護百姓的人，人們才選他做君主。又或者當時紀律混亂，沒法統一，這個時候他能夠用自己的智慧建立起法度、制度，調和矛盾，人們才把他當君主。又或者前朝綱紀混亂，局勢動盪，一個人能透過自己的力量使社會安定，人民安居樂業，那麼人們才把他當君主。像這樣都是對一個群體的人盡了義務，付出比常人多的東西。所以追本溯源，不能說不公平。不公平，是針對後世承襲的人而言的。（篡國弒君的人雖然使朝代改姓，但還是憑藉著前代的權威，所以跟世襲是相似的。至於外族入侵奪國，下文進行論述。）他憑藉著自己得到的權利卻加以濫用，反抗了自然的規律，使競爭不能在

正常的秩序下進行，然後一切權利和義務都變得不公平了。所以專制政體的國家，一定要束縛住民眾的心思才能把自己建立在至高無上的地位。像中國的科舉取士，以資格做官，都是這一類，如果不這樣的話，那麼不公平的權利就無法儲存了。雖然這樣，自然的規律是不能長久抵抗的，就像水流即使有堤壩攔住，它也不會停止不前，或者改道別的地方，或者就乾脆把堤壩沖毀，這是因為水原本就是要流到大海的。所以權利和義務兩者平衡，是天然的規律。當今歐美等國不公平的權利或者義務幾乎絕跡了，那麼中國違背自然規律會長久嗎？我說：從今以後，只要盡了自己的義務就不用擔心沒有權利，如果不盡義務就不要希望能夠得到權利。

（附記：有人說權利最初出現都是因為義務之說，如果拿君權來說，像外族侵略中國，就能長久地享有無義務的權利，這說明什麼呢？我回答他說：這有兩種解釋。第一，仍然是因為承襲。繼承幾千年來不公平的君權的權威，我能夠篡得君權，就可以承襲君權的餘威。第二，是國民的義務思想太淺薄了，所以外人可以乘虛而入。朝綱紊亂時，把政治穩定下來，糾正不正確的政策，這本來是國民的義務。國家內亂，國民有義務平定內亂。但事實上這些事情國民都沒有做到，就是放棄了自己的義務。既然放棄了義務，也就不再享有相對應的權利，這就是自然的規律。外族人乘虛而入取代了我們的位置並穩定自己的地位，雖然不是為我們盡義務，然而與我們國民相比，還是比我們做得更多。那些能夠入主中原並統治較長時間的外族人都是這樣的，他們雖然並不公正，但我們只能怨自己，怎麼能怨別人呢？）

悲哀啊，我們國家國民的義務思想太薄弱了。我曾經寫過《論權利思想》切中要害，我知道聽到這個的人一定很高興，就叫囂著：「我要爭權利！」雖然這樣，我所謂的權利思想，就是深深憤恨幾千年來中國

第十六節　論義務思想

有人所擁有的那種無義務的權利思想，所以想要反抗它。而誤解我的人現在又想尋求無義務的權利，如果一個國家的人民都尋求無義務的權利，那跟磨磚求鏡、炊沙求飯有什麼區別呢？我現在想說權利和義務相對應的道理。父母在孩子幼年有撫養的義務，所以他們在晚年有可以享受子女贍養的權利。丈夫有保護妻子的義務，所以才有妻子服從於我的權利；用人對主人有盡心勞動的義務，所以有要求支付薪水的權利，這是最淺顯的道理了。作為孩子能夠自己盡做人的義務，不需要讓父母代勞，然後就可以要求父母給自己自由的權利，這就是其中的道理。然而這不過是個人對個人的關係而言。至於人的群體，人們之所以希望在群體之中，就是因為我可以藉助群體獲得種種權利，然而群體若散漫就不能自立，所以必須遵循經濟學原理進行社會分工。如果群體中有匱乏、有困難，我就要去做，但是榮華富貴，我只能享有自己得到的那份，那就是無權利的義務。群體中的人中有一個人遊手好閒，群體就少一分力量，要是群體的人都是如此，那這個群體就會滅亡。所以群體中那些勞動的人分取那些不勞動者的權利，也不是沒有道理。為什麼？這是債主對於借債人的手段。享用群體生產的財富，而卻不透過自己的勞動進行補償，那麼你還能享有群體的權利嗎？所以說天下沒有無義務的權利。

我說中國人沒有義務的思想，現在舉幾個例子。政治學家說國民有兩個主要義務：納稅的義務和服役的義務。國家沒有屬於自己的產業，如果人民不納稅，政府的費用從何而來？把一個地區叫做一個國家，那就是相對別國而言的，如果人民不服兵役，那麼怎麼保證國家安全？但中國國民最怕的就是這兩件事，如果能夠躲過這兩件事，就覺得是走大運了。從前歌頌君主的德行，都以減免賦稅作為第一大功德，就像宋代把徵兵改為傭兵，本朝康熙年間宣布永不加賦稅，都是人民最感恩戴德的事情了。但他們怎麼知道由於傭兵，愛國之心就不會存在。由於永不

加賦稅，想要在民事上有新的作為，就沒有錢供支配，那麼善舉也就不得不作罷。西方各個國家都不是這樣的。凡是成年人都要服兩三年的兵役，租稅的名目很多，每年繳納的稅額也是我們國家的四五倍，人民都沒什麼怨恨。難道他們就不珍惜自己的血汗嗎？想想原因，是因為他們認為那是自己的義務，知道履行了義務就能夠享有相應的權利。匈牙利被奧匈政府壓制，最後奧法交戰，奧地利不得不借助於匈牙利的兵力，於是匈牙利也逐漸恢復了自治憲法（1860 年）。西方人有一句話說：「不出議員代表，就不納稅。」英國的《大憲章》的權利法典，都以繳納租稅作為要求。法國大革命也是因為違反這個公例而爆發的。所以歐洲國家人民對於國家的義務可以承受，必定要要求相應的權利。中國人對國家的權利不太關注，而他們只想逃避義務，就像頑童說我不求父母養我，只求父母不要讓我幹活。沒有父母的養育，就無法存活，既然養育了子女就不得不讓他們勞動。只有這樣的養育勞動，父母和孩子之間才能更親密。所以權利、義務兩種思想，是愛國心的源泉。人就算再笨，也不會不願意接受父母的養育，頑童之所以想要放棄這個權利，是因為怕勞動。現在有些人認為中國人的毛病在於沒有權利思想。但我以為，沒有權利思想是惡果，而沒有義務思想才是原因。中國國民與國家之間的關係漸漸疏遠，對國家的生死存亡已經漠不關心了，都是因為這個。

現在我們如果不先培養義務思想，即使有權利思想也是不完全的。這就像是頑童不想幹活卻又希望父母養育一樣，像懶惰的用人不幹活還想受主人恩惠一樣。我看現在談論權利的人就像這樣，羨慕別人有自由民權，卻不知道權利從何而來。別人是透過血淚換來的東西，我們卻想透過說幾句話就實現。別國不論大小、貴賤、貧富都有自己相應的義務，而回看我們國家，像官吏的義務、君子的義務、農工商業者的義務、軍人的義務、保守黨的義務、維新黨的義務、溫和派的義務、激進

第十六節　論義務思想

派的義務、青年的義務、少年的義務、婦女的義務等，有一個人過問過嗎？審看自己的地位和才能，能夠不慚愧地說自己已經完全盡到義務了嗎？沒有這樣的人。七個孩子的母親，最後沒有一個人去贍養她，說她沒有孩子也是可以的。一個國家雖然有四億人口，卻沒有人履行義務，也可以說這個國家沒有國民。

我們中國的先賢聖人，就是西方所說的義務教育者。孝、悌、忠、節，有哪個不是以義務來要求的？那麼比較而言，中國人義務思想的發達，比權利思想要發達許多。但這也是不完全的義務思想。無權利的義務，就像做沒有報酬的勞動，這是第一種意義上的不完全。有私人對私人的義務，而沒有個人對團體的義務，這是第二種意義上的不完全。我現在論述的是公眾義務。

第十七節　論尚武

第十七節　論尚武

　　世人有一句名言：「野蠻人崇尚武力，文明人崇尚智慧。」嗚呼！這是迂腐死板、不懂得根據情勢而變通的言論啊。羅馬文化豐富燦爛，曾經統治了歐洲的一大半土地，但一遇到日耳曼民族的野蠻武力，就突然一蹶不振，帝國最後都歸於滅亡。以當時羅馬人的智慧程度，豈不是比日耳曼民族要高出許多嗎？但是柔弱的文明最終抵擋不了野蠻的武力。那麼崇尚武力是國家的元氣，一個國家有賴於武力才能夠建立起來，它也是文明得以維持的保障。俾斯麥曾經說過：「打天下可以依靠的東西不是法律，而是鐵和血。」只有法律是不足以依靠的，建立國家如果沒有尚武的國民、鐵血的政策，即使有發達的文明和智慧，即使有廣闊的土地和很多民眾，也無法在競爭激烈的世界舞台上立足。

　　我們可以參考一下斯巴達的情況。斯巴達的教育就是嚴格的軍事化的教育。嬰兒在出生之後，必須由官員檢查身體的健康程度，如果不合格，當即就會被殺死。孩子長到七歲，就可以加入幼年軍隊，教他們體育，訓練時赤腳裸體，衣食的標準都很低，以養成他們忍饑挨餓、吃苦耐勞的習慣，他們的生活和教育全都由國家專門的部門負責。等他們成年結婚之後，也不允許自己待在家裡，白天他們共同在食堂裡就餐，晚上一起睡在營帳中。甚至女人也要和男人一樣接受嚴酷的訓練，即使老婦或者少女也有一種彪悍勇敢的氣質。母親送孩子參軍都要命令他們：「希望你背著盾牌回來，否則就讓盾牌捎你回來。」全國的男女老少，沒有不好勝輕視死亡的，這已經成為他們的習慣，等他們對敵作戰的時候，就像平日裡練習體操一樣冒死犧牲，從來不知道有害怕退卻這件事。斯巴達國土很小，全國的人口也大概不到一萬人，但他們對外能夠牽制幾十萬的外族軍隊，挫傷他們十幾萬的部隊，雄霸希臘，唯一的原因就是崇尚武力。再看一下德意志的情況。十九世紀中葉，日耳曼民族被分裂成很多個小國，國力萎靡不振，受到拿破崙的蹂躪，日耳曼民族

不堪拿破崙的屈辱，於是改革軍制，首創了全民皆兵的制度。國民只要年滿二十歲，就必須加入軍隊，所以全國的人民都受到了軍人的教育，具有從軍資格。俾斯麥又宣揚鐵血政策和民族主義，每天都訓練國民的國民性，去除他們散漫頹廢的習氣，養成英勇不屈的精神。然後由君主帶領他們起兵反抗，以英勇的雄姿開拓了他們的民族帝國，君主對於教育的指示就是：「必須訓練全國的少年，使他們成為輔佐我稱霸世界的幫手。」所以他們的國民都奮發圖強，勇敢無畏，德意志就成為世界上唯一的武力國家。德意志是新建立的帝國，只有三十年的歷史，卻能夠摧毀奧匈帝國，征服法國，在歐洲傲視群雄，就是因為崇尚武力。再看俄國的例子，俄國地處北部極為寒冷的地區，擁有廣闊的平原，以農業立國，習慣於辛苦勞作，所以他們的人民都堅毅彪悍，富有野蠻的力量，能夠忍耐艱苦，生活簡樸，已經成為一種風氣，而俄國的國民又全體一致服從命令，性情最適合軍隊。先前沙皇彼得大帝的遺訓就是以侵略作為國家的宗旨，這種思想已經深入到國民內心，所以俄國國民人人都有踏遍全球、蹂躪歐亞的雄心壯志。他們蠻力頑強、性情堅忍，即使有大敵當前，也不會收起他們的鋒芒。俄羅斯是半開放的國家，文明的程度不如歐美國家的一半，所以東侵西略，非常讓歐洲人害怕。有人說斯拉夫民族之所以勢力越來越大，是因為他們奪取了條頓人的統治權，成為世界的主角。那麼為什麼會這樣呢？因為他們崇尚武力。而且不單是歐洲國家如此，中國的東鄰日本，人數只相當於我們的十分之一，但他們也輕視死亡，十分剽悍，把民族的武士道精神和大和民族精神發揚光大。所以最初徵兵的時候，還有人想要逃避徵兵入伍，而現在則打仗希望戰死，從軍就沒打算生還，這樣的尚武之風，全國一致。庚子戰役，因為日軍的戰鬥力很強，部隊精銳，成為八國聯軍中最強的，令歐洲白人佩服。日本近年來非常重視發展體育事業，希望能使國民具備軍人的

第十七節　論尚武

本領和軍人的精神。日本國土只有三個小島，也是近三十年才發展較快，然而卻能戰勝中國，確立自己的國威和霸權，屹立於東洋之上，也是因為尚武。至於德蘭士瓦（原南非東北部省份——譯者注），沒有成功獨立，可以說是失敗了。當初他們密謀獨立的時候，已經開始積蓄武力，兒童在學校的時候會給他們獵槍，讓他們練習射殺森林裡的飛鳥，到了學校會按照他們射殺的數量進行賞罰，希望能夠以此培養將來上戰場的戰士來保家衛國。於是戰爭開始的時候，部隊精銳戰鬥力很強，勢無可擋的樣子，甚至是少女、婦人，也都改變了裝束投入戰鬥。德蘭士瓦原本只是彈丸之地，還不到英國的一個縣，最多也就幾萬人，但現在卻能抵抗世界上最強大的英國，英國人花費了百萬巨資，動用了三十萬精兵，經過長達幾年的戰鬥，最後才把他們制服。為什麼這麼難呢？因為德蘭士瓦尚武。上述幾個國家，文化程度深淺不一，民眾數量也多少不一，國土有大有小，但他們能夠馳騁天下，在世界上立足，無一不是靠尚武的精神。世界之大，國家之眾多，盛衰全靠這個精神。

悲哀啊，我們中華民族不尚武！中華民族在兩千年前就已經開化，但是出去與外族打仗，無一不是受挫敗北，受盡外族凌辱，這實在是中國歷史上的一大汙點，是中國民族幾百代的恥辱。從周代以來遭遇戎禍，後來又有玁狁，再後來又有犬戎來侵犯我們。秦漢以來，凶悍的匈奴成為最大的外患，秦始皇英勇，把匈奴阻隔在長城之外，漢武帝把匈奴圍困在白登之間。漢武帝是有雄才大略之人，不斷對外用兵，衛青、霍去病等大將幾次出塞，平定南粵，威震西域，但是始終不能徹底摧毀匈奴民族，抓住他們的單于，於是匈奴的外患與漢代歷史相始終。魏晉時期五胡亂華，外族在我們中原的土地上橫行霸道，國家動盪，處在腥風血雨之中，匈奴、鮮卑、羌、氐、羯等民族相繼入主中原，在黃河以北統治了二百五十多年。唐代平定了亂世，軍隊士氣強盛，李靖在陰山

打敗了突厥，於是俘獲頡利，這是漢族對外族作戰的一大壯舉。然後多次出征高麗，可最後都沒有成功，而且突厥、契丹、吐蕃、回紇等外族又在國家的西北成為邊患，最終導致了唐代的滅亡。五代時期，石晉把燕雲十六州割讓給契丹，淪為外族數十年，而且對外族稱臣，俯首聽命，漢族的命運就牢牢地掌握在外族手中。宋代剛立國的時候，遼國成為邊患，到了徽宗、欽宗時期，又出現了女真族。那時候宋代謀士和武將都很多，比如韓世忠、岳飛、張俊、吳玠等人，但這些人拚盡全力也沒能制服金兀朮。金代衰落後又出現了蒙古，於是宋代被取代。我們中華泱泱大國，頻頻受到外族侵擾，並對外族俯首聽命，就這樣持續了一百年。明朝之後，勢力更加衰弱，先是皇帝被俘，後來遇到滿族而亡國。嗚呼！從秦朝到現在，已經兩千多年了，但是我們炎黃子孫在外族的統治下已經三百多年了，北方的那些人，屈服於外族已經七百多年。每年還依然會出現邊患，沒有安定的時候，可是都不能真正給外族一個沉痛的打擊，消滅他們的企圖和威風。嗚呼！我們中華民族是有偉大智慧和開明文化的，為什麼外族還敢來侵擾我們？為什麼我們被外族統治的時候不敢奮起反抗呢？難道不是因為我們武力脆弱，人民軟弱嗎？一有什麼意外發生就被強力所制服。那些跳樑小醜我們還無法抵抗，何況現在在壓迫我們的那些白人呢？他們有現代文明的武器，受過完備的訓練，施行帝國主義和民主主義的運動，軍隊戰鬥力那麼強，絕不是匈奴這些外族可以比擬的，難怪我們對白人只能一敗再敗，最後無處立足。中國是以文弱聞名天下的，我們骨子裡有柔弱怯懦的毛病，甚至那些強悍成性的少數民族也會被我們同化，染上我們的軟弱，失去堅強剽悍的本性。嗚呼！強悍的人不是一天練成的，軟弱也如此，冰凍三尺非一日之寒。我認為我們民族之所以軟弱的原因，大概有四個：

一，因為國家的統一。人本來是一種慾望強烈、好勝心強的動物。

第十七節　論尚武

衣物飲食、貨物土地都是人們生活所必需的東西，也是人人慾望的對象。每人都有此慾望，就希望能夠多獲得，所以在與其他人相處的時候，就希望擴大自己的權利，即使侵犯了別人也不改貪得無厭的本性。國家之間的競爭也與此相似，想要擴張權利，侵犯別人。然而別國也同樣有擴張的慾望，所以一定會竭力抗爭，拚盡全力進行自衛，只要有一點點退讓或者遲疑，戰爭就會失敗而無處立足。所以世界上存在那麼多國家，最重要的就是國防。人民和士兵以力量和武功進行戰鬥，想要保有自己的權利，即使是做出巨大的犧牲也在所不惜。當時的人們都有一種豪俠之氣，都身懷武功，受到別人侵犯就一定要挺身與之做鬥爭。離我們較遠的有戰國，較近的有現代的歐洲，都是我們身邊的例子。如果國家統一，那麼人們的慾望供養就得到保證，也就不再進行鬥爭，生活可以高枕無憂，曾經人們的勇氣和武功就不再有用，於是心思放鬆、勇氣漸衰、筋骨不強。戰國時期崇尚武力，統一以後就尊崇文官，這是事情自然發展的狀況。中國從秦開始實現大一統已經很久了，期間雖然有南北分割的情況，也只不過是兩三百年而已，最後又歸於統一。中國地大物博、物產富饒，所以即使外族環繞在國家周圍，但他們所侵犯的土地也不過幾個郡縣，實在不足以影響整個國家，於是國家也就不屑於與外族爭搶。有時候只是稍作牽制，不讓外族進犯騷擾而已，從來沒有盡全力與外族爭奪過。國家太平，社會穩定，所以人們都愛好詩詞歌賦，平時行為有禮有節，以文雅作為風尚。即使有一些勇武之士，也只是閒散在家無用武之地，上流社會還會因為武人的粗魯莽撞的行事而排斥他。重文輕武已經成為習氣，所以軍隊就逐漸頹喪、士氣低落，形成兩千年來陳腐的風氣，人民也同樣軟弱無力，氣息奄奄，像女人一樣柔弱溫和。嗚呼！天下人誰不厭惡戰爭，希望和平？但誰又知道長時間的和平使我們民族逐漸衰弱，達到現在這樣的程度呢？

二，儒教的流失。宗教家的學說都比較傾向於世界主義。他們原本懷著一顆仁慈的熱心，闡發高尚的哲理，所以他們所說的話都是企求世界人民的共同幸福的。所以西方宗教宣揚天國和平，宣揚待人如己；印度宗教宣揚一切眾生平等，以黃金世界作為最終的歸屬。儒教更多地接近現實世界，所以孔子作《春秋》，目的是希望諸夏夷狄各民族都能夠和平相處、共建太平。《禮運》講了很多聖明道理，「不獨親其親，不獨子其子」，希望能夠達到天下大同的境界，破除國家的界限，以仁愛作為最終旨歸。這些都是在理論上希望達到至善的境界，但在現實世界中卻是不能實行的理想。然而信奉耶穌的人，都有堅強好戰的風氣；信奉佛教的人，都輕視生死，只有我們儒教的中國，是一副膽怯懦弱的性格，這是為什麼呢？《中庸》說過：「寬柔以教，不報天道。」《孝經》說過：「身體髮膚，不敢毀傷。」所以儒教在戰國的時候就已經有人諷刺其儒懦、儒緩。但是孔子並不是用儒家學說教人儒緩。見義不為，謂之無勇；戰陣無勇，謂之非孝。這些不都是以剛強的精神激發人民的氣節嗎？後代的賤儒只想著保全自身，就以那些悲憫和矯枉過正的言論作為藉口，不效仿孔子的剛強而傚法其柔和的一面，暗地裡還偷取了一些老莊的陰柔學說，篡改了孔子學說的主要宗旨，把錯的東西當成對的來實踐，把冒險、狹義、勇武都當作不好的事情，把「忍」作為對自己的最高要求，即使受到別人的欺負、外族的凌辱，剝奪他的權利、侮辱他的國家，甚至掠奪他們的財產，侮辱他們的妻子、兒女，他們竟然還能夠俯首帖耳，忍受連奴隸都不能忍受的恥辱，也都不敢對外族怒目而視、奮起一搏。嗚呼！受到侵犯也不跟別人計較，這是曾經賢德之人的美德，但是我們現在生活在處處都是競爭的弱肉強食的世界，拿這種處世之道對待那些剽悍侵略之人，這就像是引狼入室，刀已經架在自己脖子上了，還與敵人高談道德仁義，這不僅不能讓自己活下來，反而更增加了自己的

恥辱。從前賢德的人所標舉的處事方式，導致了現在柔弱沒有骨氣的民族，他們受盡侵略侮辱不知道反抗，這些難道是曾經的賢德之人所能預料的嗎？

　　三，稱霸者摧毀豪氣。稱霸者獲得天下，最初穩定之時，都是以減少武力宣揚文教作為自己的主要工作。他們振興文教，確實是國家的當務之急，於是必須先把那些武將穩定下來，這真的是因為「馬上得天下，不能馬上治之」的道理嗎？然後就要減少軍隊、施行禮樂、文致太平，這真的是為了維護國家的形象嗎？稱霸者雄霸天下的基本上都是在草原沼澤中摸爬滾打過來的，每天與戰馬相伴這樣才能練就強悍的武力奪取天下。他知道可以用武力去征服天下，我可以用武力征服別人，那別人也可以用武力征服我，如果每天不實際訓練，只是紙上談兵，即使那些勇武的人也不能擔負起打仗的任務。他的寶座之下，如果還有驍勇善戰的將士，臥榻之側有他人鼾睡，那對於統治者就是一大威脅，而江湖上如果有游俠任氣之風，人們都桀驁不馴、身懷武功，對於天下都有自己的一番看法，都喜歡比試武功，那麼對於統治者則是一個更大的危險。既然存在這樣的危險，那就不得不採取措施解決這些問題，辦法有兩種：第一種叫做「鋤」，天下只能有一人剛烈，而萬民都很柔弱，這樣統治者才能稱霸天下。如果有其他剛強勇敢之士，就一定要趕盡殺絕，即使這些人是曾經輔佐他登上皇位的，也一定不能讓他們的勢力存在，以免後患。如果民間有一些豪俠之士，就一定要透過施加嚴刑酷法進行誅殺。秦始皇、漢景帝、漢高祖、明太祖這些皇帝都對曾經的功臣武將採取這樣的措施，都是斬草除根。然而殺了這些人會引起民憤，後世也會有人進行反抗，所以就採取了另一個計策：「柔」。透過詩詞歌賦、書法詞章、政策律令等多種方法使他們遵守規矩，柔化他們的筋骨、材力，然後柔化他們的言論，最後把這種思想灌輸進他們的頭腦，使他們

失去反抗性。天下人士即使有一些驍勇之人，也會被這種種措施弄得神經疲敝、患得患失，整天沉浸在歌詠之中，不再有力氣和精神進行武力競爭。統治者就不用一兵一卒就把天下的英雄盡收囊中，他們不再有當年的豪氣。一個稱霸者出現，用這種方式摧毀士人們的豪氣，其他的稱霸者也都使用這種方式，最後，經過幾個朝代，人們就會士氣低落，低迷頹廢，這就是稱霸者的手段。嗚呼！他們怎麼會料到這種弊端會招來勇猛的外族的入侵呢？

四，風俗的濡染。世界上能夠改變人的力量，最大的莫過於習慣。秦朝統一天下，女子也知道同仇敵愾。斯巴達尚武，女人也能夠輕視死亡。那麼秦朝和斯巴達的人民，他們是生來就人人有這樣的優良本性嗎？這是因為風氣的薰陶，逐漸染上的習氣，時間久了、日積月累就變成了人的第二天性。我們中國有輕視武力的習氣，也是日積月累導致的。古人有一句諺語：「好鐵不打釘，好男不當兵。」所以人們提到「軍人」一詞，簡直就是潑皮無賴的代名詞。那些號稱武士的人，在別人看來就是為人所不齒的卑賤之人。東西方國家對待軍人都特別地尊重，要對他們禮遇。一人入伍，全家光榮，鄉里鄉親也覺得榮耀，宗族和親友們更是自豪，從軍成為人生第一光榮的事情。正是因為人們如此重視這件事，所以全國人民的關注點全都集中在這上面。一切文學、詩歌、戲劇、小說、音樂，沒有不激昂澎湃的，旨在激發人民的勇氣，把這種勇氣培養為國家的靈魂。只有我們中國輕視這件事情，全國上下對此不加關注。學者的議論、文學家的作品都諷刺那些尚武喜功的人，告誡人們不要有擴大疆土的想法。那些所謂的名篇佳作，都是描寫戰爭的殘酷和艱苦，吟詠戰爭流血的慘狀，讓閱讀的人垂頭喪氣、神情沮喪；至於那些小說、戲劇，寫的都是才子佳人的纏綿柔情；管絃音樂，演奏的都是那些柔蕩綺靡寄託故國哀思的作品。整個社會，目之所見、耳之所聞的

第十七節　論尚武

東西都在消磨人的意志，摧毀人的雄心。這種不好的風潮瀰漫整個社會，沒有人不受到影響，就好像是傳染病，即使曾經有雄心壯志的有志青年，也在日日夜夜的消磨中丟卻心智，幾年之後就像老人或者婦女一樣失去了陽剛之氣。嗚呼！社會風俗是鑄造國民的爐火，但誰見過腐敗頹廢的社會風俗能夠鑄造出沉毅勇敢的國民呢？

以上幾種不好的原因，都是千年以前種下的種子，現在結成了一大惡果。人之所以能夠生存，國家之所以能夠存在，都是藉助於自主權的。想要儲存自主權，就一定要有自衛的能力做後盾。別人罵我，我就以牙還牙，別人欺負我，我就用自己的力量去反抗，只有這樣才能在周圍列強虎視眈眈的激烈競爭的世界上自立起來。然而以牙還牙進行反抗，必然也要依據國際公共法律的支援，必然要有強而有力的武力，才能實現自衛的權利。中國被稱為「東亞病夫」，手腳癱瘓，已經失去了防衛的機能，東西方列強都已經磨刀霍霍，準備侵略我們了。如果我們不趕快拔除民族文弱的劣根性，奮起鬥爭一雪前恥，那麼我們中國人還能在二十世紀的競爭中占有一席之地嗎？我聽說我們國家進行軍事建設，已經幾十年了，其間購買軍艦訓練軍隊，建立工廠製作武器，勤勤懇懇歷時很久，但為什麼不堪一擊很快就毀滅了呢？他們所說的武，只是一種形式，而我所說的武，實際上是內在的精神。如果沒有精神祇有形式，那就無異於披著狼皮的羊，要是遇到真正的猛獸，只能原形畢露任人宰割。那麼我們想要培養尚武的精神，就必須具備三個要素。

一，心力。西方學者說：「女子本來是很柔弱的，但一旦做了母親，就會變得很強大。」那麼柔弱的女人為什麼會突然變強？那是因為她的所有精神和感情，都集中在自己孩子身上。孩子遇到危險，就一定會挺身而出。即使是那些艱難恐怖的境地，男子都要害怕退縮，她卻能夠勇往直前，完全不像曾經的柔弱之態。因為在她心中、眼中，只在乎自己

的孩子，卻不在乎自己怎麼樣，又怎麼可能在乎處境艱險呢？如果心力渙散，勇敢者也會害怕，心力專注，柔弱者也會變強大。所以那些報仇雪恨、改革社會、謀劃大事想要成功的，想計策、求鬼神都是沒有用的，唯一依靠的就是他們強大的內心。張良一個文弱書生竟然去刺殺秦始皇，而申包胥自己漂泊不定卻儲存了楚國，這都是因為受到了內心的驅使而行動的。越國亡吳國、楚國亡秦國，希臘打敗波斯王的大軍，荷蘭擊退西班牙的戰艦，這些都是受強大的心力驅使而做成的。嗚呼！如果處境不夠艱難緊急，人心就不會奮起，也就不會用力反擊。曾國藩論述用兵之道：「官軍追捕罪犯，到處都是生路，只是不能一味向前追擊。而罪犯抗擊官軍，到處都是死路，只有一味向前才能求得生路：官軍之所以不能制服賊人就是因為這個。」現在外國列強侵略我們，他們戰爭的包圍圈越來越窄，局勢日益緊急，更不惜以百萬雄師包圍我們的軍隊，那麼我們現在的生路只有一條，那就是突出重圍，奮勇向前。後有猛虎，懦夫也能跳下山澗；房屋失火，柔弱的女子也能跳上房簷。我希望我們的同胞們能夠鼓起勇氣，不要奄奄一息坐以待斃了。

二，膽力。世界上到處都是危險的地方，對於那些有膽量的人來說卻沒有危險的地方。世界上到處都是可怕的道路，對於有膽力的人來說卻沒有可怕的道路。難不成是上天把這些困難危險都消除了，以私心對待那些人嗎？世界上一切的境遇，都是由我們的心態決定的。面對我們以為困難、害怕的東西，先在士氣上軟弱下來，所以外在的處境才會趁我們虛弱膽怯之時打擊我們。如果我們勇敢無比，士氣充足，那就可以置之死地而後生，無往而不利了。項羽破釜沉舟來攻打秦國，韓信背水一戰才能打敗楚軍，他們在兵力上都是敵強我弱，難道都沒有面臨危險嗎？不是的，但他們能夠鼓起勇氣，敢於鬥爭，最後才取得成功。納爾遜說：「我不知道害怕是什麼東西。」難道他在人生道路上真的沒有遇到

第十七節　論尚武

過危險的事情嗎？不是的，是因為他勇敢才取得成功。自古英雄豪傑，創立萬世奇功，建立國家偉業，哪一個不是冒著巨大的風險，經歷巨大的磨難，最終靠自己的勇氣成就的呢？膽量，是從自信心生發出來的。孟子說：「自反而不縮，雖褐寬博，吾不惴焉；自反而縮，雖千萬人，吾往矣。」國家的興亡也是如此。不要相信別人，而要相信自己，國民如果相信自己能夠興盛，那麼國家就會興盛，國民如果相信自己將要滅亡，那麼國家必定滅亡。以前英國將軍威士勒曾說：「中國人有能力稱霸全世界。」我有這種能力卻不自信，不能鼓起勇氣。那麼就算以這種能力與其他列強進行競爭，我也只會日日擔心列強的侵略乾涉，不思進取，擔驚受怕。那些勇猛獰厲的外國列強，難道會因為我們的害怕而放棄侵略我們嗎？嗚呼！害怕就會招致別人的侮辱，害怕戰鬥就一定會招來禍患，怕死的人最後一定被人打死，那麼我們害怕又有什麼用呢？孟子說：「未聞以千里畏人。」我希望我的同胞們能夠鼓起勇氣，不要畏首畏尾了。

　　三，體力。體魄是與精神密切相關的東西，先有健康的體魄，才能有堅韌不屈的精神。所以古代的偉人，那些能夠負擔偉大的任務，開闢世界的人，一定是能夠忍耐非常人所能忍受的艱苦。陶侃能夠忍受辛勞，日夜不停地運輸瓦甕。史可法做督師，七天七夜沒闔眼。拿破崙統率軍隊的時候，每天只睡四個小時。格蘭斯頓在老年的時候還能步行幾百里。俾斯麥這個人有兩百多磅重，身體強健，所以能夠頂風冒雨忍受寒暑，而他也是靠這個身體才能支撐自己的日夜辛勞。韃靼民族、斯拉夫民族，都是靠著自己強健的體魄和力量，才能箝制住其他民族。德國皇帝威廉二世視察小學說：「凡是我德國的人民都應該重視體育運動。要是不注意體能訓練，男子就無法服兵役，女子無法孕育出體魄強健的孩子。我們種族的身體素質不好，國家還能依賴什麼呢？」所以歐洲各

個國家，都很重視體能訓練，除了體操之外，凡是擊劍、騎馬、足球、決鬥、射箭、擊槍、游泳、划船等專案，全都鼓勵發展，目的就是使全國的國民都能夠參軍。從前只有一個斯巴達國，現在看來歐洲全都變成了斯巴達國。中國人不講衛生，結婚太早，以為是傳宗接代，但是後代的身體就會很差。等孩子入學以後，每天都伏案學習，在室內不出來，也不鍛鍊身體，導致眼神昏昏，還沒老就已經駝背了。然後又學會了懶惰，不肯自覺進行鍛鍊，一切衣食全都靠別人伺候，以文弱為美，以羸弱膽怯為高貴。原本朝氣蓬勃的少年變得弱不禁風，不如一個女子。等到成年之後，又纏綿於床笫之事消耗了自己的精力，吸食鴉片損害自己的身體，身體就變得特別虛弱而沒有血氣，奄奄一息地拖著病體。我們四億民眾竟找不到一個健康強壯的體格。嗚呼！人民都一副病懨懨的樣子，國家怎麼可能不疲弱呢？以這樣的狀態與勇猛健壯的外族打仗，就像是侏儒和巨人打仗一樣，別人即使不用一棍一棒，一揮手就能把我們打趴下了。嗚呼！生存競爭就是優勝劣汰，我希望我們的同胞能夠加強鍛鍊身體，強身健體，不要奄奄一息像個廢人了。

　　嗚呼！當今的世界是所謂的「武裝和平」的世界。列強召開會議，總說要停止戰爭，但他們一邊修訂媾和修好的條約，一邊又在準備擴張軍備的議案。那麼按照現在強權當道的局勢，只有能夠打仗的國家才有資格談和平。所以美國在其他大洲之外獨立，不參與他們的世界戰爭，但近年來也在日益擴充軍備，把當初的門羅主義變成了現在的帝國主義。那是因為如果歐洲列強在世界上橫行，穿過大西洋到達美洲，那麼美國也難保和平，所以必須先在軍事上有所準備，強大自身來抵禦外來入侵。歐洲各個國家的力量勢均力敵，但是擴張的慾望都很強，不能在歐洲內部解決，於是隻能執行帝國主義政策在別的大洲建立殖民地。中國物產豐富，地大物博，首當其衝成為他們的目標，於是歐洲各個國家

第十七節　論尚武

都傾注兵力來到東亞。現在就像很多強盜拿著武器在我們家門口徘徊，如果我們不改掉文弱的習氣，鼓足勇氣，鞏固國防，那麼就像是一隻小羊在群虎之中，決沒有生還的可能了。嗚呼！甲午戰爭以來，我們國家一敗再敗，形勢堪憂，外國人都以為我們民族沒有戰鬥力。然而不是有那句話嗎：一個人如果抱著必死的決心，那麼就算一萬個人都無法抵擋他？當初十九世紀初期，法蘭西一國也與全歐洲國家為敵，然而拿破崙率領自己剽悍的國民東征西戰，最後取得霸主地位，宣揚了國威。當初四百多萬的法國人都能夠稱霸歐洲，我們的人口比法國人多十倍，怎麼就不能戰勝列強，何至於現在這般疲弱呢？《詩經》說「天之方懠，無為誇毗」，軟弱沒有骨氣的人，在這個競爭的世界一天都活不下去。中國的國民即使缺少文明的知識，為什麼野蠻的武力也同知識一起減少了呢？嗚呼可嘆啊！

第十八節　論私德

第十八節　論私德

　　我從去年起開始寫《新民說》，心中有很多想法和理想想要表達出來，列下了目錄不下幾十條，以公德篇作為書的開始。討論道德而另立公德進行討論，不是說私德就可以不進行討論了。所謂的私德，長久以來已經被人們所理解，並且能夠踐行。我們國家的先賢聖人，已經在這方面討論得很充分了，不需要我這樣的後生晚輩再費口舌。但是近幾年來，全國似乎形勢火熱，而那些利國利民的事業並沒有看到，那些細枝末流卻讓狡獪的人當作口實，指責宣傳新理想的人是毒害天下的。唉！我怎麼能對此閉口不言呢？所以現在創作私德篇。

一、私德與公德的關係

　　私德和公德，並不是相對立的名詞，而是相互包含的名詞。史賓賽曾說：「群體是個人集中起來的結果，所以群體的公德，是由每個個體的道德所決定的。群體被稱為拓都，一個人被稱為麼匿，拓都的性情和制度，是靠麼匿來建立起來的。麼匿如果沒有行為準則，那麼拓都也就不會有制度準則。麼匿都具備的東西，形成了拓都之後也不會忽然消失。」（按：以上這段話見嚴幾道翻譯的《群學肄言》，他說的「拓都」，在東方被翻譯成「團體」；「麼匿」，在東方被翻譯成「個人」。）這句話說得很對！那些所謂的公德，就其本體而言，就是一個團體之內的人群的公共的德行。就構成公德的本體的作用而言，則是個人對於團體中的公共觀念所產生的德行。把一群盲人聚起來也不能成就一個離婁，把一群聾子聚起來也不會出現一個師曠，把一群膽小之人聚起來也不會出現一個烏獲。所以個人都沒有私德的話，那麼這些人即使有百千兆之多，也不會形成團體中的公德。這個道理太明顯了。盲人不會因為在一群盲人之中而獲得視力，聾人也不會因為身處一群聾人之中而獲得聽力，膽小的人也不會因為在一群膽小的人中與人作戰而變得勇敢。所以我連自己

都不相信，還期待我能相信別人？一個人在私下里對別人都不忠心，怎麼指望他會對這個群體忠心呢？這個道理也是很明白的。至於當今世界上的學者每天談論公德，但成效並不顯著，也是因為公民的私德方面也有缺點。所以我們想要鑄造國民性，就必須以培養個人私德作為第一要義。如果我們想要幫助別人鑄造國民性，就需要先培養自己的私德。

公德與私德，是兩個界限分明的不同概念嗎？德行的產生，是因為人與人之間有交往。（比如《魯賓遜漂流記》中魯賓遜一個人在荒島上生存，那就無所謂什麼道德，什麼不道德了。）而對於少量人之間的交涉，以及很多人之間的交涉，對於私人之間的交涉，以及公開的交涉，雖然表現的形式可能不同，但本質是一樣的。所以無論東西方的道德，說的都是那些有益於公眾安全和公眾利益的事情；那些不道德的行為，說的都是做有害於公共安全和利益的事情。公私之間只是一種說法，作為人們社會行為的一種區分。就廣義上而言，道德其實就是一種東西，無所謂公私之分。如果去細細辨別，私德醇美，而公德不完善的情況可能會出現，但斷不會出現私德低下，公德卻有可取之處的情況。孟子說：「古之人所以大過人者無他焉，善推其所為而已矣。」公德就是私德的推演和推廣，知道私德而不了解公德，那麼只需要再推廣一下就可以。但如果蔑視私德而只強調公德，那麼能夠推廣的東西根本不存在。所以如果人們養成了私德，德育的事情就已經完成大半了。

二、私德墮落的原因

私德的墮落在當今的中國已經發展到了極致。之所以出現這種情況，原因很複雜，我不能說得清楚，但我認為主要有以下五大原因：

第十八節　論私德

（一）專制政體的形成。孟德斯鳩曾說：

凡是專制的國家，時不時會出現賢明的君主，但是有道德的臣民是很少的。如果回望歷史，在專制君主的國家裡，那些號稱大臣或者近臣的人，大多數都是一些性格卑劣、陰險狡詐的人，這實在是古今東西的相同之處。不僅如此，如果地位高的人多行不義，而地位低的人卻能守正不阿，貴族們陰險狡詐，而平民則崇尚廉恥，那麼老百姓就會被那些官員欺詐魚肉得更厲害。所以專制的國家，不論上下貴賤，在與人交往時都很狡詐，是因為被迫而不得不這樣。於是專制政體之下，德義就蕩然無存了，這件事是很明瞭的。

根據物競天擇的規律，只有強者才能夠生存。我們中華民族在專制政體之下生存了幾千年，人民想要改變自己的命運，就必須虛偽狡詐，想要自我保全，就必須卑躬屈膝。社會上最富有的就是這兩種性質的人，也就是在社會上占最優勝地位的人。而稍微缺少這兩種性質的人，就會失敗最後毀滅，家族不能延續。所以這兩種性質成為一種先天遺傳，成為社會上的公共性，代代相傳，日盛一日，最後即使有品性純良的人，也很難保持自己的品行，大概也是因為這個吧。不僅如此，在專制制度下小心翼翼地生活，那些保全自己滿足於恩寵的人自不必說，就是存在一兩個熱誠的人，想要為天下百姓爭取利益，有時候也不得不透過一些詭詐的方法和偏激的行為來達成目的。如果這個人真的是個熱誠之人，那麼還可以不因此而染上惡習，然而這種方法用多了，也難免會受到影響。如果是一些性情不堅定的人，就一定會隨波逐流變成詭詐之人。那些熱誠之人，實在是一個國家不可多得的人才。如果這些人身處自由的國度，一定會成為大政治家、大教育家、大慈善家，以自己純良

的德行和溫和的方式，為整個社會做貢獻。但現在身處專制國家，就不得不迫使他使用一些詭詐的方法，而有很大一部分人就會因此而墮落。唉！這其實並不都是那個人的責任啊。

（二）近代霸權者摧毀道德。人已經受到幾千年沒有私德的遺傳了。而這幾千年間，如果道德有小的起伏升降，那其中帝王的主張就造成了最大的作用。西方哲學家說：「在專制的國家裡，君主是萬能的。」這句話說得並不誇張。顧亭林討論社會風氣，說東漢風氣最好，宋朝其次，他把良好的社會風氣歸功於光武帝和宋太祖的仁義。（《日知錄》卷十三說：漢代從孝武帝表章六經之後，儒學雖然興盛，但是已經不明大義了，所以王莽新政，會有很多人獻符詔媚。漢光武帝看到這個現象，就積極尊崇節義，敦風化俗，所任用的官員都是明經修身的人，於是社會風俗大變。到了本朝末年，朝政渾濁，黨錮之禍橫行，社會動盪不安，經歷了三代以後，人們再也不以當初的社會風氣作為效仿對象了。又說：《宋史》裡說士大夫的氣節到了五代時期已經幾乎消失，宋太祖第一個褒獎韓通、衛融等人，來表示要建立一個風氣良好的社會，田錫、王禹偁、范仲淹、歐陽修等賢才能夠在朝堂上直言進諫，於是朝中內外在舉薦的時候都注重士人的道德，他們都臨危不屈，即使到了宋代滅亡之時，他們還充滿忠義地回望故國。）於是接著論述說：「看歷史上衰敗的孝平帝變成了東漢，五代變成了宋代，就知道天下沒有不可以改變的風俗。」這些話雖然並沒有把民德的改變的所有原因都解釋清楚，但不能不說他點出了其中重要的一點。我曾經考察三千年以來風俗的差異，三代以前遙遠而不可考，春秋的時候還存在先王遺民，從戰國經過秦朝再到漢代，風俗改變很多，專制制度逐漸形成，當時的君主奴役百姓的辦法也越來越多。戰國時期雖然社會黑暗，但社會上還存在任氣豪俠之風。到了漢初，君主摧毀豪強之家，朱家、郭解這些人，逐漸被人們所

第十八節　論私德

恥笑，所以王莽新政的時候，那些獻符諂媚的人遍天下，這都是在高、惠、文、景四代播下的種子。到了東漢時期，根據顧亭林的論述，已經很清楚其中的原因了。到了魏武帝時期擁有冀州，獎勵那些不守規矩的人，於是權謀狡詐的人層出不窮。（建安二十六年八月下令，任用那些身負汙名，即使不仁不孝但有治國用兵之術的人。）光武帝打下的良好基礎，已經每況愈下了，到了五代時期已經到達了極點。一千年來民風民俗都很敗壞，也是因為當時的君主對其有鼓動的原因。到了宋代立朝，太祖自身檢點，治理天下，運用強力整頓風氣。（君臣坐而論道的制度一直到宋代才被廢除。當時範質這些人與宋太祖在後周做官，地位在宋太祖之上。等宋朝建立之後，擔任宰相。）而宋太祖遵守文德，能夠識大體，提倡士人氣節。宋代風俗的醇美，即使最大原因不在於君主，也和君主的提倡有關。元代胡人篡國，人民遭受巨大磨難，蒙古人以少數民族的性情對待漢人，所以漢人九十年間過的都是暗無天日的生活。到明代風氣才得到好轉。但明太祖是一個陰鷙的人，他摧毀人民的浩然正氣，並且對官吏都很刻薄，他訂立了很多不適用於君子的法律，使士人沒法保全自己的名節，用這種嚴刑酷法管理國家，惡果比西漢時期還要嚴重。而東林黨和復社成員們，寧可捨命也矢志不渝，他們把忠義流傳下去的原因另有其他（詳細見下節）。到了本朝，順治、康熙年間首開博學宏詞科，把那些前朝大臣依舊留在朝廷裡做閒職，這是在侮辱那些兩朝大臣。晚明遺留下來計程車氣，也就漸漸消失。到了雍正、乾隆年間，當權者都透過陰險、跟蹤等辦法，大興文字獄，當朝侮辱那些大臣，輕視廉恥。（乾隆六十年中，大學士、尚侍、供奉、諸大員等官員沒一個不被罷黜羞辱的。）又大興《四庫全書》等大型類書的修訂，排斥道學，貶斥節義。從魏武帝以後，還不曾出現象這樣明目張膽地擾亂是非的情況。然而統治者還說自己是借鑑了戰國時期商鞅、韓非的學說，

人人都可以知道這是假的，這只是假託前秦學術，實際上導致了一代人思想的混亂。嗚呼，何意百煉鋼，化為繞指柔。幾百年前播下的惡果，現在已經大概成熟了。這些不好的德行超過了歷史上任何一個時代和地區，這難道是偶然嗎！

（三）多次戰爭的挫敗。國家的戰亂和民族的品性關係最大。而戰爭的性質不同，戰爭的結果也就不同。現在先展示一下它們的類別：

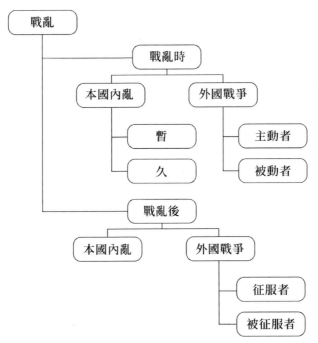

內亂，是最不祥的事情。凡是內亂頻繁的國家，它的國民一定沒有優美純潔的品性。當內亂之際，人民就會產生六種邪惡：一是僥倖性。有才智的人，不為社會群體著想，把心思都用在陰險的狡詐之術上，看到機會就為自己謀利。二是殘忍性。戰亂經歷太久，死傷已經司空見慣了，不足以引起他的憐憫之心。三是傾軋性。人與人之間，都想要獲得更多，於是容易在交往過程中產生衝突。以上三種，都是狡黠凶悍的人

第十八節　論私德

的性質。四是狡偽性。朝避猛虎，夕避長蛇。如果沒有多種退路，就不能自我保全。五是涼薄性。自己還不能活命，哪裡管得了妻子兒女？最親的人還沒法關愛，怎麼關愛陌生人？所以仁愛之心就已經泯滅殆盡了。六是苟且性。當初如果知道是這樣的狀況，還不如不要活下去。過著朝不保夕的日子，只能苟且偷生。人人自危，就不再做長遠的打算了。最後像野蠻人一樣，不知道還有將來這回事。這三個，是柔弱的民眾的性質。內亂過去之後，人民又會產生兩種惡性：一是恐怖性。痛定思痛，就像噩夢一樣縈繞不去，勇氣已經全然消失。二是浮動性。社會動盪，不能從事謀生的職業，生活也就無所依靠，沒有了秩序，一切難以恢復正常。所以內亂是最不祥的事情。例如，法國大革命是有史以來驚天動地的最大的事件。而它的結果是全國人民自相殘殺，這件事甚至致使此後幾十年的人民都無法正常生活。歷史學家波留說法國之所以至今都不能完全實行民主政治，就是因為法國大革命使國家損失了太多的元氣，這是真實的啊。

內亂的影響，無所謂勝敗，為什麼呢？勝敗都是在本民族之內。所以恢復和平之後，不論是新政府還是舊政府，戰亂後民德的發展就看他們如何進行補救了。如果內亂是偶然的、短暫的，那麼補救起來還比較容易。但如果是長時間的頻繁內亂，影響就太大太難補救了。至於對外戰爭則不同。如果這個國家是侵略者，那麼它所用的就只有軍隊，自己國家之內還算安定，只需要發揚人民尚武的精神，鼓舞他們自尊自愛的信念。所以西方哲學家說：「戰爭，是國民教育的一個機會，是可喜之事而不是可悲之事。」如果這個國家是被侵略國，那麼對這個國家產生的影響就類似於內戰的影響。但也可以把僥倖性變成功名心，把殘忍性變成敵愾心，把傾軋性變成自覺心，把狡偽性變成謀敵心，把涼薄性變成敢死心，把苟且性變成自保心。為什麼呢？如果是內亂，那麼在國家

內部是無處可逃的，只能寄希望於戰亂過後的穩定。但是對外戰爭則是千鈞一髮決定生死的事情，如果害怕退縮了，那麼局面就無可挽回了。所以有利用國家的外患而變成本國的福音的，雖然可悲但也還是有價值的。對外戰爭如果是為了征服別人，那麼每多戰爭一次，民眾的品性就會高一級。例如德國人經過義大利戰爭，愛國心就增長了，經過法蘭西戰爭，愛國心進一步增加。日本在對朝鮮的戰爭和對中國的戰爭中也是如此。如果是戰敗而被別人征服，那麼國民原本的品性就會突然產生變化，曾經的品性也就消失了。像斯巴達的尚武精神，彪炳史冊，然而自從被波斯征服以後，就永遠成為外族的附屬了。而所謂全民皆兵的情況再也看不到了。波蘭在十八世紀前，勢力很大，幾乎稱霸歐洲，為什麼一經瓜分之後，就再也不見以前人民的特性了呢？燕趙之地古代多出慷慨悲歌之士，現在從那裡經過，全是順應大清的旗幟。曾經的那些英雄現在都默默無聞了，為什麼呢？自從五胡、元魏、安史、契丹、女真、蒙古、滿洲以來，經過幾百年六七次的被征服，我們原先的豪強之氣已經埋沒了。在專制政體之下，人們需要卑躬屈膝和虛偽狡詐才能全身進取，更何況現在對我們進行專政的是外族人呢？所以內亂或者被外人征服這兩種事情，只要出現其中之一，那麼國民的性格就會日趨卑下。中國幾千年累積下來的內亂的局面，歷史上充滿了血腥，經常被外族征服，卻從沒有征服過別人。種種局面累積下來的民族的惡性，已經充滿整個社會。而現在太平天國的內亂剛結束十幾年。我們現在面臨著列強虎視眈眈的局面，國民失去自己的人性，大概也是有原因的。

（四）經濟凋敝的逼迫。管子說：「倉廩實而知禮節，衣食足而知榮辱。」孟子說：「民無恆產，斯無恆心；既無恆心，放僻邪侈，救死不贍，奚暇禮義！」嗚呼！難道不是這樣嗎！當今世界上，人格最完美的國民，首推英美兩國，然後是日耳曼民族。這三個國家，在世界經濟方

第十八節　論私德

面都是最發達的。西班牙和葡萄牙人，在幾百年前還有強武、活潑、沉毅、嚴整的風氣，現在則消失不見了，都是因為他們的經濟日益凋敝。國民品行最差的，像泰東的朝鮮人、安南人，都是經濟最不發達的國家的人民。俄羅斯政府對其他國家虎視眈眈，威脅別國，但他們的人民卻痛恨政府，因為經濟上暗無天日。日本人有《露西亞亡國論》，窮形盡相。這都是受到經濟低迷的影響。他們的虛無黨曾經常年進行遊說煽動，但卻不能得到人們的同情，最後不得已使用孤注一擲的極端手段，也是因為被經濟問題所困擾的。日本的政策幾乎和歐美相似，但社會道德卻遠遠比不上歐美，就是因為他們國家經濟的進步和政治的進步不一致。不論什麼時代，不論哪個國家，都會有幾個少數具備堅強意志的人，他的意志既不是專制制度所能束縛的，也不是經濟困難所能消磨掉的。雖然這樣，卻也不能以此來要求普通人。大多數的普通人，一定是在解決溫飽之後，如果還有閒暇時間和金錢，才能夠愛惜名聲、實行慈善。如果腦力有富餘，則去從事學術，以此培養高尚的理想。如果每日工作之外還有閒暇，就會為自身之外的群體做打算，以此生發一種團體的精神。如果不是這樣，朝不保夕，每天為生計奔波，怎麼可能自己忍饑挨餓的時候還擔心別人呢？即使有長遠的打算，怎麼可能放棄現在，只為將來謀劃？西方社會學家說，文明人和野蠻人的區別，在於有沒有公共思想，在於有沒有未來觀念。這兩點就是差異所在。而經濟的發達與否就與此相關。所以那些貪鄙、褊狹、涼薄、虛偽、苟且等惡習，多半都是經濟不發達造成的。經濟與民德之間的關係就是如此緊密。中國國民幾千年來，因為徭役、災荒、戰爭而變得特別貧困。現在已經很少見到安居樂業的人了。那些貪鄙、褊狹、涼薄、虛偽、苟且等等惡習也已經持續了幾十個世紀，就像是遺傳的品性一樣。當今世界，國家的財富也沒有任何增長。而宮廷土木、官吏薪俸的費用，比政府每年的收入

還要高出幾倍。國家每人財富的平均數才只有七角一分錢而已（根據日本橫山雅男的統計結果，日幣為七十錢）。而我們國家的外債已經有十億兩之多（利息在外），導致有有限的物力也無法轉化為資本，人民當然民不聊生。更何況全球經濟競爭捲土而來，現在我們才去發展經濟還來得及嗎？民德腐敗墮落。嗚呼！我不知道未來將會發展成什麼樣子。

（五）學術無力救國。前面四項，都是養成國民大部分惡德的原因。但自古以來移風易俗，雖然目的在於改變大部分人，而開始行動則在於少數人。如果在大的方面缺失，而在這方面有所彌補的話，局面也不會凋敝至此。東漢節義的興盛，皇帝的功勞占十分之三，但儒學的影響占十分之七。唐宋兩朝，專制的力度相似，君主的賢德程度也差不多。但是士人風氣大不同，就是因為唐代崇尚詞章比較輕浮，而宋儒則專攻道學和廉節。魏晉六朝腐敗的原因雖然很多，但老莊清談之風應該占一半責任。明太祖刻薄寡恩達到了極點，但晚明士氣空前絕後，都是因為王學的功勞。然而近二百年來，民德衰敗有目共睹。康熙以來以博學宏詞作為賢德的表現，其他的思想都被貶低，從這以後，就沒有人再追隨陸王心學了。王船山、黃梨洲、孫逢奇（夏峰）、李顒（二曲）等人抱絕學，卻隱居終老，他們之後這種思想的統序就被斬斷了。李光地、湯斌以朱學聞名。李光地背信棄義，行為狡詐，湯斌柔媚矯飾，欺騙流俗，還曾否認自己說過騙人的話。這樣的人被認為是一代開國的大儒，學習孔子學說，其實是一些末流思想。之後桐城派等人，崇尚瑣碎考據的學術，文格都變得狹窄奸猾，人格就更在元代許衡、吳澄之下。所謂《國朝宋學淵源記》到此就走向結束了。乾嘉之後，戴震、段玉裁等人把自己標榜為漢學者，相互誇獎，排斥宋明理學。宋明理學雖然不是無可指摘的，但那些漢學家把宋明理學批得一無是處也是有問題的。那麼漢學所學是什麼呢？當初乾隆年間，宮廷戲劇中大部分演的都是誨淫誨盜的

第十八節　論私德

東西，後來被禁止。於是專演一些牛鬼蛇神的東西，既可以供消遣，也不會被禁止。我看本朝二百年來漢學者所學的東西，也和牛鬼蛇神類似。王學比較激昂，是君主最厭惡的學說，轉而變成朱學。朱學又嚴正忠實，也不被君主喜歡，於是就改成了漢學。漢學可以脫離社會生活之外，處理兩千年前的文字。即使著述頗豐，但也沒有一句批判現實的話。即使辯論了很多，也都不是發自內心的思想，所以最適合用來藏身保全自己。這些有才能的人，因此找到了一個欺世盜名的方法，於是就置名節於不顧。所以宋學的弊端，還有偽善者，而漢學的弊端，則沒有人再偽善了。為什麼？這些人都是名聲很大的前輩，能夠明目張膽地做自己的事情，並且因為研究了一些死的學術而受到社會的尊崇。那麼他們又何必偽善，勉強自己做關於國家的事情呢？以前王鳴盛（著《尚書後案》《十七史商榷》等書，是漢學家中很有名的）曾經對別人說：「我貪贓的惡名，不過存在五十年，而我著書立說的盛名將會存在五百年。」這兩句話，就足以代表全部漢學家的用心了。莊子說：「哀莫大於心死」。漢學家就是天下的心死者。這種惡人，與八股一樣，盤踞在這兩百年的學術中心，直到甲午、乙未之後，氣勢才逐漸減弱。但是現在已經造成這種漠不關心的社會，我們正在品嘗他們種下的惡果。

　　五年來，海外的新思想隨著列強的侵略而進入中國。開始只有一兩個人倡導，於是千百人呼應。那些倡導新思想的人，也並不一定全盤否定舊學。但因為舊學的簡單已經不適合當今世界，所以想要引進新思想進行補充。並且對於道理多方面陳述，就想促進思想自由地發展，讓求學的人自由選擇。但卻沒想到這個腐敗的社會，並不是能夠一下子接受新思想的。於是自由的觀點引入，人們不拿這個尋求幸福，而是破壞秩序；平等的學說，人們不用它承擔義務，而是蔑視法律；競爭的思想，人們不用它來對抗外敵，而是造成內亂；權利的學說，人們不用它來尋找公益，而是文

飾私利；破壞的觀點，人們不用它來勸誡，而是毀滅國粹。史賓賽曾說：
「衰世即使改弦更張，那麼弊端在這裡消除，就會在那裡生發。人民的性
質不改變，禍患就不會消失，而只會轉移。」嗚呼！我看近年來新學說影
響了中國青年，我不得不佩服史賓賽的經驗之談，這為中國國民增加了無
窮的沉痛。新思想所帶來的利益，或許僅僅只能抵消它所帶來的弊端。
《禮記》說：「甘受和，白受採。忠信之人，可與學禮。」又說：「橘在江
南為橘，過江北則為枳。」誰能想到別國最高尚醇美的品德，有利於進步
的學說，引進中國之後就被同化而淹沒了呢？簡要說，魏晉清談、乾嘉考
據都和現在人們說的自由、平等、權利、破壞性質相同。現在受到危害更
深的，就是那些以最新最有力的學說，攀附在自己各式各樣的壞習慣上，
並且以新學說為藉口。所以清代二百年來的民德的變遷，在朱學時代還有
偽善者，因為他們還知道行惡是可恥的；在漢學時代，連偽善者也不存在
了，是因為他們不以行惡為恥，如果現在不及時改正，那麼之後的歐學時
代，一定會出現把行惡當作光榮的人。現在這個苗頭已經在一小部分青年
中間萌芽了。到了以行惡為榮的時候，社會的慘狀只能以「洪水猛獸」做
比喻了。君子想起這個場景，一定會渾身發抖的。

附：中國歷代民德升降表

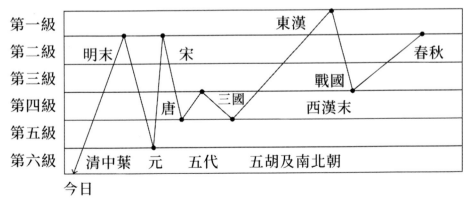

第十八節　論私德

附：中國歷代民德升降原因表

朝代	國勢	君主	戰爭	美術	經濟	民德
春秋	列國並列，貴族專制	權力不是很大，影響比較小	雖多卻不是非常激烈	各個宗派雖然萌芽卻還沒有發展壯大，大多繼承先王遺風	交通剛剛開始發展，競爭不是很激烈	淳樸忠實
戰國	列國並立，集權專制漸漸鞏固	大都以尚武精神、外交手段兩者獎勵臣下	非常激烈	自由思想大大發達，儒家、墨家、道家、法家、縱橫家等各個學派互相角力，結果法家、縱橫家最為掌握實權	商業逐漸興盛，兼併大起，苛捐雜稅繁重，病亂民困現象非常嚴重	長處在於任俠尚氣；短處在於敏捷勇猛、巧詐虛偽，破壞國家秩序
秦	中央集權專制力量非常強大	以塞民智、挫民氣為主	繼續	摒棄諸家學說，只稍微任用法家學說	非常窮困	卑微低下，人心浮動
西漢	中央集權專制力量非常強大	漢高祖劉邦承用秦法，專力打擊任俠尚武之風，刻薄寡恩	少	儒家、道家學說並行	文景之治時期家給人足，漢武帝、漢昭帝之後經濟稍微困窘	比秦朝時更加卑微低下
東漢	中央集權專制力量非常強大	漢光武帝、漢明帝、漢章帝獎勵名譽與節操	少	是儒家學派最為興盛的時代，儒家學說使國家治理良好效果	復甦	崇尚氣節、禮義廉恥，民風民俗可稱為最美

朝代	國勢	君主	戰爭	學術	經濟	民德
三國	本民族分裂	魏武帝曹操提倡不好的社會風氣，吳國和蜀國也獎勵權術	激烈	缺乏	很艱難	卑下
六朝	外族侵入	獎勵浮華奢侈的風氣	非常多，並且本民族大都戰敗	佛學、道家並用，詩詞章句非常崇尚清談	凋零衰落	渾濁柔靡
唐	本民族恢復中央擊權，不久又陷入分裂	驕奢淫逸	上半期和平，下半期大亂	儒家學者除了在詩詞章句上有所發展之外無所成就，佛學稍為發達	上半期比較復甦，下半期非常困窘	上半期柔靡卑屈，下半期渾濁
五代	國不成國	無君	戰敗於外族	無	民不聊生	最下
宋	君主政權微弱，外族入侵頻繁	真仁、愛民、崇禮	戰敗於外族	道學發展到最為興盛的時期，朱熹、陸九淵的學說成為其中心點	稍為復甦	崇尚氣節道義，但稍為文弱
元	外族主權，君主專制集權力量非常強大	以游牧民族的情性踐踏漢民族文化	本民族完全戰敗，元朝發動的對外戰爭與本國國民不相干	選取朱熹學說末流，儒家學說精神不復存在	困窘	卑微低下，寡廉鮮恥

續表

朝代	國勢	君主	戰爭	學術	經濟	民德
明	本民族恢復君主專制集權制,力量非常強大	明太祖殘忍刻薄,打壓挫傷民氣	戰爭勝利後,和平時期比較長	王陽明心學大為興盛,思想高尚	稍為復甦	宣揚崇尚名譽和氣節,幾乎可和東漢相比
清	外族被漢民族文化同化,君主專制集權力量強大	雍正、乾隆以刻薄陰險武力震懾天下	漢民族戰敗後,和平時期比較長	士人以考據詞章尋求自我隱遁,不再只求學問,其中狡黠者以腐敗矯飾朱熹理學來文飾自己的奸詐	頗為復甦	庸懦、卑怯、狡詐
現今	被文明先進的外族入侵,國家主權蕩然無存	四十年來,政權統治者以壓制敷衍為主要工作,最近更加激烈	內亂尚未平定,外患又興起,多次戰敗上後,天下騷動	舊學漸漸消亡,新學尚未形成,青黃不接,錯漏百出的學說重疊	國家財政虧空已經非常嚴重了,而世界經濟競爭的風潮又侵來,全國凋敝衰落	醜惡渾濁達到頂點,諸種醜惡都齊備了

三、私德的必要性

　　私德,就像人每天吃的糧食一樣,是不可以丟掉片刻的。雖然這樣,我的論著如果是針對大多數不讀書不識字的人講的,那麼沒有人會明白我;如果是針對那些少數讀書識字的人來講的,那麼卻沒有人聽我的。於是我的忠告想要告訴更多的人,就不得不限於少數國民中的最少

那一部分。我相信這最少的一部分國民，將來的勢力一定會很大，足以改變大多數國民的想法。我因此而高興，也因此而害怕，我卻不能不發表看法。

　　現在迅速滋長的那些有骨氣、有血性的青年人，他們所獲得的最為炫目、令人傾心的主義，大概就是破壞主義了吧？破壞是否能夠在當今的中國大行其道，這是另當別論的問題，現在不做討論。而今天走極端的那些人，認為建設國家需要道德，但破壞不需要道德，我以為這是錯誤的。古今宏偉大業的建設，沒有不包含著某種破壞精神在其中的。古今那些破壞舊秩序的偉人，也沒有不富有建設精神的。實際上，破壞和建設兩者相輔相成、不可分離。兩者所需要的能力都是相等的，如果能力有所欠缺，那麼建設不能夠實現，破壞也同樣不能實現。現在所說的破壞者，引用經濟學上的分工為例，說自己只有一個人的能力，不能把天下所有事都承擔下來，所以我不如順應時勢，就專門以破壞為己任。等到破壞之後，那些建設的責任就靠後來者承擔吧，不需要我過分擔心。他這樣的想法好像也非常豁達、大公無私。但我以為並不是破壞之後才有建設，而是在破壞之前就有建設。如果不是這樣，雖然每天鼓吹破壞，但破壞的目的卻永遠達不到。為什麼呢？社會學裡一個有名的觀點就是一定要內部強健才能對外競爭。一個社會與其他社會競爭，就像一個人與別人競爭，如果自己內部的機體還不完善，那麼遇到敵人就一定會失敗，或者還沒遇到敵人就自己認輸了。而破壞主義的性質，就是拿我們國家最近發展的力量的少數人，與外國發展長久的力量大的多數人進行鬥爭。我們不怕敵人太強大，只怕自己太弱小。我們想要戰勝敵人所依靠的是什麼呢？是一個內部團結的堅強而有力的機體。對於一個社會、一個國家來說，如果繼承了經年累月的習慣，由此天然形成了機體，成功就比較容易。而一個黨派卻不是這樣，因為歷史上沒有可以藉

第十八節　論私德

助的東西，當世又沒有可以利用的充分的資源，它的機體全靠人為而建成，所以成功就非常困難。所謂破壞前的建設者，其實就是建設這個的。如果想要取得這樣的成果，除了道德又能憑藉什麼呢！

當今所說的破壞者，說是要破壞一切，這是在稱譽不肖者。我們為什麼要提倡破壞呢？是為了去除那些危害社會的東西。如果說破壞一切，那不就是把社會也一起破壞了嗎？就好像人的身體，有病在身，所以不得不用藥石治療，但如果不管有病或者沒病的部位，都用上藥石，那簡直就是自殺了。我也深知仁人志士所說的破壞，並不是想破壞社會，但他們不知道，「破壞一切」這句話如果說慣了形成無意識，那麼道德就無法對它進行判斷了，社會也就一定會走向滅亡。我也深知當今的仁人志士提倡破壞，實際上是因為今日的社會實在是處處都有問題，憤慨到極點，恨不得把社會翻個底朝天，然後重新進行改造，這是可以理解的。但醫生無論用什麼靈丹妙藥，也必須依靠著所謂的「元神真火」，也就是那個生病的軀體。不然的話，一種病還沒痊癒，另一種病又出現了，而新出現的疾病必定比之前的還嚴重。所以破壞一切的口號，實在有很多弊端，收到的效果也不大。為什麼呢？社會上有破壞的人，有不破壞的人，那麼破壞了應該摧毀的東西，就能帶來相應的好處。但如果把一切都破壞了，不僅將來應該成立的東西無法成立，而且現在應該破壞的東西也沒有徹底摧毀，我敢這麼斷言。我曾經以為中國的那些舊道德已經不足以規範今天的人心，所以想要發明一種新道德來約束人心（參看第五節論公德篇），而現在再想，那只是理想的說法，絕不是現在就能付諸實踐的。我們討論社會治理，一定會說到德、智、力，然而智和力比較容易達到，只有德最難。現在我想以一種新道德改變民眾，一定不是光靠引進西方的觀點就能夠做到的，一個人讀遍蘇格拉底、柏拉圖、康德、黑格爾的書，我們也只能說他有「新道德學」的知識，也不

能說他有「新道德」。為什麼？道德是表現在行動中的，不是表現在言語上的。我談論道德的時候，都是出於自由的良心，無論古今中外都是一樣的，也就自然沒有新舊之分。但我想實棧道德，就會因為社會現狀的不同而有不同的表現。先哲的微言大義，祖先的美好事跡，這是隨著我的身體而遺傳給我的，這樣的道德與我所處的環境相適應，但如果拿別的社會的道德來讓我在自己的環境下施行，就很難了。我曾經分析過西方的道德，發現宗教的制裁占一部分，法律的制裁占一部分，社會名譽的制裁占一部分。這三種要素，當今的中國存在嗎？所以我知道西方的道德在中國一定不會存在的。西方道德不能適用，而還想用新道德來改變國民，那就是磨磚為鏡、炊沙成飯，不可能實現的。我知道現在談德育，不能不借助於西方的新道德，然而這一定是要等中國國民教育取得發展之後的事情，不是一朝一夕就能實現的。在現在青黃不接的時期，雖然天天聽人宣講，卻並不會有很大效果。更何況現在沒有東西可供我們進行過渡，那麼國民教育的事情也不過是一種空言，不知何時才能施行，新道德的輸入也就因此絕望。但是當今我們能夠勉強維繫我們社會的東西是什麼呢？其實就是老祖宗遺留下來的舊道德。（道德和倫理不同，道德包括倫理，但倫理不是道德的全部。倫理會因為時勢而改變，但道德是放之四海而皆準的。例如一夫多妻制不是不道德的，但對於現在的倫理而言就不能實行了。又例如忠、愛的品德是古今中西相同的。這樣的例子不勝列舉。所以說中國的倫理有缺點是可以的，但不能說中國的道德有缺點。）而「破壞一切」的言論出現，就勢必把舊道德全部摧毀。嗚呼！這樣做很簡單，但後果也很嚴重。看到程頤披頭散髮，就知道百年來都戰事不斷。不要說我姑且說這些話是為了逞一時之快。如果你的言語是很無力的，那為什麼又說這麼多呢？如果你的言語是很有力的，那就要毒害天下了。我希望那些說話的人能夠時常反思一下。

第十八節　論私德

　　讀者可能會說：現在連救國都怕沒時間，你們卻在這裡談性說理是為了什麼呢？諸君這不是自認救國的責任嗎？如今四億人的腐敗已經很久了，那麼就算少了諸君又能改變什麼呢？只是因為擔心中國的前途，所以諸君重視道德或者蔑視道德，都與國家的存亡有關。就拿現在的破壞事業來說，諸君知道二百年前英國革命的英雄是哪些人嗎？克倫威爾是最純潔的清教徒。一百年前美國革命的英雄是誰？華盛頓所率領的都是最正直善良的美國市民。三十年前日本革命的英雄是誰？吉田松陰、西鄉南洲都是朱學、王學的大儒。所以如果沒有強大的仁慈之心，如果沒有高尚純潔的靈魂，不能隨便說破壞。即使是這樣，破壞也是說起來容易，做起來難。我知道困難所在，所以每天都孜孜以求自我勉勵，以忠信作為行為準則，稍微有點用處。但如果把我們現在用來破壞的工具也都摧毀了，那我認為破壞的前途也就消失了。我看現在社會上革命的熱情太高漲了，以至於有些人把洪秀全、張獻忠都當成了英雄，我也明白這些人是為了有所作為才發言的，但是說出這樣的話危害就太大了。說話的時候很痛快，可是要忍受其造成的惡果卻是很艱難的。張獻忠根本不值得討論。至於洪秀全，因為有人認為他所標榜的主義與民族主義相符合，所以對他進行歌頌。但洪秀全真的是為了民族主義而起義的嗎？可能連為他辯護的人也不敢保證。王莽不是也曾經說過效仿周代嗎？曹丕也同樣效仿堯舜。但我們看他們的為人如何呢？大概論人的人應該從那些人的內心去考察。如果這個人在內心是個小人，不能因為他的主張與我們的主張偶然相合，就把他稱為君子。例如韓侂胄主張伐金，這是我們最讚賞的觀點，但不能因此讚賞他這個人。如果這個人是個君子，那也不能因為他的主張與我們偶然有不同，就說那個人是小人。王猛輔佐苻秦，我們最深惡痛絕，但我們卻不能因為這件事抹殺他這個人。如果論者把對內心的考察忽略了，甚至認為這個無足輕重，那

麼誰還能阻攔他對人的錯誤判斷呢？如果他的言論被社會所重視，那我就不知道全社會的觀點會被他引導到哪裡去了。不僅如此，我們鼓吹革命，不就是想要救國嗎？人們想救國的心情，有誰和我不同呢？但是國家並不是憑藉這些「瞎鬧派」革命而得救的。這不僅不是救國，甚至是使國家加速滅亡。所以不能不平心靜氣地進行考察。這些辯論者肯定又要說：如果沒有瞎鬧派開啟局面，實力派就不能享有現成的成果。這種說法是否正確，另當別論。但我們現在考察辯論者的意思，他們自己想當瞎鬧派，就一定要讓那些聽到這些言論的人都變成瞎鬧派嗎？恐怕你們想要自我貶損，你們所處的地位卻決定了你們不能這樣做。即使可以這樣做，舉國上下有很多瞎鬧派，現在、未來瞎鬧的行動也不會少，你又何必去畫蛇添足呢？也更不需要你從旁邊勸架。更何況你現在的言論，都是跟那些沒有瞎鬧資格的人在講，那些有瞎鬧資格的人，並不在你筆墨範圍之內。我們當務之急是從事真正救國的事業，培養真正救國的人才。如果真是這樣，那我覺得這種只圖口舌之快的言論可以停止了。曹操曾經下令求賢，任用那些不仁不孝但是有治國才能的人，這只是為了拯救一時的局勢，但他沒想到就是因為這個原因導致人們失去了廉恥。五胡亂華、元魏入主，漢族勢力的衰敗都從這裡開始。這其中的因果關係是合理的。嗚呼，還能不叫人深深地擔心嗎！父親搶奪別人的財富，孩子就更進一步要去殺人。現在國家的最少數人首先覺醒，號稱是得風氣之先，後覺醒的人都會以他們為榜樣，並且更進一步。如果倡導者走入歧途，那麼恐怕就算功勞再大也不能彌補損失了。古代哲人說，兩軍相遇哀者勝。當今有知識有血性的人士，面對當今政府是一重困難，外國列強是另一重困難，那麼是不是應該兢兢業業地養精蓄銳才行呢？我認為學識的開通、革命的準備都是後續的事情，只有道德的培養要先進行。如果沒有道德觀念從中調和，那麼人們就不能形成團體，

那還能圖謀什麼事情呢？自己蓋樓自己燒燬，自己種莊稼自己踩踏，確實真心實意地破壞了，然而最終受到破壞的是我們而不是敵人。曾國藩是近來那些排滿人士最痛恨的人。然而我卻越來越崇拜這個人，我認為如果曾國藩到現在還正值壯年，那中國必定會被他拯救。曾國藩天性非常純厚，所以可以行破壞的事情；他的自我修養也很高，所以可以做一些權變之術。所以這個人常說扎硬寨，打死仗，多條理，少說空話，不問收穫，只問耕耘。他能夠成就事業，是因為有自我修養；他能夠率領群賢共創大業，是因為能夠使人佩服並善於用人。我們這些人如果不想使社會清明就算了，如果有這樣的志向，就一定要日日溫習《曾國藩集》好幾遍。如果以英、美、日本的英雄來說明問題就像剛才提到的那些人，如果以本國的英雄來做榜樣就應該學習曾國藩，確定救國的責任，才能夠成就大事。

　　我說那些破壞家破壞的都是我們的東西，對敵人卻沒有損害，有些人可能不服氣。大概那些提倡破壞的人，他們的本意也不是損害自身，但他們做出的事情往往就是如此。這不僅發生在不同黨派之間，在黨派內部也會出現。為什麼呢？我曾經說過，共同學習和實行一種主張，但道路有時候相反，所以在統一團體中的志士們要經常小心。當這些人共同學習的時候，因為境遇、志趣、思想等方面都相同，所以都能和睦相處，希望以後並肩作戰改變世界。但是當他們走到社會上進行實踐的時候，因為每個人個性不同，地位不同，一到具體的事情上就出現不同觀點。然後兩個人就相互鬥爭、相互怨恨，最後變成了仇人。這實在是中西方歷史上常見的事。諺語說得好：「想見好，同住難。」家庭內部夫妻、子女、兄弟之間尚且如此，朋友之間這種情況就更多了。那個時候，如果彼此之間感情深厚的話，還能夠勉強不分離。看曾國藩和王璞山、李次青兩人交往的歷史就明白其中的道理了。如果現在讀者還不相

信，那等到你們真正處理具體事務的時候，一定會明白我說的話是對的。當今的仁人志士，一定不能分散開單打獨鬥，一定要有分工精密的組織才能救國。我想來想去，團體的機體之所以能夠成立，除了道德的感情之外，沒有別的可以依靠了！

處理具體事務最容易沖散人的德行，特別是破壞之事。更何況當今人們的心思腐敗到了極點，奸詐之事層出不窮。曾國藩給弟弟寫信說：「我自信本來也是個老實人，只是在社會上摸爬滾打久了，飽經世事，就學會了一些權術，把自己的品性也學壞了。」以曾國藩的賢德還不能免於汙染，更何況別人。所以在學堂裡說道德容易，現實中實行起來就很難了。那麼對於破壞者，一舉一動就有大敵當前，需要謀劃出各種計謀，經常接觸機巧之事，最後品性就敗壞了。所以破壞家的地位性質，是和道德最不相容的。親身經歷的人就知道，自己最初原本是樸實善良的人，但漸漸受到影響，不知不覺地就變成了一個刻薄寡恩的人。這實在是最可怕的試驗場了。深究下去，那些走入歧途的人，自然都是一事無成的。這實在不是我從宋元學案上找到的例子，而是現實中實際發生的事情。那些做事的人修身養德如此困難，但這些人又急需這樣的道德，所以這兩者的衝突實在太大了。《詩經》說：「毋教猱升木，如塗塗附。」時刻自我告誡，或許還能勉強挽救自己，如果稍微一放縱，品性就一落千丈了。

有人問：現在中國已經是腐朽的社會，道德上的黑暗已經難以想像，你所說的言論，反而偏偏責怪那些學習新學的青年，就算新學青年有時候會有不道德的行為，難道還不如之前那些老朽的人嗎？我回答說：不是這樣的。那些老朽的人已經沒有希望，沒什麼可責備的了，也是我筆力不能達到的範圍。中國已經在那些人手上走向滅亡了，我只能希望現在的新學青年能夠使之復活，如果青年稍有不慎走向了歧途，那麼中

國就再也沒有希望了。這就是我的良苦用心。

《禮記》說：「君子有諸己而後求諸人，無諸己而後非諸人。」這句話的意思是那些沒有堅定信念，沒有高尚道德的人，除了自責之外，沒有資格與天下志士討論道義。雖然如此，西方的佛教也說：「己發自度，迴向度他，是為佛行；未能自度，而先度人，是為菩薩發心。」因為我自省能力薄弱，所以希望有良師益友互相監督幫助。人們希望如此的心情有誰和我不同呢？透過聖賢之書進行學習，同時又有良師益友幫助我，我的話雖然有點讓自己慚愧，但也大概說得過去。

我曾經觀察新學界，鄭重其事地提出德育論的人，也不是沒有人，但成效不大，原因就在於他的德育始終離不開智育的範疇。一個人看了大量的宋明學案，閱讀了很多英、法、德倫理學史，但對於自己的德行有何益處？什麼是理、氣、太極無極、已發未發、直覺主義、快樂主義、進化主義、功利主義，辨明這些概念對德行又有什麼好處呢？我並不是說這些學問不值得研究，而我認為我學習理化、工程、經濟、法律等等，只是增加了我的某一種智慧。但是這些對於德育，都只是空談，沒有實際的效果。在這條路上長此以往，我恐怕再看幾十年書，也還是不能達到德育的目的。嗚呼！西方人民的智慧和德育的進步是同步的，而東方民族的人，智慧和德育卻是反比例進步的。當今中國的現象就是這樣，智育妨礙了德育，名義上是德育實際上是智育，並且更加成為德育的障礙。以智育損害德育，那麼天下人都會把問題歸於智育，但如果以「智育的德育」來妨礙德育，人們就會把問題錯誤地歸於德育。這件事情關係重大，那些有志於拯救社會的人，一定要審慎地思考德育的界限。

「為學日益，為道日損」，這句話說得太對了。現在我們這些人對於日日進步的東西還在孜孜以求，但對於日日減少的東西卻不加留意。嗚

呼！這是道德逐漸淪喪的原因！我認為學者如果沒有求道之心就算了，如果有的話，實在不需要學習很多，只要精心挑選古人的一兩句足以給人很大啟發的話，終身學習受用無窮，這也就是自己安身立命的所在了。黃宗羲說：「學問的道理，以各人的具體使用而得到學問的價值。」又說：「凡是學問就有宗旨，往往就是做學問的人最有力的地方，就是學習者入門的地方，天下那麼多義理，如果沒有簡明的總則，我怎麼才能讓那些學問為我所用呢？」這實在是給學者指出了求道的不二法門。那麼既然各人根據自己的需要學習，自由選擇，哪裡容得下我在這裡胡言亂語？雖然如此，我既然想要承擔一些救國的責任，就在這裡與諸位商討一下我的觀點。

一是正本。我曾經讀王守仁的《拔本塞原論》，說：

「聖人的學問離我越來越遠，功利的習氣也日益減少。我曾經對佛老的學說很痴迷，但是佛老的學說也沒有使我戰勝功利心。雖然我又曾經取群儒折衷的言論，但群儒的見解，也不能破除功利心。大概時至今日，功利的毒害已經深入到人的骨髓而變成人的一種天性了。背誦聖賢書越多，就使他的功利心越大；見識多了，就恰好可以讓他行惡；聽聞廣博，就能使他更加雄辯；詞章豐富，就能掩飾他的虛偽。所以他可以假借名號，說自己也是為天下大事而奮鬥，但他實際內心的目的則是在於滿足自己的私慾。如果以這樣的積習、這樣的心智去學習，那麼即使他聽到的是聖賢之書，也會以為是無用之物。」（下略）

嗚呼！為什麼他所說的每一句話，都好像是針對我們而說的呢？至於功利主義，在現在勢力很大，把它變成一種學說，學者不僅不對此感到羞恥，甚至以此作為標榜。王陽明的學問，在當時還被說成是無用之

物，如果放在今天，聽到這些不唾棄它的人能有幾個？雖然如此，我還是想在此強調一下。同一件事，為了一個目的而做和沒有目的而做，形式雖然相似，但結果大不相同。就拿愛國來說，愛國是絕對的、純潔的。但如果假借愛國的名號來滿足私慾，還不如不知愛國、不談愛國傷害更小。王守仁所謂功利、非功利的區別就在這裡。我們這些人可以反躬自省一下，是不是和王守仁所恥笑的哪一類人相似，這是別人看不到的東西。大概我們這些人當初受到動盪局勢的刺激，感動於聖賢的言論，最初的愛國心都是絕對純粹的。但漸漸有一些人得到了一些利益，於是他們的愛國心就蕩然無存了。就像貪慕別人的美名能夠在人前誇耀，於是借來，但是久借不還，可能連自己也忘了這個名聲本不屬於自己。所以那些起初真誠，後來變得虛偽的人，不是本性如此，而是沒有學到一定程度，不能時時反省，拔本塞源。王守仁又說：「殺人應該在咽喉的地方下刀，而學習需要從內心細緻入微的地方著力。」我們如果要自暴自棄，那就無所謂了，如果不是這樣，就需要在內心最細微的地方進行自治。之前看到某人排斥我所寫的振奮道德的言論，說「現在只應該尋求那些愛國捨身的英雄，不應該做修身自持的迂士。做了英雄，即使有一點小缺點，我們也會不拘小節，敬重他的赤誠之心的。」又說：「想要把那些血氣方剛的男子，變成一個個循規蹈矩的人，讓他們進入沒有前途的道路。我不知道當前國家面臨亡國的危險，還要這些迂腐的人格有什麼用？」我認為可以說有一些不拘小節的英雄，但實際上英雄恐怕一百人裡面不見得有一個，但不拘小節的人就很多了。那麼我是屬於那一個人呢，還是屬於那九十九人呢？只有自己才能知道。如果說不需要王守仁的拔本塞源就能成就英雄，但我並沒有見到這樣的人。如果說我的性情原本已經非常純美，不需要拔本塞源，那麼你是可以做到，但是我們這些沾染習氣深重、自制力差的人就需要兢兢業業地自省了。何

況我所謂的舊道德，並不僅是修身自持、循規蹈矩。循規蹈矩是道德的最高準則，也就是王守仁認為無法達到的境界。如果我不從內心細微之處進行修身養德，那麼修身的虛偽就和愛國忘身的虛偽、循規蹈矩的虛偽一樣了。為什麼？因為它們的來源都是一樣的。

二是慎獨。拔本塞源，是道學的第一要義。如果沒有這樣的志向和勇氣，那麼就等於自暴自棄。如果立下了志向，但因為受到長時間習氣的沾染，很難簡單就節制自己的習氣，不能保證自己本心不變。如果是這樣，就需要慎獨了。慎獨的意思，我們從《大學》《中庸》中早有了解，然而因為志向都沒有確立，所以能夠受用這個要義的少之又少。我又聽王守仁說「慎獨就是致良知。」學者問王守仁：「近來我開始有些思考，但是思維很難在某處安定下來。」王說：「只是致知。」問：「如何致？」答說：「你的一點良知，是你自己的準則，你的意志所到之處就是良知所到之處。你只要不欺騙它，那麼一點點落實去做，去辨析，就會去惡存善。」真是一針見血。（實際上《大學》說：「所謂誠其意者，毋自欺也。」這已經說得很明白了。）他的徒弟錢緒山說：「良知是一個頭腦，即使在人群之中，它的關注點也在一個微小的地方。」所以良知的本體，就在於能夠慎獨。姚江、康德，雖是時代不同，地域不同，但也有相同的用心。尋求真理的道理就是要一片赤心，上下求索。王守仁又說：「道是不斷變化的，縱橫上下其實可以推導變通。但現在的儒士各執一端進行粉飾，並把自己的學說作為至理名言，其實是騙人騙己，最終也不能悟道。如果不是誠心想要尋找聖人的志向，沒有人能夠找到聖人學說的本源。」以王守仁的學問和品性，在求道的過程中還包藏禍機，那麼我們這些求學問道的人，不就更嚴重了嗎？當今學界受到毒害，原因和晚明不同，程度已經是十倍以上了。晚明時期，滿街都是聖人，酒色財氣都不能阻礙求道之路，而現在，滿街都是志士，但除了酒色財

氣，又加上了狡猾陰險，還以為這是英雄應有的樣子。晚明的猖狂之人，以王守仁的直接簡易的學說作為護身符，現在的猖狂之人，則把自由平等、愛國忘身作為護身符。現在做小人都不覺得恥辱，明目張膽而且天下都不能對他進行非議。嗚呼！我民族還想自立於天地之間，然而誰能幫助我？誰給我訂立規矩？

除了自己慎獨之外，沒有別的辦法！我曾說景教是西方德育的源泉，作用就在於祈禱。祈禱不是祈福，一日三次祈禱。祈禱的時候一定會把注意力收回到內心，然後使內心淨化，把自己一天中的行為和想法一一反省。在祈禱的時候就能夠形成純潔正直的思想，這對於自己的德育最有幫助，這就是普通的慎獨法。個人的道德精進了，社會的道德也就逐漸進步。《詩經》說：「上帝臨汝，無貳爾心。」東西方的教義雖然形式不同，言語不同，但內在的本質都是一樣的。諺語說：「英雄欺人。」或許有欺人的英雄，但不會有自欺的英雄。另外王陽明又說：「去山中賊易，去心中之賊難。」我們這些自命志士的人，要是不能清除潛伏在心底的魔，那麼整個國家的魔就會永久潛伏在國中，無從清除，這是不言而喻的。

三是謹小。先人遺訓是「大德不踰閑，小德可出入」。然而我們這些人道德薄弱，自制力不強，所以往往隨波逐流，小德違反的很多，大德也免不了受到影響。錢緒山說：「學者功夫不到家，只是因為一個虛字作祟。良知是非都是明白的，但一遇到事情就開始自欺欺人。」又說：「平日對自己姑息，以為沒什麼大不了，但現在看來，一粒小灰塵就可以遮住整片天空，實在可怕。」嗚呼，字字句句都是對我們的教誨。以我自己的經驗，人生的德行之所以沒有進步，就是因為自我敷衍。這實際上都是意志薄弱的表現，不能不與同仁們共勉。曾國藩曾說自己戒菸、早起、日記三件事，知道實行起來很難，但還是有所懷疑，等他自己試

驗以後，才知道這些小事實在不容易做到。有了一些小過錯，起初不以為然，但卻不知道之後做的更大的過錯就是因為在小事上姑息敷衍，沒有引起重視。例如治國，一個地區的饑寒盜賊，以為是小事，但是如果蔓延到全國，社會就受到影響。身體也是如此，如果不在意那些小的毛病，任由它發展，最終就會病入膏肓。如果我們不能時時檢點自己的行為，那就是康德所說的放棄了良心的自由。綜合以上幾點原因，不能不謹慎行事。那些以不拘小節標榜自己的英雄們，可以好好思考一下。

以上這三點，都是我想要自我勉勵的地方。天下義理很多，現在只舉這三點，只要做好了也是很珍貴的。我更多地引述了前人的觀點，專門談到王守仁和他的弟子，是因為想向他學習，其他人也有精到的論點，但還不能全部消化。古代的講學者，只要內心受到了教誨，一定會躬身力行，即使不著書立說，也能用自己的行為影響天下人。而我現在著書立說，也是想要未能自度就先度人。如果有人問我自己在以上三點做得怎麼樣，那我就無言以對了。希望讀者不要因為我不能實行就輕視上面所說的三點，如果我的話還有些可取之處，那也就算我的觀點對社會有些貢獻。

至於某報紙說我只指責別人不要求自己，我已經知罪了。孟子說：「責善，朋友之道。」我以言論與天下人交朋友，應該也是可以的吧？讀者也請不吝賜教，時時幫助我，假使我能夠將來有所成就，那麼你們對我的恩情實在是非常大的。

第十九節　論民氣

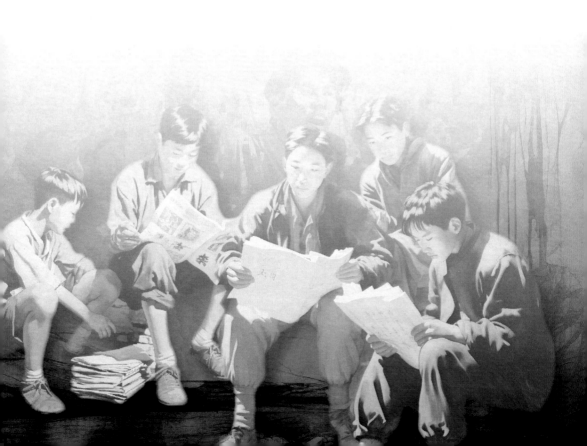

第十九節　論民氣

　　一個國家內大多數人對於國家的榮譽、公眾的權利、財產的保障常常有不可侵犯的神色，這就叫做民氣。民氣是國家得以儲存的一個重要因素。雖然如此，只有民氣，一個國家能夠立足嗎？當然不行。所以民氣必須有所依憑才能發揮效力。

　　（一）民氣與民力相依靠。無民力的民氣是沒有結果的。別人侵犯我，我氣沖沖地對他警告，這是民氣。那我之所以能發出警告，是因為我的話裡有未說出的威脅，使對方害怕我而不敢再犯。如果我有實力實現我的威脅的警告，那麼對方在試探的時候就會覺得害怕，最後不得不屈從於我，我的目的也就達到了。如果對方認為我不能實現我的警告，或者即使實行了也不用害怕，那麼一定會再次欺負我，並對我的措施做出反應，看看自己是不是能夠抵擋住我的反抗，同時我是不是害怕他的行動。這個過程中之所以我會害怕對方，對方也會害怕我，靠的就是力。民氣固然貫穿一件事的始終，但是隻有民力才能讓事件開始並且走向結束。氣是力的補助品。如果我只是貿然地警告說你不准怎麼怎麼樣，然而如果對方當真那樣了，我又怎麼處理呢？還沒有計劃好。等我計劃好了，發現這件事我不能實行，或者實行了，卻不能損害對方一絲一毫，甚至反而有損於我，那麼我的這個宣言就是毫無作用的。如果對方不知道我的實情，認為我敢實行自己的警告，那麼就會害怕我接下來的行動，於是就屈從於我。但是這也不值得高興。因為即使現在對方沒有察覺，必定有察覺的時候，等他察覺了實情，那我的同類宣言也都作廢了。所以沒有實力而取得僥倖勝利，並不是好事，因為對方相信你有這實力，就一定會加倍準備，等對方實力突進的時候，會給你加倍的打擊。所以沒有民力支持的民氣是不能濫用的。那麼如果民力不足，別人當牛馬一樣奴役你，你也只好忍受著，這沒有別的出路，不甘心也沒用，只能不斷努力增長民力。如果民力不及，一定不能用民氣。日本當

初與中國通使，領事裁判權還沒有收回，中國當時的橫濱領事范氏就用靈活的手腕主張我們的權利，常常使日本人難堪，但也不得不忍受。琉球事件中北洋艦隊在長崎示威，我們的水師與日本警察交涉，最後的結果是長崎的警察不准帶刀。他們也不得不忍受了好幾年。但他們忍受屈辱的時候，也是積蓄力量的時候，所以甲午戰爭一舉打敗了中國。他們與俄國的交涉也是如此，俄國以樺太交換千島，日本不得不同意，甲午戰爭割讓東北，三國進行干涉，日本也不得不忍。但是他們也在不斷累積勢力，於是日俄戰爭使日本對俄國三十年的恥辱一掃而光。那麼日本人在忍受的時候，也有民氣，但是不能爆發出來。只能以退為進，日積月累才能還擊對方。如果不這樣，下場就會很慘，例子就是朝鮮。朝鮮也不是民氣不振的國家。十幾年前東學黨人振臂一呼，情勢蔓延到全國，追溯起因則是因為政治問題。我在日本的七八年間，時常看到報紙上有朝鮮爆發動亂。對政府示威遊行的活動年年不絕，對內民氣很盛。對外例如日本也是一樣，因為抵制銀行債券事件，實行了全國工商同盟。最近日韓新約簽訂，國家的元老大臣中竟然有很多人自殺。由此看來，日韓的國民都是民氣十足的人。但是三十年前日韓兩國相差無幾，但現在韓國落後於日本很多，就是因為韓國原本應該默默無聞累積力量的時候反而濫發無謂的民氣。韓國民氣逐漸削弱，而日本的民力逐漸增長，於是韓國對日本的敗局已定。所以我說：民氣一定等到民力發展後才能使用，對內對外都是如此。

（二）民氣必須和民智相依靠。沒有民智的民氣沒有價值。氣，包含著一種競爭的意味，不管廣義或是狹義的競爭，總帶有戰爭的性質。狹義的戰爭，第一要有宣戰的理由，如果我有合理的理由宣戰，就能夠使軍隊同仇敵愾增強自信，進而取勝，這是其一。其二是能使敵人處於道義上的劣勢，萎靡不振。其三是能使中立的國家同情我方，間接支援

第十九節　論民氣

中國的軍隊戰鬥力。第二，需要有作戰計劃。我方的力量自信能與敵人作戰，但這場戰爭帶來的我方損失有多少，敵人損失有多少，敵人反攻的話我不回擊的損失有多少，回擊的損失又是多少，這些都需要一一計算。上面所說的這些，不僅應用於狹義的戰爭，廣義的戰爭也是如此。既然說「氣」，那麼就不是永遠不變的。《左傳》說：「一鼓作氣，再而衰，三而竭。」這最能說明氣的性質。所以民氣不能挫傷，那些越挫越勇的情況，一定是他們有所依靠並能夠執行於氣的外部的。如果只有氣，那麼一次挫傷就一次衰敗，到最後就再也不能振奮。如果毫無理由濫用民氣，如果僥倖勝利還可以，如果失敗了，那麼時過境遷最終會明白那是無理由的勇氣，於是就會自怨自艾，使自己的自信心受挫，民氣也就一落千丈。那麼怎麼才能保證不濫用民氣？就需要全體人民都要有平均水平之上的常識才可以。民氣往往容易盲從大多數人而越積越大，也往往因為盲從而遭到挫敗。所以，盲從的人民一定要對外界有堅牢的抵抗力和持久力。所以我說：民氣必須有民智之後才能用，對內對外都如此。

　　（四）民氣要與民德相依靠。沒有民德的民氣，不但沒有好處還有壞處。凡是多人聚整合為一個團體，團體中就會出現權力，有人覬覦權力就加入這個團體；團體中會有榮譽也會有特別的利益，有人因為覬覦這些加入團體。一個事件的發生，由於其直接或者間接的結果，可以挫敗一個人或者一個黨派，於是有人就會因為私人或者黨派之間的相互傾軋而加入團體。所以我們看到一個團體表面上強大團結，實際上其中的人都抱有不同的目的，不管事情成功與否，都會生出一些惡果。這樣的敗類無論何種團體都可能出現，只不過民德高的國家數量少，民德低的國家數量多。如果一個團體中這樣的人占多數或起主要作用，那麼禍患就不可思議了。以上所說的，都是假公濟私，以煽動民氣作為手段的不

能說是真民氣。但就算屬於真民氣，也需要道德來規範。一種是堅忍之德。凡是要抗爭的目的都不是一蹴而就的，如果不能堅忍，那麼民氣也就來勢凶猛但很快就會消失。二是親善之德。團體越大，裡面的人成分就越複雜，人們為了一個目的，在討論時難免有一些衝突，如果不能親善，團體早就分崩離析了。三是服從之德。一個團體必然有指揮者，如果受指揮的人不能服從，人人都想當指揮者，那麼群龍無首，就會立刻失敗。四是博愛之德。民氣擴張，必然有所破壞，但是破壞是不得已而為之的，需要控制在一定程度之內。如果沒有這種品德，那麼破壞過多，局面就不可收拾。前面所舉的四種，是與道德相對立的，讓這種人利用民氣，危害極深。後四種雖然不是與道德對立，但屬於我們所欠缺的道德，讓缺少這些道德的人利用民氣，危害也不淺。義和團和法國大革命就是例子。所以我說：民氣一定等有了民德之後再用，對內對外都是如此。

於是我研究民氣的性質及其功用，得到幾條公例：

（1）民氣只是補助的性質，不能單獨使用。不能把它當作唯一的手段。

（2）民氣用的次數多了，就容易衰竭，儲蓄得越久，力量就越大。所以適合偶爾使用，而不宜常用。

（3）如果善用民氣那麼好處會很大，但誤用的話惡果也很嚴重，所以即使偶爾使用也要慎重。

（4）民氣比較容易鼓動，所以平常不適用的時候，不要隨意煽動民氣。

以上四個，前三條已經說過，現在再說一下第四條。

說民氣不需要激盪，但如果放任民氣，想讓它自由產生，也是不容易的。雖然這樣，但與民力、民智、民德相比，它的產生還是比較容易

第十九節　論民氣

的。(1) 正當的民氣產生於自衛心，而自衛心是人人都有的。(2) 民氣不需要事先準備其他條件進行培養，所以可以臨時鼓動。(3) 如果民力、民智、民德都有所發展，那麼國民自然就會能夠維護自己的主權，確定自己的職責，民氣也就可以自行增進。根據以上種種理由，所以我們不論對內對外，要先考察是不是可以使用民氣的時代，如果不是，則不如把民氣儲存起來，轉而在最難產生、最難確立的民力、民智、民德上下功夫，等到需要用到民氣的時候，不需要太多人鼓吹，民氣自然就能浩蕩全國。如果不信，那就請看最近東京罷學事件和上海罷市事件。所以如果不是使用民氣的時候而去隨意煽動民氣，只是浪費時間和精力罷了。

有人問，那麼你認為當今時代是不是使用民氣的時代？我回答說：如果從全域性看，不管對內對外都不是可以使用民氣的時候。從部分來說，則要看事件的性質是什麼樣的。我認為有些適用，有些不適用。即使是那些適用民氣的，在使用的時候也要把握好分寸，如果天天鼓吹過多的民氣卻不做實際事情，那我就不敢苟同了。然而這件事很複雜，不能一下子說清楚。

第二十節　論政治能力

第二十節　論政治能力

　　我們今天擔憂國家的人，總是你看我、我看你，悲哀地呼喊說：「唉！中國人沒有政治思想！」確實是這麼回事，我們中國人沒有政治思想。但即使這樣，我認為，今後的中國，最大的憂患不在於沒有思想，而在於沒有能力。在任何方面都是這樣，尤其是政治方面。簡單點的思想，聽別人嘴上講講就可以掌握了；複雜點的思想，透過一番刻苦鑽研也可以弄明白。（我們）透過聽別人講述來學習思想，不出幾個月就能看到效果；透過鑽研書本來學習思想，不出幾年也可以見到些成效。所以要讓一個沒有思想的人轉變為一個有思想的人，這件事情還比較容易；但是要讓一個沒能力的人轉變成為有能力的人，這事就真的很難。

　　十年前朝鮮的東學黨跟三十年前日本的尊攘家，（他們）在思想主張方面有明顯的高低區別嗎？那麼為什麼日本能改革而朝鮮不能改革呢？原因是朝鮮人的能力比不上日本人。十九世紀初，南美各個國家追求獨立的時候，跟十八世紀末的北美各個國家尋求獨立的時候在思想主張方面有明顯的區別嗎？那麼為什麼北美各個國家可以秩序發達，而南美不能呢？這是因為南美各國人的能力比不上北美人。路易十六時代的法國大革命跟查理一世時代英國的革命（在思想主張方面）有明顯的高低區別嗎？那麼為什麼英國人可以得到一個完全立憲政體，而法國人卻不能得到呢？這是因為法國人的能力比不上英國人。如果說光靠思想就可以自立的話，那麼古代波斯人的思想能力不比阿拉伯人差多少；中世紀羅馬人的思想能力也不比峨特狄人即印度人差多少；根據心理學家的論述，即使是印度人，他們的思想能力也完全可以跟英國人相媲美，甚至說不定可以超過英國人。那麼為什麼出現前一個的國家繁榮強大，後面一個的國家卻衰弱滅亡的局面呢？如果說光靠思想就可以自立，那麼在歐美的大學中，黑人和其他人一樣受同等教育，獲得博士、學士學位，成為法學、醫學、理科、教育的專家，他們跟白人一樣同樣處於學術

界，這樣的人占很多。還有猶太人著書立說成為思想巨匠，也可以說屢見不鮮，那麼為什麼黑人建設國家遙遙無期，猶太人在亡國之後再也沒能興起呢？所以，思想不是完全能靠得住的，只有提升能力才能靠得住。

自黃帝以來，我們國家已經存在了幾千年，但到現在為止也不能建成一個規範有序、合理發達的政府，其中的原因在哪裡？用一句話來說，也是沒有政治能力。有的人也許說：「我們中國人因為長期受到專制政府的統治，即使有了政治能力，也不能變發達。」事實正是如此。但即使這樣，也有專制政府不能達到的時期、不能達到的地方、不能達到的事業。在這種情形下，我們中國人還是像老樣子一樣不能發揮政治能力，這才是最讓人痛心的事情。什麼是所謂的專制力達不到的時期呢？比如在朝代更替的時候，原本當權的中央政府失掉了權利，各個地方的英雄豪傑紛紛組織起來進行抗擊——比如秦朝末年、西漢末年、東漢末年、唐朝末年、元朝末年、明朝末年的時候。在那個時候，中央政府權力到達的地方僅僅限於京城周邊，民間有稍微宣布獨立自治的人，就能獲得自由、自治的幸福，這並不是難事。但是各個時期總是抗拒完老虎後又迎來野狼，幾千年來一直是這個樣子。這是我們中國人沒有政治能力的第一個證明。那麼什麼是專制力達不到的地方呢？考察我們中國的歷史，各省各地方，並不缺少脫離中央政府控制自成一個行政區域的時代。春秋戰國時期就不用說了，在這之後，比如像秦末的南越、閩粵，漢末的蜀吳，唐末的吳越，福建、湖南、蜀唐一直到宋的西夏，都在中原動亂的時期，自己建成一個小朝廷。如果這些地方的人稍微具備一些自治能力，那麼開創一種政體，使我們的中國歷史增光添彩也不是難事。然而，這些人和前面的如同一丘之貉，事情還是老樣子。這只能說：「即使行政區域不一樣，終究還是要被豪強脅迫，不能自治。」想那明末以來的幾百年之中，我們中國人遷居到南洋群島的人口不下百萬，到如

第二十節　論政治能力

今，只就泰國一國來說，其中的華人已經有一百多萬，新加坡、印度尼西亞等地的華人也不少。像這些華人，中央政府把他們當成是外人，非但專制不到他們，也不屑專制他們。那麼為什麼這些華人仍然束手束腳形同牛馬呢？更為嚴重的，比如荷蘭屬、法屬的僑民，像牲畜一樣受盡煎熬，生活苦得連豬羊都不如。再比如，海峽殖民地的各個島嶼，大都是由我們中國人自己建造的，我們與天氣戰、與野獸戰、與土蠻戰，備嘗艱辛、開墾拓荒而得來，然而最後這些土地卻不能由我們自己建設、自己管理，一定要由西方殖民者來鎮壓治理，這又是什麼原因？以前的事就不必說了，看看現在的情形，我們睡的床已經是別人的了，屋子裡到處都是外人，我們中國人不能組織政治團體維護自己的權利，這一事實還用得著再說嗎？再比如在今天的美洲、澳洲等地，我們中國人散居的人數也不低於數十萬，這些地方的人講法律，講自由，講平等，而我們的僑民也跟當地人一樣受到法律約束，享有集會、言論的自由，那為什麼不到四千的英國人能在上海形成一個近乎小政府的組織，而超過三萬的華人在舊金山竟然年年自己人打自己人，不能組織成一個稍微有力的團體呢？這是我們中國人沒有政治能力的第二個證明。什麼是所謂專制力達不到的事業呢？所謂政治組織，並不是政治的專有名詞，在歐美國家，不管是一個市、一個區、一個村、一個公司還是一個學校，只要是一切公私的聚集地，都相當於政府縮影，所以想檢驗一個國家國民政治能力的強弱，都可以從這方面入手。

歷史學家大都認為自由政體起源於中世紀的義大利（比如威尼斯、佛羅倫斯等市），而這些地方，一開始都是經濟上的聚合地，而後才變成政治的中心。中國專制的毒雖然劇烈，但由於中央行政機關不完備，它能直接干涉民間事業的情形也很少，如果國民在商務上想結成團體，政府肯定禁止不了。然而幾千年來，為什麼連一個像西方人成立的那種有

限公司或者商業協會也沒成立得起來呢？這是再明顯不過的事例了。再如教育事業，近幾年來朝廷屢下明詔獎勵辦學。即便專制力想插手任何事業，也絕不會插手教育事業，然而試看庚辛以來一直到今天，各省教育事業發展到了什麼樣子呢？即使有點成效，私立學校的成績也比不上官立學校。我們國民還有什麼顏面責備政府？這是我們中國人沒有政治能力的第三個證明。

　　所以我認為：今後的中國，最大的憂患不在於沒有思想，而在於沒有能力。

　　亞里斯多德說：「人是政治的動物。」既然這樣，就等於說，人類天生具備政治能力。那中國人卻從有政治能力變成沒有政治能力的原因不外乎兩種：一是隱伏起來了無力發展，二是剛發展起來立刻就被摧折了。現在就我們中國人之所以這樣的原因嘗試分述如下：第一，是由於專制政體。稍有見識的人都知道，專制政體是摧毀政治能力的直接武器。進化學者談論生物進化的普遍法則，認為動物身上不管哪種官能，只要長期被廢棄不運用，那麼這種本能就會逐漸消失。比如在義大利有一種生活在洞中的生物叫盲魚，它過去本來是有眼睛的，因為長期生活在黑暗的環境中，眼睛用不上，所以就進化成今天的樣子了；又比如脊椎動物，本來是有腮的（人類也有），因為空氣清新，腮用不上，所以就進化成今天的樣子了。像這樣的例子數不勝數。經過百數十代的遺傳和環境適應，一部分的本能發達起來，而其他的本能就退化甚至消失了。這樣的例子不單適用於生理的進化，也適用於心理的進化。專制國家的人民沒有運用政治能力的地方，就算有了施展政治能力的人，也會受到統治者的打壓蹂躪，最終成為失敗的那一類人，而不再有機會將這種政治能力傳給下一代。所以，有政治能力剛剛開始顯山露水的，始終冒不出頭，冒出了頭的也沒地方施展。這樣，政治本能被埋沒了起來，時間

第二十節　論政治能力

長了，就成了第二天性。就算有朝一日讓大家隨便施展政治本能，而本能的恢復也不是一天兩天就能見效的。就好比婦女纏足，纏了二三十年，即使有一天放開，也不能恢復成原先自然的樣子，道理再簡單不過了。（今天有人主張說既然中國人不具備立憲資格，就應當發動革命，形成新的政體，這就相當於把纏足婦人聚集到一起，放開她們的腳，然後立刻趕她們奔跑，說是可以鍛鍊腳。）因為這個緣故，即使是在專制力達不到的時期、達不到的地方、達不到的事情，人民仍然像一盤散沙不能進行自我治理。有人說：「西歐各國人民以前在專制枷鎖的重壓之下和我們一樣，那麼為什麼他們的政治能力所受到的摧殘不像我們這麼厲害？」我的答案是：「我們和他們受到的專制相同，但所受專制的性質不同。他們專制主體是封建專制、貴族專制，而我們的專制主體跟他們相反。」（有關這個問題的詳細論述可參見我寫的拙作《中國專制政體進化史論》各篇。）簡單點說，他們受的是少數專制，而我們受的是一人專制。少數專制，就是少數人享有自由而多數人不享有自由。由少數人享有自由逐漸過渡到多數人享有自由，跟全體人民都沒有自由而想立刻全都享有自由，這中間的難易程度當然不一樣。所以西方的專制，往往能促進人民政治能力的發展（考察下英國大憲章和匈牙利金牛憲法的推出原因，就可以證明這種說法並不荒謬。其他國家的情況也大都是這樣），而中國的專制，純粹是戕害人民政治能力的民賊。（這個觀點的理論很複雜，其他時候再進行詳細論述。）

　　第二是由於家族制度。歐美各國統治的客體是以個人為單位；中國統治的客體則是以家族為單位。所以歐美的人民直接受國家統治，中國的人民間接受國家統治。先前的聖人們說：「國家的根本在於家庭。」又說：「把每一個家庭管理好了，國家就太平了。」的確，在這樣的社會中，除了家族外也沒有什麼能夠組成團體。仔細考察中國過去的種種制

度，沒有一個不以家族製作為精神。在教育方面，主張對於父親和兄長的教育必須嚴格，這樣對於子女和弟兄的教育就省勁多了。凡是學校，也都主張贍養國家元老和年老的人民，把這件事當作是十分重要的事情，所以稱之為「家族制教育」。在賦稅方面，上古時代實行井田制度，九個家庭形成一個井，這些家庭依靠井相互通達聯絡、形成、消散，一榮俱榮，一損俱損，全都將家族看作是綱領，這就不用說了。就算是在封建制度廢除以後，比如漢代有一戶納賦稅（來作為郡國的行政費用），唐代有調（租、庸、調三者，租課田，庸課人，調就是課戶。唐代制定的戶籍制度最為詳盡，根據資產多少分成九個等級，每一戶有丁、中、老、小、黃等名號），還有兩稅（兩稅不根據人丁確定戶的等級，而是人數服從戶數），明代以後，雖然施行一種法則，但是依然有收戶、解戶、馬戶、竈戶、陵戶、園戶、海戶等等名稱。所以西方國家只計算人口數，但是我們國家則是戶數和人口數量一起算（可以參照中國歷史上的人口統計的文章）。所以，戶，的確是中國團體構成的首要因素。我們觀察中國統計時候的細小事情以及制定法律的根本法則，就可以得到這個觀點（掌管財政賦稅和民事的機構稱為戶部，也是根據家族思想），所以中國的財政可以稱作是以家族製為基礎的財政。在刑法方面，一個人有了罪往往會牽扯到一個家庭，甚至是整個家族。這種風氣直到清朝雍正、乾隆年間還是沒能改變，所以我們的法律可以說是按照家族制定的。再看兵役方面，在封建時代，丘乘和井田相輔相成沒有分別。從戰國時代到唐代，經常使用三丁抽一的制度，宋朝的時候開始施行保甲制度，每十家算作兩丁，這都可以說是根據家族制度制定的軍政。其他的所有制度，大致也是這樣。如果一種一種細細糾察，那麼它們立法的根據，都有家族制的痕跡。（在此不能一一羅列出來，其他時間我會寫作專著對這個問題進行研究。）概括一下前面的內容，除了以家族讓人們

第二十節　論政治能力

相互維繫關係之外，有司沒有能夠進行治理的單位。甚至各個地方的自治制度，像是甲首、保正和里長、社長這些，沒有一個不是由家族中有地位的長者擔任的，如果不是這樣的話，自治團體就不能成立。所以我常說中國人具備家族成員的資格，卻不具備市民資格（可以參照我的拙作《新大陸遊記》186 頁），所以說，大概西方國家所說的「市民」（citizen）一詞，我們中國自古以來就沒產生過。市民與族民的不同表現在哪裡？市民的管理者崇尚賢良和能力，他的任職也是透過市民投票選舉出來的；族民的管理者注重年齡地位，根據年紀，他的資格也會越來越大。透過投票選舉產生管理者，那麼就會形成一種競爭的模式，選中的人也必然會處於擔負責任的地位；透過年齡增長漸漸有了資格，成了管理者則截然相反。所以西方的自治制度，是政治能力的輔助力量；中國的自治制度，是政治能力的退化原因。因此在中國的一個鄉、一個家族，或許還能產生團體，一到城市，人和人之間想要產生有機體，那是不可能的。

　　第三，是由於生計問題。孟子說：「人民崇尚道，有了固定資產才會有恆定的心態，沒有固定的資產就不會產生恆定的心態。」難道不是這樣嗎？難道不是這樣嗎？地理學家說：「一個完備政治團體的產生，一定得在溫帶國家。」大概因為熱帶國家上天的恩惠太多，自然條件太好，人民生活太安逸，所以無所事事，懶散成性，以至於經濟不發達；寒帶國家自然條件太惡劣，所以人民生活瘠苦，以至於經濟不發達。生活都成問題而要想人們在政治上有大發展，沒有這樣的道理。因為人之所以進步，都起源於心中有慾望而想方設法去實現。慾望的種類非常多，對應於社會程度的高下，慾望也區分出主次先後，人們必然先努力於實現最急切的慾望；最急切的慾望實現了，再努力於實現次急切的慾望；次急切的慾望實現了，再努力於實現又次急切的慾望。比如吃飯、穿、居

住，是人們最先要解決的問題，這些東西沒有了，那麼人們一天也活不下去。再高階一點，就開始希求生命財產安全間接得到保護，這就開始關注政治；再高階一些，就開始追求身心舒適、精神愉悅了，那麼開始研究奢侈用品、學問、道德操行。（凡是討論生計的學術書籍，第一章一定會討論慾望，稱慾望是最根本的觀點。各個做學問的討論慾望一定會將它們分成必要慾望、次要慾望，等等。我認為不是這個樣子。貧困國家的人民，把粗茶淡飯、茅屋破房子當成最必要的慾望；富強國家的人民，把追求飲食衛生、道路整潔、屋子華美當成最必要的慾望；野蠻國家的國民，把求得一個驍勇善戰的首領來抵禦猛獸和外敵侵襲作為最必要的慾望；文明國家的國民，把追求一個完備的政府、擁有穩定的權力來尋求公私的進步當成是必要的慾望。如此看來，慾望來自於對於必要的東西的追求，必要的事物越多，慾望的種類就越多，文明程度就越高，這就是民族進化還是退化不同的原因。）假使人民最緊迫的東西，整天忙碌一年到頭都得不到，還指望人民有充足的時間去追求次要的東西、更為次要的東西，肯定是不行的。所以，政治、道德、學術……一切的進步，都跟經濟的進步成比例。我們中國幾千年經濟的歷史怎麼樣？我們中國經濟的現狀又怎麼樣？考慮到這些，那麼人民政治能力缺乏的根本原因可想而知。這就是孟子所說的「連死亡問題都解絕不了」，所以人民除了最小的小我之外，沒有時間顧及大我，除了最狹義的現在之外，沒有時間思考未來，又有什麼奇怪的呢？！喜歡發難的人會說：「漢代文景年間，唐代開元天寶年間，清代的康熙乾隆年間，都號稱是衣食富足。如果說生計和政治真的關係密切，成正比，那麼那時的政治能力也應該十分發達，但是事實卻相反，這是什麼原因呢？」我的回應是：「這是遺傳因素造成的。他們從祖宗開始，經過了成百上千代，早就已經淹沒了政治本能，現在想讓他們在短短幾十年的時間裡就恢復過

第二十節　論政治能力

來，怎麼可能呢？更何況還有成百上千的因素可以阻撓人們施展政治能力；而且所謂人人富足，也不過是歷史上一個美談，當時真實的情況未必如此。」總之，我們中國幾千年社會的精力，全消磨在如何解決最為急迫的生計問題上了，想徹底解決這些問題都做不到，還想進一步實現間接、高階的慾望，還要有方法讓他們自己實現，怎麼可能辦到呢？怎麼可能辦得到呢？

　　第四，是由於災病頻繁。有機體的發展一定要按照正常的順序，要經過一定的時間，中途也不能受到其他種種意外的摧折，只有這樣一直繼續下去，才能最終發展成熟。我有一個弟弟，聰明早慧，智力超過一般的小孩。但在他八歲那一年，得了一場怪病。因為住在鄉下，被庸醫給誤診了，此後就長期受到病魔的折磨，智力也漸漸消失了。現在想辦法補救，也沒有用了。我想到他的這一遭遇，忽然感覺我們中國政治能力的喪失，也跟他的情況差不多。我們中國人受專制統治的打壓，受家族制度的束縛，受經濟窘迫的奴役，政治本能已經被殘掉十分之六七，不過仍然有機會暗暗生長，不排除有朝一日開花結果，抵不上過個幾十年，就來一次喪亂，把此前暗暗累積的根底也一掃而光。法國國王路易十五說過：「我死之後，哪管它洪水滔天。」中國的歷史學家們也知道中國古代曾經遭遇過洪水自然災害，這場大災害把黃帝時期傳承的文明摧殘掉了一半，秦漢以來的幾千年之中，我們遭受洪水災害的次數不少於十幾次。唐代人的詩詞中說：「經亂衰翁居破村，村中何事不傷魂。因供寨木無桑柘，為著鄉兵絕子孫。」又說：「君不聞漢家山東二百州，千村萬落生荊杞。」像這樣的隻言片語，也不能寫出慘狀的億萬分之一！但是文明和喪亂都一起消失的局面可以大概看得出來了。今天對我們國民的表現心生不滿的人，動不動就批評國民生性卑鄙，委曲求全，心思狡猾奸詐，慾望低下，團體渙散，但是否想過總是災病頻繁、疾病纏身

的中國人，不卑屈不狡詐，能保全性命嗎？「我能保證自己的安危就不錯了，哪還有工夫為後代著想？」這種思想已經深入每個人的大腦，又怎麼可能去愛護自己的同類、為將來做計劃呢？西方歷史家說法蘭西在大革命時代，全國生下來的嬰兒大多出現癲癇症狀。可見社會現象能經由人們的心理遺傳給下一代，影響就是這麼可怕。我們中國災病暴發時候，只有卑屈、狡詐、避亂逃命的人，才能躲過生物進化的正常淘汰規律，得以苟活下來傳宗接代。前一代國民死絕了，後一代國民在孃胎裡就已經飽受恐怖、憂鬱的「教育」，再加上小時候在家裡以及長大後在社會上，經常看到、經常聽到明哲保身的生存哲學——怎樣保身免禍，怎樣迎合權貴，怎樣委曲求全，怎樣不擇手段，等等。因此，就算天下太平以後，朝廷號召，民間表彰，竭盡全力向人們灌輸禮、義、廉、恥的觀念，但讓大家「恢復」成為正常人，恢復與生俱來的政治本能，恐怕也得再經過一兩代以後才見效。更不用說過不了一兩代，就會有稱霸的人出現，繼續施行高壓政策，繼續為免除他自身的威脅而弱化國民。這樣，政治能力的恢復就永遠不可能成功。接下來喪亂就又會再度降臨。每爆發一次災病，毒害的遺傳就加深一層，像這樣，國民的政治能力還不被蕩滌乾淨嗎？！唉！這不是一天兩天造成的，造成這種局面的時間長了去了！

既然我把思想和能力相比較，得出結論說，能力跟思想不相符合，是中國前途最值得擔憂的事，那麼今天談救國，就沒有比培養國民能力更急迫的事了。即使這樣，國民是培養的客體，還需要有培養的主體。不這樣的話，只是隨便說「要養成能力」也沒什麼理由。主體在哪裡？不在強而有力的當道統治者，不在大多數的小民，而在已經具有思想的中等社會。這是全國的共識，不需要多做解釋了。國民之所以沒能力，就是因為中等社會沒有能力。所以我這篇文章研究的範圍，不談我們應

第二十節　論政治能力

當從哪種途徑開始能夠推送能力給他人，而談我們應當從哪種途徑開始能夠積蓄能力給自己。這倒不是鍾愛能力想自己先得到，實際的動機是：只要我們有能力，那麼國民也會有能力；只要國民有能力，那麼國家也會有能力。因為這個緣故，所以要養成政治能力，必定先從我們開始。請允許我陳述幾條觀點，請大家互相監督鞭策。

一是分工合作，不能混淆。文明程度的高低和分工的精細粗略成比例，這是經濟學原理，而社會上的一切現象，全都不外乎這個道理。西方人常說：「成功的要素有三個：一是靠天才，二是靠機緣，三是靠鍛鍊。」天才不可能事事都比別人做得好，有他擅長的也有他不擅長的；運氣不可能事事都應驗，有巧合的也有不巧合的；鍛鍊不可能事事都體驗一遍，有拿手的也有不拿手的。所以善於做事的人選擇事業的時候，必然考慮與自己個性相近，考慮與自己地位相符合，然後選定一項，堅持做下去，這樣才有把握成功。今天的中國，那些對國事不上心的人，就不必說了，而像那些關心國事的人，看到國內局勢這樣危急，應當做的事情這樣繁多，同時志同道合的人又這樣稀少，於是便抱定雄心、不畏艱難，打算把一切應該辦的事情都攬在他們這有限的人身上。試看最近幾年以來，提倡政治改革的人，不就是提倡教育改革的人嗎？提倡教育改革的人，不就是提倡實業改革的人嗎？提倡實業改革的人，不就是提倡社會改革的人嗎？拿實業來說，爭奪路權的是這些人，爭奪礦權的也是這些人，提倡其他工商業的也是這些人。拿教育來說，組織學校的是這些人，編教科書的是這些人，教授知識的也是這些人。拿政治來說，號召革命的是這些人，號召暗殺的是這些人，號召地方自治的也是這些人。其他各個領域，大都是這種情況。上面提到這些事，說某件事應當辦，而其他的事可以不辦嗎？不可以。說某件事應當非常急迫，而其他的事可以慢慢辦嗎？不可以。於是志士熱心到了極點，恨不得把

一百件事一會兒就辦完辦好，恨不得把一百件事都攬在自己身上。他們的處境值得同情，他們的志氣值得尊敬。即使這樣，說他們的能力因為這樣做獲得了提高，我卻不敢認同。像他們的做法，說好聽的是「總攬大綱」「纖悉周備」，但說實在的，只是淺嘗輒止、貪圖虛名罷了。孟子說：「人有不為也，然後可以有為。」所謂「不為」，不是說事情不應當做。應當做的事情千千萬萬，那麼做這些事情的人也應當千千萬萬，憑一個人的能力想完成千千萬萬人才能完成的事情，我沒有見過有能做好的人。有志之士所要做的事情，不管事情是大還是小，是整體還是區域性，關鍵一點是，正好跟政府所持的主義相對。因為政府反對，那麼志士不能不訴諸民眾以求獲得同情，把民眾引為後援，然而民眾又大都是在志士成功時相互歡慶，很難在困難的時候開始做事情，這是人性的本能，不足為怪。所以對於志士而言，不以成敗論英雄，就是這個道理。但是有志之士在剛開始做事情的時候，與其追求心安原諒失敗，不如因勢利導追求成功。古人說：「帶鄉兵的人，只可成功不可失敗。」現在的人做事，也和這個道理相似。雖然事情不大，如果能夠產生一兩點明顯的效應，那麼就可以在社會上產生信用，如果在其他時候再委託他們做事情，阻力就消失了一半，別的人委託他們做事情，阻力也就減少了一半。像這樣相互遞進，就會形成同情的人越來越多、能力越來越強的局面。（就像近些天來粵漢鐵路案件的發起者，他們在民間的勢力很薄弱，僅僅只有幾個人，但是逐漸可以牽動起全國的力量，這就是國民號召政府和外族人爭奪權利的先行者的表現。如果這件事能善始善終堅持下去，那麼政府就會知道人民的力量不容小覷。再有其他的事情時就會把人民當作是後援力量，而我們的人民也就因此深信他們的力量可以撼動政府、可以抵禦外敵了。在這之後再有其他類似的事情產生，人民群眾的能力逐漸產生，如果這件事情失敗了，國民一起見證了爭奪了這麼

第二十節　論政治能力

多年結果僅僅是這個樣子，以後再有這樣的事情只是會氣餒，也不會有其他的想法。）所以帶鄉兵的人，能小規模不大規模，攻取脆弱的地方不攻取堅固的地方。現在我們想用脆弱的人民力量，剛剛萌生的人民氣勢，和有幾千年威嚴的政府宣戰，除了上述的方式，還有什麼辦法呢？如果果真能這樣，那麼志氣就不會渙散，大家會擰成一股繩。不做一件事情也就罷了，如果做起來，一定會有若干人積極響應，聚集聰明才智力量專門做這一件事。即使再有其他的事情出現，比這件事情還要重大，寧願不去做、不要過問。為什麼呢？除此之外，一件事情也做不成。曾文正治理軍隊，安營紮寨，步步為營、節節進取。日本軍在旅順圍攻俄國軍隊，用全部的力量攻占一個堡壘，才繼續攻打其他堡壘。現在，我們最大的憂患在於哪一個堡壘都想撼動，想要把一百個堡壘同時拿下，到最後卻一個都攻占不了，所以我們的能力也就難有一絲一毫的進步。現在的有志向、有抱負的人有兩個通病。甲說：「事情太多，做不過來，有什麼辦法呢？」乙說：「我想做事情，但是沒有事情能做得了，有什麼辦法呢？」這兩種觀點好像是相反的，但是他們的源頭是相同的。人人都自稱是華盛頓、拿破崙，每個人都覺得自己是盧梭和孟德斯鳩，我現在做的事情，和我的地位很不相稱，所以就說「辦不了」。我現在做的事情和地位不相符合，其他事情又沒有看得上眼的，就不再選取相應的事情辦了，而是說：「沒事情做。」隨便說出一件事情，都能說個一兩句，但是要讓他詳細說，就說不出來了。沒有細緻地深究，就說「沒事幹」或「幹不了」。在一個國家中，不可能都是華盛頓、拿破崙，盧梭、孟德斯鳩更不必說了。如果一個國家的人，人人都是華盛頓和拿破崙，人人都是盧梭和孟德斯鳩，那麼還能稱得上是一個國家嗎？我知道這是絕對不可能的。我們看一下日本的人物，像是西鄉木戶、大久保、伊藤大隈、福澤這些人，也只是在他們的社會才被看重，像前島

密，知道的人也僅僅限於郵政行業人士；知道澀澤榮一的人也就是銀行、商業行業人士；知道井上勝的，也僅僅限於鐵路行業；知道大浦兼武的，也僅限於警察；知道伊澤修二的，僅限於音樂界的人物；知道落合直文的，僅限於研究國文的人；知道石黑忠德的，僅限於赤十字社的人；知道市川團十郎的，僅限於演出劇目的人。上面提到的這些人，他們的功德僅僅在日本，在西方國家怎麼樣呢？現在我們國家有抱負的人，一旦不談論政治問題，好像就稱不上是愛國，不是進入軍人社會，就稱不上是為人，一旦沒有稱心如意，就說「沒有得到社會的重用」，因此自己放鬆自己。像這樣的人比比皆是，這是他們能力不能進步的另一原因。概括一下上面談論的觀點，立國的要素有很多，只要缺失一個方面國家就不會存在。這就像是人的身體一樣，分子衰弱那麼全體就會衰弱，分子強整個身體就會強，器官四肢臟器血脈各自都得到養護，各自發達，那麼才會有健全、衛生的身體。現在中國人的體格，就像是剛剛摶起來的磚土一樣，在其中發揮最重要的能力的人，不能在其位謀其政，不能幫助全體一起進步，那麼怎麼能使整體得到進步呢？

第二個方面是相互幫助。相互幫助有積極的相互幫助和消極的相互幫助。積極的相互幫助相互扶持，消極的相互幫助把不相阻礙當成界限。明白了這個意思，那麼即使全天下的人都是自己的朋友都可以。唉！可惜我們中國人的天性是相互排擠、相互拆台。過去，在明代晚期，那些所謂計程車人君子，只顧彼此鬥意氣、相互爭鬥，不從國家大局出發，彼此沒爭出個勝負，敵人渡河已經打到家門口了！讀歷史的人至今對這段歷史都感到無比心痛。返回來再看今天的有志之士，又跟那時候的情形多麼相像！別的不說，就拿政治問題來說，所謂立憲、革命兩種主張之間的交鋒，我始終不知道彼此的感情是從哪裡產生的。那些打著立憲或革命的幌子牟取私利的人不必去說他們，即使是完全因為血

第二十節　論政治能力

性，一門心思相信自己的主張能救國的人，彼此之間產生的敵意，也是一天比一天加深。推測他們互生敵意的原因，大概有兩個：第一是認為對方的主張如果成功，那麼我們這一方的主張就歸於失敗；第二是認為任由對方宣傳發展他們的主張，那麼謊言重複一萬遍也成了真理，而我方的真理就被犧牲掉了。我以為第一種說法說的是事實。中國將來如果亡國了也就罷了，只要不亡國，那麼兩種主張必然是隻實行其中一種，而另一種則會被放棄——這就是所謂歸於消滅。即使這樣，如果因為這個雙方便互生敵意，那麼試問任何一方，你們的目的是儲存中國呢，還是隻想著儲存自己的主張？如果目的是儲存自己的主張，那麼一旦自己的主張不適合國情而沒能挽救國家免於顛覆滅亡，試問：國家都亡了，你們的主張還能儲存下來嗎？如果目的是儲存我們中國，那麼中國實行哪種主張才能獲得新生，現在仍然屬於未知數，我們一方堅信自己的主張可以救國，那麼就埋頭努力，堅持到底，不要捨己從人；對方堅信他們的主張可以救國，那就由他們埋頭努力，堅持到底，又何必非得要求他們放棄主張「歸順」於我？至於機會成熟時，得出了哪種主張適闔中國的結論，那麼雙方必有一方退出歷史舞台，但反過來說，雙方也必有一方登上歷史舞台。只要有一方登上歷史舞台，那麼我們中國就由此而獲得新生。國家獲得新生，那麼我方的主張雖然歸於消滅，但儲存國家的目的不是已經達到了嗎？為什麼兩者的出發點是一樣的，但是雙方互生敵意呢？第二種說法是如果我們一方的主張的確不適合國情而被淘汰掉了，那我方也沒什麼遺憾，然而我方堅信自己的主張最適合國情，沒有任何一種主張能夠與其相提並論，而我們極力堅守的主張之所以沒能普及，是因為有雜七雜八的主張誤導輿論，淆亂視聽。我方愛國心切，我方救國心切，所以我方也愛我方的救國主張心切，凡是不利於我方主張被民眾接受的言論，凡是跟我方主張步調不一致甚至唱對臺戲的其他

主張，我方出於自我防衛的目的，當然要加以敵視。這種說法乍一聽不無道理，但是，這種說法不正確。世界上固然有相反相成的現象，像君主專制與共和革命，處於兩個極端，而這兩個方面都相互發生在最極端的時候。可以說，是專制者的種種積威，種種陰謀，為革命創造了爆發的條件，這在西方歷史上司空見慣。但立憲和革命並不是處於兩個極端。（立憲、革命並不是相對立的，立憲雖保留了君主，但相對於君主專制而言，也不能不說是革命；革命雖然結束了君主統治，但結局也不過是建立憲政。所以把兩種主張作為相互對立的方面，在邏輯上也說不通。把這兩者認為相同，是將他們當成普通稱呼。）立憲和革命兩種主張在性質上不是截然相反的，但在效果上卻是相互促進的。我真心要革命，那麼應當想一想英國 1646 年靠什麼革命，不是靠倫敦的國會軍嗎？美國 1775 年靠什麼革命，不是靠費城的十三州同盟會嗎？法國 1791 年靠什麼革命，不是靠巴黎的國民議會嗎？假使立憲能夠滿足國民的願望，那麼我們還有什麼不滿意的？我們的革命主張，完全可以拋掉了！（有些堅持極端排滿主義的人認定，如果保留今天的滿人皇室，即使憲政完備得跟英國、日本一樣，也因為民族的厭惡感情不認同它；寧願沒有秩序的漢族朝廷滅亡，不讓有能力的滿族朝廷存在，這自然是意氣話，真正愛國、真正提倡革命的人必然不能認同。）假使立憲沒有滿足國民的願望，那麼經過這樣的「立憲」，民間贊成革命的人，就像傳染病一樣，瀰漫開來不可控制，一定是這個樣子了。為什麼呢？人人都有一顆積極向上的心，就像是在昏暗的房間中，一輩子都沒有看到過太陽，所以認為世上除了黑暗的東西之外，沒有其他的東西了，所以更加心安理得了。旁邊的人告訴他外面的世界很精彩，即使說得口舌生瘡也不能讓他產生羨慕的心情。一旦鑿透牆壁，鑿出窗戶，隔幾天之後引導他到外面的世界中去，那麼明亮的光線在他腦海中漸漸生根，如果這個時候再

第二十節　論政治能力

把他囚禁在黑暗的屋子裡，那麼他怎麼能受得了呢？所以說，朝廷的一張偽改革的詔書，比起民黨數萬字的著述和幾百次的演說，效力往往更高。其他的就不用說了，現在持有最極端的革命論的人，捫心自問：「我幾年前的思想怎麼樣呢？現在為什麼會有這樣的思想？在辛丑之後那一系列的改變科舉、創辦學堂、獎勵遊學等等偽改革的事業，他們對我的間接幫助難道微不足道嗎？」以此類推，我們可以得出，立憲主義前進一步，那麼革命主義也會前進一步。我要是真信革命理論可以救國，那麼理當日夜禱告，希望立憲論快快發揚光大，好作為革命的輔助力量，哪還有對它加以敵視的理由呢！如果我真心要立憲，那麼應當想想，日本的憲法不是在革命論非常興盛的時候得到確立的嗎？義大利的憲法不是在革命論非常興盛的時候得以確立的嗎？其他各個有憲法的國家，有一個不是在革命前或革命後確立憲法的嗎？憲法，是上下交讓的結果。交讓必先透過交爭，好比兩個交戰國，它們的最終目的必然是實現和平，但是沒有不經過戰爭就能實現和平的好事，不經過戰爭得到的和平，只是屈服罷了。戰後實現和平，雙方從和約上所得到的利益，又必然根據各自戰鬥力的強弱進行分配。憲法就像是和約，民間要求政府滿足自己的願望，必須具備能夠使政府屈服的戰鬥力。戰鬥力達到了能使人屈服的水平，那麼戰或不戰都能得到自己想要的結果。今天，文明國家不擔心戰爭，但都積極發展軍備。革命就相當於軍備，而動不動就革命，就好比隨意發動戰爭，隨意發動戰爭不是個辦法。出於主張立憲而仇視革命，就好比裁兵，裁兵也不是個辦法。想沒想過幾年來政府屢屢推出偽改革措施的原因？難道不是因為懼怕民眾鬧事而姑且推出一兩項措施來減緩緊張局勢嗎？可惜啊！人民的戰鬥力還不足以讓政府產生敬畏之情，如果能夠的話，那麼幾十年前俄國人被迫歸還遼東地區，那麼我們不作戰就可以使日本屈服了。按照這個道理推論，我們知道，如果

革命主義進步，那麼立憲主義就會進步。如果我真信立憲論可以救國，那麼理當日夜禱告，請求革命論快快發達，好作為立憲的輔助力量，對它加以敵視的理由又是什麼呢？我說上面這些話，並不是想讓主張立憲的人放棄自己的主張轉而去革命，或是想讓主張革命的人放棄自己的主張轉而去立憲，更不是說一些模稜兩可的話，做老好人。我看到天地很寬廣，前途很光明，的確是有能夠容許這兩種主義並行不悖的餘地，這兩種主義可以各自發布自己的研究，各自預備自己想實行的工作，可以不相互瞧不起，也可以不相互學習，為什麼一定要相互冷嘲熱諷來滿足呢？為什麼要互相使陰謀詭計來求取勝利呢？文明的國家各自有政黨，這些政黨各自持有不同的主張，雙方都不肯讓步，沒有嫉妒其他政黨和自己並立所以就期盼著能夠消滅其他政黨的。像這樣政黨之間鬥爭不斷，寸步不讓，但是一旦有敵國外患的時候，就相互幫助，政黨之間的界限全都置之度外了，這是為什麼呢？內部鬥爭的人對外的力量一定是不強的。如果沒有大敵當前，那麼就可以親近自己的政黨疏遠排斥其他政黨嗎？如果有公共敵人，那麼甲乙兩個政黨還是相互鬥爭，這對敵人是有利的，對於甲乙兩個政黨來說，有什麼好處呢？現在的中國，應該聯合全國上下的力量一致對外，如果做不到，也應該聯合全國民眾來對抗政府。立憲和革命這兩方面遵守的手段雖然不一樣，如果讓他們反對現在的政府，那麼它們就會統一起來了。如果政府能夠拿出強大的力量，那麼所謂的立憲和革命，都像是剛剛萌發的嫩芽，二者力量的強弱和公敵相比完全不一樣。莊子不是說過嗎？魚在陸地上，相互吐出唾液潤溼身體，相濡以沫，這樣一點一點地相互共生，還互相擔憂不能被溼潤（溼潤不均），何況互相摧殘相互爭鬥？相互鬥爭很容易，但這樣會讓我們的敵人舒適高臥，躲在角落裡偷笑。我的確見過這樣的事情：幾年來，民黨能力之所以沒有取得進步，有十分之一的原因是受到政府的

第二十節　論政治能力

壓迫，而十分之九的原因是被不同的政黨摧折。這才是真正讓人萬分悲慟的事情啊！一句話來概括——這也是沒有懂得消極的相互幫助的重要性罷了。

新民說：
梁啟超的先見之明

作　　者：梁啟超

發 行 人：黃振庭

出 版 者：複刻文化事業有限公司

發 行 者：複刻文化事業有限公司

E-mail：sonbookservice@gmail.com

粉 絲 頁：https://www.facebook.com/sonbookss/

網　　址：https://sonbook.net/

地　　址：台北市中正區重慶南路一段六十一號八樓 815
　　　　　室

Rm. 815, 8F., No.61, Sec. 1, Chongqing S. Rd., Zhongzheng
Dist., Taipei City 100, Taiwan

電　　話：(02)2370-3310

傳　　真：(02)2388-1990

印　　刷：京峯數位服務有限公司

律師顧問：廣華律師事務所 張珮琦律師

定　　價：350 元

發行日期：2023 年 12 月第一版

◎本書以 POD 印製

國家圖書館出版品預行編目資料

新民說：梁啟超的先見之明 / 梁啟
超 著 . -- 第一版 . -- 臺北市：複刻
文化事業有限公司 , 2023.12
面； 公分
POD 版
ISBN 978-626-7403-23-5(平裝)
1.CST: 中國政治思想 2.CST: 政治
思想史
570.92　112019019

電子書購買

臉書

爽讀 APP